O CÓDIGO da PERSUASÃO

Como o Neuromarketing
Pode Ajudar Você a Persuadir
Qualquer Pessoa, a Qualquer
Hora, em Qualquer Lugar

CHRISTOPHE MORIN, PH.D.
PATRICK RENVOISE

www.dvseditora.com.br
São Paulo, 2023

O CÓDIGO DA PERSUASÃO
COMO O NEUROMARKETING PODE AJUDAR VOCÊ A PERSUADIR QUALQUER PESSOA,
A QUALQUER HORA, EM QUALQUER LUGAR
Copyright © 2023 - DVS Editora. Todos os direitos para a língua portuguesa reservados pela editora.

THE PERSUASION CODE
HOW NEUROMARKETING CAN HELP YOU PERSUADE ANYONE, ANYWHERE, ANYTIME
Copyright © 2018 by SalesBrain, LLC. All rights reserved.
This translation published under license with the original publisher John Wiley & Sons, Inc.

Nenhuma parte deste livro poderá ser reproduzida, armazenada em sistema de recuperação, ou transmitida por qualquer meio, seja na forma eletrônica, mecânica, fotocopiada, gravada ou qualquer outra, sem a autorização por escrito do autor.

Diagramação: Joyce Matos
Tradução: Wendy Campos
Copidesque: Ana Gabriela Dutra
Revisão: Hellen Suzuki

Design de capa: Wiley
Imagens da capa: cérebro: © rustemgurler/Getty
Imagens fundo: © points/Getty Images

```
Dados Internacionais de Catalogação na Publicação (CIP)
              (Câmara Brasileira do Livro, SP, Brasil)

   Morin, Christophe
      O código da persuasão : como o neuromarketing pode
   ajudar você a persuadir qualquer pessoa, a qualquer
   hora, em qualquer lugar / Christophe Morin, Patrick
   Renvoise ; tradução Wendy Campos. -- São Paulo :
   DVS Editora, 2023.

      Título original: The persuasion code: how
   neuromarketing can help you persuade anyone,
   anywhere, anytime
      Bibliografia.
      ISBN 978-65-5695-077-8

      1. Neuromarketing 2. Persuasão (Psicologia)
   I. Renvoise, Patrick. II. Título.

 22-137245                                   CDD-658.8001
                 Índices para catálogo sistemático:

      1. Neuromarketing : Persuasão : Administração
         658.8001

         Inajara Pires de Souza - Bibliotecária - CRB PR-001652/O
```

Nota: Muito cuidado e técnica foram empregados na edição deste livro. No entanto, não estamos livres de pequenos erros de digitação, problemas na impressão ou de uma dúvida conceitual. Para qualquer uma dessas hipóteses solicitamos a comunicação ao nosso serviço de atendimento através do e-mail: atendimento@dvseditora.com.br. Só assim poderemos ajudar a esclarecer suas dúvidas.

Agradecimentos

Muitas pessoas nos ajudaram a escrever este livro em tempo recorde. Em primeiro lugar, queremos agradecer aos clientes que se dispuseram a nos deixar compartilhar os estudos de caso apresentados neste livro. Sem o apoio deles, não seríamos capazes de demonstrar o valor do que fazemos.

Em segundo lugar, grande parte do trabalho criativo apresentado no livro foi feito por meio de uma longa colaboração que desfrutamos com a Dra. Gail DaMert, Bryan Gray, Mike Rendel, Benson Lee e Elliott Morin. Todos eles ofereceram seu talento, sua inspiração e seu trabalho árduo para garantir que os princípios do NeuroMap pudessem ganhar vida visualmente com gráficos, ilustrações, vídeos, páginas da web e muito mais.

Finalmente, os revisores e todos que leram o livro merecem muito crédito pela fluidez do texto. Tanto Keely Spare quanto a Dra. Bonnie Bright nos deram sugestões pontuais e ofereceram muitos insights que incluímos no trabalho final.

Sobre os autores

Com mais de trinta anos de experiência em marketing e desenvolvimento de negócios, o Dr. Christophe Morin é apaixonado por entender e prever o comportamento do consumidor usando a neurociência. Antes de fundar a SalesBrain, ele era diretor de marketing da rStar Networks, uma empresa de capital aberto que desenvolveu a maior rede privada já implantada em escolas dos EUA. Anteriormente, foi vice-presidente de marketing e treinamento corporativo da Grocery Outlet Inc., a maior varejista de gêneros alimentícios do mundo. Christophe recebeu vários prêmios durante sua carreira. Em 2011 e 2013, foi consagrado com prestigiados prêmios de palestras da Vistage International. Em 2011, 2014 e 2015, recebeu um Great Mind Research Award e dois destaques da Advertising Research Foundation (ARF).

Christophe é bacharel em marketing, tem MBA pela Bowling Green State University e mestrado e doutorado em psicologia de mídia pela Fielding Graduate University. É especialista no efeito da publicidade no cérebro dos adolescentes e professor adjunto da Fielding Graduate University, onde leciona vários cursos de neurociência da mídia. Foi membro fundador da Neuromarketing Science and Business Association (NMSBA) entre 2011 e 2016.

 Patrick Renvoise é especialista em vendas complexas e estratégias de mensagem que alcançam resultados espetaculares. Como diretor-executivo de desenvolvimento de negócios na LinuxCare, liderou os esforços globais de desenvolvimento de negócios na Silicon Graphics. Impulsionado por um desejo fervoroso de buscar a verdade sobre a eficácia da mensagem, Patrick voltou-se para a neurociência e a psicologia. Ele passou dois anos pesquisando e desenvolvendo um projeto científico de como as mensagens funcionam no cérebro. Isso se tornou a base do NeuroMap, que ajudou milhares de empresas em todo o mundo a comunicar suas mensagens aos cérebros dos clientes de maneira eficaz.

Patrick tem mestrado em ciência da computação pelo Instituto Nacional de Ciências Aplicadas (Lyon, França) e atualmente é diretor de neuromarketing e cofundador da SalesBrain.

Prefácio

A busca por conhecimentos inovadores sobre o marketing e vendas pontuou toda a minha carreira. Observar o mercado me trazia muitos questionamentos e anseios aos quais não conseguia nomear. Essa lacuna foi preenchida de forma muito assertiva a partir da leitura de um livro, sugerido por um parceiro de negócios. No fim de 2011, chegou às minhas mãos o best seller *Understanding The Buy Buttons in Your Customer's Brain*.

Não conseguia parar de ler e, ao chegar ao último parágrafo, eu havia me transformado. Meu próximo passo foi conhecer os autores. Numa manhã gelada, no dia 8 de fevereiro de 2012, em Amsterdam, encontrei pela primeira vez Christophe Morin e Patrick Renvoise durante o primeiro congresso mundial de neuromarketing.

Os franceses radicados em São Francisco discorreram sobre o assunto numa palestra tão fascinante quanto o livro. Era um conjunto de conhecimento disruptivo, provocante, profundo e, ao mesmo tempo prático, que mesclava as descobertas da neurociência com a disciplina do marketing. Tive a imediata sensação de que minha vida profissional estava mudando definitivamente.

De fato, a sensação se fez valer com o passar do tempo. Dois anos depois, me tornei sócio dessas duas mentes brilhantes na SalesBrain, empresa fundada pelos autores nos EUA e que dirijo aqui no Brasil. Desde então, atendi mais de 70 clientes e ministrei treinamentos, workshops e palestras para mais de 12 mil executivos. Sempre utilizando o modelo proprietário denominado Neuromap, descrito neste livro: *O Código da Persuasão*.

Os conceitos descritos por Morin e Renvoise ecoam o conhecimento debatido no meio acadêmico de importantes nomes da economia mundial.

Richard Thaler — um dos discípulos de Daniel Kahneman, Prêmio Nobel de Economia em 2002 — recebeu o mesmo prêmio em 2017. Ambos comprovam várias teorias deste livro, principalmente sobre como os comportamentos impulsivos, emocionais e não conscientes dirigem grande parte das nossas decisões.

O Código da Persuasão se difere de dezenas, senão centenas, de livros sobre neurociência já publicados. A maioria apresenta o assunto de forma teórica, pouco acessível e até intimidante para os leigos. Neste segundo livro, Morin e Renvoise mergulham ainda mais profundamente nas investigações e, respaldados da metodologia Neuromap, utilizam 293 referências científicas para decodificar a teoria da persuasão.

Em uma narrativa contemporânea, o livro compreende dezenas de casos reais dos nossos clientes. Sua grande contribuição aos profissionais de marketing é ser uma espécie de manual, capaz de ensinar, de forma prática e detalhada, a aplicar o modelo proprietário de persuasão já aprendido por mais 200 mil executivos e utilizado em cerca de 800 empresas, em mais de 25 países.

Agora, *O Código da Persuasão* permitirá ao seu leitor aprender a aplicar um modelo científico capaz de otimizar a comunicação e a venda de produtos e soluções, assim como reduzir e até eliminar os riscos e incertezas sobre efetividade de campanhas e esforços comerciais. Bem-vindo a uma grande transformação.

Renato Sneider
Sócio da SalesBrain Brasil

Por que ler este livro?

Você pode não perceber, mas todos os dias cria mensagens para persuadir os outros. Pode ser em um dos diversos e-mails que você envia regularmente para seus colegas, amigos ou clientes. Ou, no trabalho, você participa da criação de um anúncio, uma página da web, um vídeo corporativo e slides para uma apresentação de vendas. Muitas vezes, esforço cognitivo e dinheiro são investidos nessas tarefas. No entanto, você já se perguntou o quão eficazes são essas tentativas de persuasão do ponto de vista do cérebro humano? Que tipo de atenção é possível de fato captar? Quais são suas chances de ressignificar crenças e opiniões preexistentes? É possível acionar o "botão comprar" nas mentes de seu público-alvo?

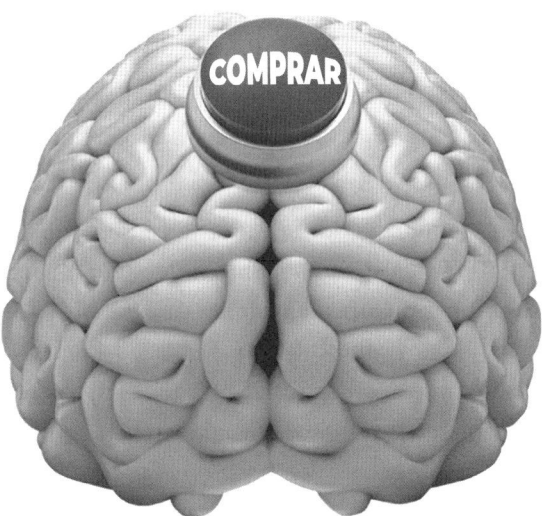

Figura 0.1 Botão Comprar.

Fonte: SalesBrain. Todos os direitos reservados. 2002–2018.

Este livro ajudará você a perceber que a maioria de seus esforços para persuadir os outros não são otimizados para o cérebro. Somos bombardeados com mensagens persuasivas ao longo do dia, e é por isso que 99% delas estão sendo ignoradas. Elas apenas "respingam" em nossos cérebros (veja a Figura 0.2). No entanto, em *O Código da Persuasão*, você aprenderá estratégias comprovadas para garantir que suas mensagens sejam transmitidas.

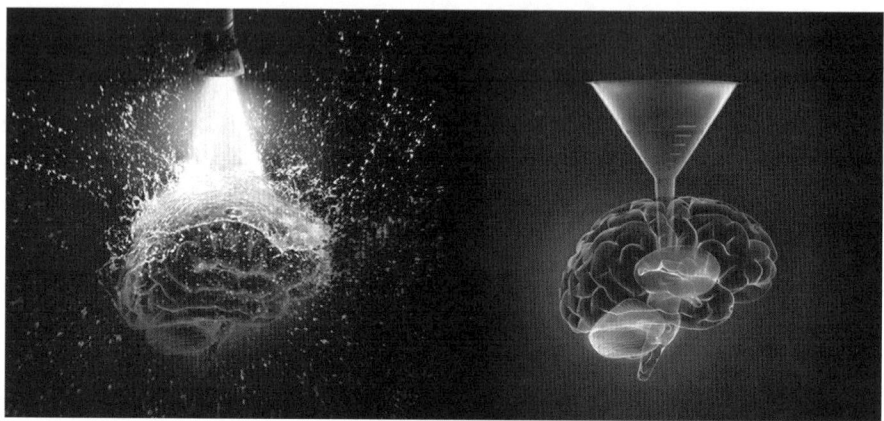

Figura 0.2 Efeito de respingo.
Fonte: SalesBrain. Todos os direitos reservados. 2002–2018.

Simplificando, o objetivo do nosso livro é ajudá-lo a usar o que há de mais avançado em ciência da persuasão para tornar suas mensagens mais amigáveis ao cérebro. Isso significa que você será capaz de convencer qualquer pessoa, em qualquer lugar, a qualquer hora!

Este livro é uma sequência do inovador livro que publicamos sob o título *Neuromarketing: Understanding the "Buy Buttons" in Your Customer's Brain*, o primeiro de seu tipo a incluir o termo *neuromarketing*. Desde então, o neuromarketing tornou-se um campo vibrante que investiga o efeito de mensagens persuasivas em nossos cérebros. Contra todas as probabilidades, nosso primeiro livro foi um sucesso internacional com vendas estimadas em mais de 150 mil exemplares.

Alguns meses após o lançamento do nosso livro, criamos uma agência de neuromarketing chamada SalesBrain. A SalesBrain tornou-se a primeira empresa do mundo dedicada a treinamento, pesquisa, coaching e serviços criativos usando um modelo proprietário de neuromarketing chamado NeuroMap. O NeuroMap é projetado para que você aprenda com facilidade e é apresentado na parte interna da capa. Desde 2002, mais de 200 mil executivos foram treinados no NeuroMap em todo o mundo, incluindo mais de 15 mil CEOs. Com a ajuda da SalesBrain, mais de 800 empresas implantaram estratégias inovadoras de neuromarketing para acelerar os ciclos de vendas, fechar negócios estratégicos, otimizar o efeito de sites, folhetos, slides de apresentação, vídeos corporativos e muito mais. Muitos de nossos clientes são líderes em seus setores e contam com grandes orçamentos de marketing e equipes de profissionais de marketing talentosos. Alguns deles são: Avon, TransUnion, Paypal, Siemens, GE, Epson, Hitachi, além de muitos outros que não temos permissão legal para nomear, mas que você certamente reconheceria na hora! As práticas de neuromarketing podem ser consideradas estratégicas demais para que os concorrentes saibam que você as emprega para aprimorar a eficácia das mensagens de vendas. No entanto, muitos de nossos clientes mais satisfeitos são pequenas e médias empresas com orçamentos de marketing limitados e equipes de marketing modestas que, ainda assim, conquistaram vantagens significativas usando o NeuroMap. É por isso que podemos afirmar que o NeuroMap é o único modelo de persuasão científica capaz de explicar e melhorar milhares de mensagens projetadas para desencadear decisões de compra.

O NeuroMap é baseado no domínio do *cérebro primitivo* (PRIMAL BRAIN) em nossas decisões de compra, a parte mais antiga composta de uma infinidade de estruturas cerebrais (veja a Figura 0.3). O cérebro primitivo gerencia estados internos cruciais que controlam a atenção e os recursos emocionais para lidar com as prioridades relacionadas à sobrevivência em um nível subconsciente. Pense nele como o sistema operacional de sua mente, um conjunto de instruções básicas que controlam como seu processador recebe entradas e saídas. Assim como a maioria dos usuários não é capaz de alterar o sistema operacional de um computador, seu cérebro primitivo também não pode ser de fato reprogramado. Enquanto isso, o *cérebro racional* contribui para o processo de confirmação de muitas de nossas decisões. Ele é a parte mais recente e mais evoluída do cérebro. Pense nele como a última versão do Microsoft Office® para o seu cérebro. O cérebro racional é como um conjunto de aplicativos aprimorados que você pode adquirir, alterar ou atualizar durante a vida. Essa parte usa recursos cognitivos mais elevados que ajudam a mediar algumas das respostas do cérebro primitivo. Ao medir a atividade em ambos os sistemas cerebrais, fomos capazes de decodificar o efeito de estímulos de marketing ou publicidade em todo o cérebro.

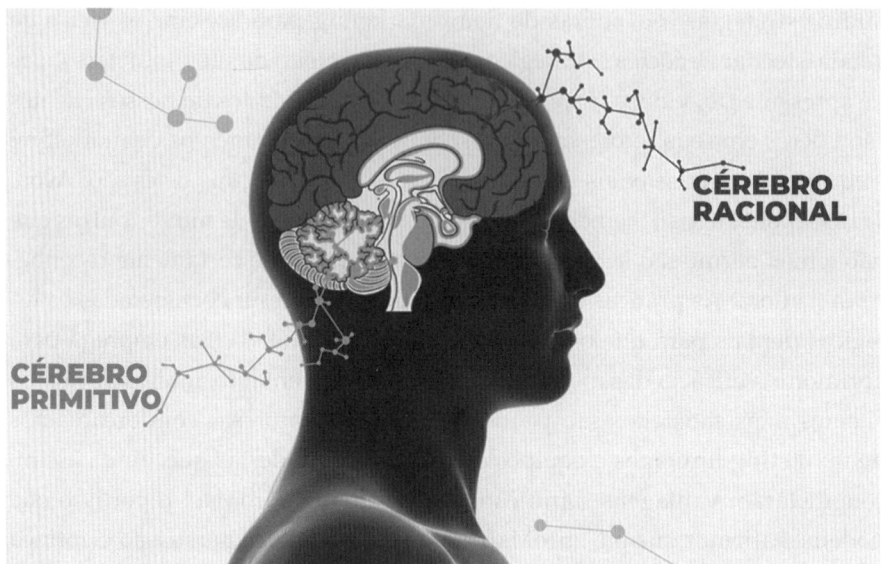

Figura 0.3. Cérebros primitivo e racional.

Surpreendentemente, a persuasão *não* é controlada pelo cérebro racional. É o *cérebro primitivo* que domina o processo, um cérebro principalmente inconsciente e pré-verbal, que surgiu muito antes de começarmos a usar palavras para nos comunicar.

O domínio do cérebro primitivo em nossas decisões só foi revelado nas últimas duas décadas por pesquisadores como Daniel Kahneman, Richard Thaler (ambos ganhadores do Prêmio Nobel de Economia em 2002 e 2017, respectivamente), bem como Dan Ariely, John Bargh e David Eagleman, para citar alguns dos que receberam reconhecimento público. Este livro integra o complexo campo da neurociência de decisão em um modelo comprovado que você pode usar rapidamente para influenciar o cérebro primitivo de seu público, de forma simples, mas científica!

Apesar do entusiasmo pelo marketing baseado no cérebro, o ramo do neuromarketing ainda é relativamente pequeno. Um mercado de um pouco menos de 100 milhões de dólares em estimativas conservadoras. No entanto, estudos recentes realizados pela Green Book sugerem que os profissionais de marketing planejam entre 10% e 20% de todos os orçamentos de marketing para ferramentas e métodos de neuromarketing. Somente nos Estados Unidos, o setor de pesquisa de mercado é um negócio de 20 bilhões de dólares, o que significa que os serviços de pesquisa de neuromarketing podem abocanhar entre 2 e 4 bilhões de dólares do mercado potencial dentro de alguns anos.[1]

Embora o campo agora seja considerado mais maduro, uma adoção mais ampla do neuromarketing acaba de começar. Essa é a razão pela qual a continuação do nosso primeiro livro é tão importante. Ela fornece uma abordagem profunda, mas prática, para implementar uma estratégia de neuromarketing bem-sucedida usando um modelo de persuasão testado, o NeuroMap. Na última década, cerca de sessenta livros trataram do valor neurocientífico do uso de dados neurofisiológicos para decodificar o comportamento do consumidor e a eficácia da publicidade. No entanto, nenhum livro até agora demonstrou o valor prático e mensurável da aplicação de estratégias de mensagens guiadas por um modelo de persuasão científica como o NeuroMap. Nosso objetivo é levar seu interesse em neuromarketing, persuasão científica, mensagens de vendas, eficácia de publicidade, conversão de sites e apresentações de vendas além do básico de neuromarketing e ajudá-lo a aplicar rapidamente os benefícios do uso do *código da persuasão*. Para isso, propiciaremos uma discussão científica muito mais abrangente sobre o arcabouço teórico que embasa o NeuroMap. Além disso, forneceremos orientações práticas e baseadas em evidências para ajudá-lo a aplicar nosso modelo de persuasão diariamente. Munido de uma compreensão teórica e prática do NeuroMap, você será capaz de criar e entregar mensagens que catapultam o efeito de todos os seus esforços de persuasão para níveis recordes. Ao contrário do nosso primeiro livro, no qual citamos poucos estudos de caso e fornecemos referências científicas limitadas, *O Código da Persuasão* inclui centenas de referências científicas, novas pesquisas realizadas pela SalesBrain e materiais nunca publicados antes, bem como muitas histórias de sucesso notáveis. Nos últimos dezesseis anos, centenas de nossos clientes se beneficiaram do NeuroMap.

Consequentemente, este livro vai além de ensinar a você um modelo de persuasão comprovado e baseado no cérebro. Ele irá inspirá-lo e guiá-lo para criar sua própria história de sucesso.

Em resumo, este livro o ajudará a:

- Obter uma nova perspectiva da enorme quantidade de pesquisas cerebrais que podem ser facilmente aplicadas a todas as suas iniciativas de marketing, vendas e comunicação.

- Perceber como as escolhas de compra são afetadas por vários processos cerebrais que controlam a atenção, a emoção, a memorização e as decisões.

- Entender como o *cérebro primitivo* (camadas evolutivas mais antigas que controlam nosso comportamento automático e centrado na sobrevivência), e não o *cérebro racional* (camada cognitiva mais recente), domina o processo de persuasão e influencia todas as decisões de compra.

- Aprender os princípios de funcionamento do cérebro primitivo para que você possa assimilar como o complexo processo de persuasão funciona sem uma formação em psicologia ou neurociência.

- Conhecer estudos científicos, histórias de clientes e aprender técnicas de pontuação que ilustram rapidamente como suas estratégias de persuasão baseadas no cérebro podem fornecer resultados práticos, previsíveis e mensuráveis.

Finalmente, observe que o livro está estruturado em torno de três seções principais que apresentam a ciência, a teoria e o processo de persuasão.

Os cinco primeiros capítulos foram escritos pelo Dr. Christophe Morin; neles, ele apresenta a base científica da persuasão e do NeuroMap. O texto de Morin é concluído com o Diagnostique o PAIN, o primeiro passo do nosso processo de persuasão.

O restante do livro é escrito por Patrick Renvoise. Patrick trata dos três passos seguintes em nosso processo para persuadir com mensagens que diferenciem seus CLAIMS (reivindicações), demonstrem seus GAINS (ganhos) e dialoguem com o PRIMAL BRAIN. Patrick usa muitos exemplos e histórias para mostrar como você pode aplicar o NeuroMap, seja vendendo produtos de consumo simples, como escovas de dentes, ou soluções multimilionárias complexas. Observe que este livro é escrito de uma forma que permite que você pule as partes I e II se quiser saber o COMO (Parte III) antes do PORQUÊ (Partes I e II). No entanto, recomendamos que leia pelo menos a introdução antes.

Juntos, todos os capítulos lhe darão acesso para *O Código da Persuasão*!

Introdução

Há mais de uma década, neurocientistas e pesquisadores de mídia afirmam que conseguiram decifrar o código neurológico da eficácia da publicidade. No entanto, a adoção de métodos científicos para investigar e criar anúncios ou sites mais persuasivos permaneceu curiosamente baixa.

NEUROMARKETING É UM CAMPO COMPLICADO?

A princípio, quando os executivos de marketing e publicidade descobriram o neuromarketing, acreditavam que precisavam de educação superior sobre o funcionamento do cérebro para compreendê-lo e usá-lo a seu favor. É verdade que os estudos de neuromarketing geram gigabytes de informações sobre complexos mecanismos cerebrais e que, para manipular esses dados, é necessário o uso de softwares poderosos que executam algoritmos crípticos. Não há dúvida de que o processo de descoberta de neuroinsights é demorado e um pouco intimidante. Então, você pode se perguntar: será que eu consigo entender isso rapidamente? Isso me ajudará a melhorar radicalmente minha capacidade de persuadir sem me causar mais dores de cabeça? Tenha certeza de que, com este livro, você aprenderá o suficiente sobre o cérebro para entender o valor do neuromarketing e aplicá-lo rapidamente.

O NEUROMARKETING REVELARÁ AS FALHAS DE CAMPANHAS ANTERIORES?

Os executivos de marketing e publicidade geralmente têm medo do que os estudos de neuromarketing podem revelar. Afinal, um modelo de persuasão científica pode fornecer evidências inconvenientes ou prejudiciais sobre o fracasso de campanhas anteriores que desperdiçaram milhares, se não milhões de dólares. Sejamos sinceros, todos evitamos confrontar informações que possam questionar os fundamentos do que acreditamos. Muitas vezes, as descobertas de neuromarketing são surpreendentes e colocam em cheque o que aprendemos e aplicamos por décadas. Elas nos mostram por que tantos de nossos esforços para influenciar, vender ou convencer não funcionaram. Podem até revelar nossa incompetência ou falhas. Investigar as partes inconscientes profundas do cérebro primitivo é surpreendente, se não desconfortável, pois são informações que não estavam disponíveis antes. Continuamos perguntando às pessoas o que elas querem, mas as evidências sugerem que não somos capazes de articular facilmente o que queremos!

Ao embarcar em sua jornada de neuromarketing, parabenize-se pela coragem de questionar o que sabe, desafiar o que faz atualmente e admitir que pode ter desperdiçado tempo e esforços criando mensagens que nunca produzirão resultados mensuráveis. Adotar uma disciplina de neuromarketing nos torna mais modestos, mas também nos empodera. Mas lembre-se de que você pode ter que enfrentar, se não confrontar, players econômicos que não estão muito animados com a revolução do neuromarketing.

A CRIATIVIDADE E A CIÊNCIA DA PERSUASÃO PODEM SE MISTURAR?

Desde o início da SalesBrain, conhecemos muitos executivos de publicidade que afirmam não precisar de dados neurofisiológicos para entender ou prever o efeito de suas campanhas. Muitas vezes, consideram a pesquisa de neuromarketing disruptiva para o processo criativo. Eles não acreditam que revelar o que as pessoas não conseguem expressar fornecerá informações valiosas. Pior, eles costumam ver a ciência da persuasão como um limitador de sua liberdade criativa. Afinal, muitas agências dependem do poder de sua execução criativa para se diferenciar. O problema óbvio de nossa exposição a dezenas de agências em todo o mundo (algumas de alto nível) é que quase nenhuma delas usa teorias de persuasão críveis para apoiar a base científica de sua estratégia de mensagens. Portanto, esteja preparado para desafiar agências de publicidade e até de criação ao iniciar sua jornada de neuromarketing. Elas podem recuar inicialmente até perceberem (e aceitarem) que você quer medidas mais objetivas do efeito do conteúdo criativo que você compra.

POR QUE OS PROFISSIONAIS DE MARKETING SÃO VICIADOS EM ANÁLISES DE WEB?

No crescente espaço de marketing digital, as análises de web e as análises móveis são tão fáceis de produzir que os profissionais de marketing muitas vezes insistem que conseguem avaliar o verdadeiro impacto dos anúncios sem recorrer a mais ciência. Empresas como Google, Facebook e Twitter gastam milhões de dólares para nos convencer de que seus algoritmos são capazes de revelar e prever a qualidade de qualquer mensagem digital que você criar. A sobrevivência delas depende disso. No entanto, casos recentes revelaram como muitas análises de web podem ser enganosas. Pior, elas geralmente têm definições ruins, suposições questionáveis e até erros matemáticos. Elas são baseadas em dados comportamentais que fornecem uma visão parcial de como as pessoas respondem às mensagens. Elas ignoram os cliques invisíveis que acontecem no cérebro das pessoas!

Em 2016, o maior anunciante do mundo, Procter & Gamble, reduziu drasticamente sua estratégia de publicidade no Facebook, alegando que segmentar públicos específicos era caro e não resultou em uma diferença significativa.[2] Tanto o Facebook quanto o Google argumentam que podem ajudar os anunciantes a atingir públicos específicos. No entanto, a P&G insistiu que não havia evidências de que a segmentação precisa valesse o esforço. Enquanto isso, também em 2016, o Facebook admitiu que superestimou uma métrica-chave de vídeo durante pelo menos dois anos. Apenas visualizações de vídeo de mais de três segundos foram consideradas para calcular a métrica da duração média dos vídeos visualizados. Isso significa que as visualizações de vídeo de menos de três segundos não foram levadas em conta na média, tornando-a muito mais alta do que seria de outra forma. Como resultado, os anunciantes receberam pontuações de desempenho mais altas do que deveriam ter recebido. Embora a rede social tenha afirmado que esse foi um erro de cálculo do tempo médio que os usuários passaram assistindo a vídeos em sua plataforma, muitos anunciantes, como a Publicis, ficaram indignados. A Publicis foi responsável pela compra de 77 bilhões de dólares em anúncios em 2015. Keith Weed, diretor de marketing da Unilever, outro grande anunciante, comentou que empresas como Google e Facebook não permitem que terceiros avaliem sua plataforma, o que significa que, basicamente, eles mesmos avaliam o próprio trabalho.³ Sem dúvida, o erro de cálculo foi um constrangimento para o Facebook. A empresa se desculpou formalmente e disse que corrigiria o erro em seu algoritmo. Sendo assim, esteja avisado. As análises de web têm valor limitado e muitas vezes são falhas. Uma disciplina de neuromarketing fará de você um comprador mais inteligente de publicidade digital, revelando a natureza e a influência de cliques invisíveis. Como resultado, os players de big data no espaço publicitário podem não estar tão entusiasmados com o neuromarketing quanto você.

Enquanto isso, uma vez que as análises de web não fornecem um quadro completo do que acontece quando os cérebros dos compradores são expostos pela primeira vez a anúncios, você é forçado a mudar constantemente suas chamadas, trocar imagens, basicamente modificar sua mensagem muitas vezes. Isso arruína suas chances de entender por que tantos de seus anúncios não conseguem gerar retorno. Pior, você pode selecionar um anúncio que ainda será ineficaz, embora seja a mensagem de maior desempenho do seu teste. Sem obter uma melhor compreensão de como os anúncios afetam o cérebro, o teste de mensagens (também chamado de teste A/B) é uma armadilha que dá bilhões de dólares para anunciantes e redes de mídia. A busca de mensagens perfeitas por meio de testes é ineficiente, custosa e desafia as leis de como a persuasão funciona no cérebro.

POR QUE VOCÊ VAI ADORAR UM MODELO DE PERSUASÃO BASEADO NO CÉREBRO

Nosso primeiro livro forneceu um processo passo a passo bastante simples para melhorar qualquer mensagem de vendas usando uma estrutura teórica holística baseada no cérebro. Apesar de não ser um livro científico em si, ele popularizou o valor de centralizar os esforços persuasivos no cérebro primitivo para disparar e engajar o processo persuasivo em todo o cérebro. Nosso objetivo com este livro, no entanto, é demonstrar a validade científica e prática do NeuroMap, um modelo de persuasão totalmente pesquisado e testado, para que você possa reduzir sistematicamente o risco, eliminar desperdícios e melhorar sua capacidade de convencer qualquer público.

Sumário

PARTE I
DECODIFICANDO A CIÊNCIA DA PERSUASÃO   1

CAPÍTULO 1	Por que o Neuromarketing É um Divisor de Águas?	3
CAPÍTULO 2	A Neurociência da Persuasão	19

PARTE II
DECODIFICANDO A TEORIA DA PERSUASÃO   39

CAPÍTULO 3	NeuroMap: Uma Teoria da Persuasão Baseada no Cérebro	41
CAPÍTULO 4	Aplicando Seis Estímulos para Persuadir o Cérebro Primitivo	61

PARTE III
DECODIFICANDO A NARRATIVA DA PERSUASÃO   117

CAPÍTULO 5	Diagnostique o PAIN	119
CAPÍTULO 6	Diferencie Seus CLAIMS	137
CAPÍTULO 7	Demonstre o GAIN	149
CAPÍTULO 8	Dialogue com o PRIMAL BRAIN	173

Conclusão	299
Apêndice: Neuromap, Ferramenta Simplificada de NeuroScore	305
Notas	311

PARTE I

DECODIFICANDO A CIÊNCIA DA PERSUASÃO

CAPÍTULO 1

Por que o Neuromarketing É um Divisor de Águas?

Inteligência é a capacidade de se adaptar à mudança.
— Stephen Hawking

Este capítulo o ajudará a entender por que qualquer pessoa que crie mensagens persuasivas deve considerar o uso de um modelo de neuromarketing. Em primeiro lugar, focamos as singulares questões de pesquisa respondidas pelo NeuroMap — especificamente, um aspecto não discutido em outros livros sobre o tema. Sim, com todas as suas peculiaridades fascinantes, é fácil se perder nos meandros do neuromarketing. No entanto, conhecer o básico o ajudará a se tornar um persuasor afiado e discriminante!

Nos cinco capítulos seguintes, escritos por mim, Dr. Christophe Morin, incorporo toda minha paixão avassaladora por decifrar o código científico da persuasão. Como você perceberá rapidamente, sou um pouco nerd e, portanto, tenho muitas informações que estou ansioso para compartilhar sobre esse tópico, mas sempre de modo informativo e agradável. Ministrei workshops sobre neuromarketing a milhares de pessoas em todo o mundo por quase vinte anos. Como professor adjunto de psicologia da mídia na Fielding Graduate University, colaboro com os principais acadêmicos para melhorar nossa compreensão da eficácia da mídia em todas as formas. Além disso, tenho estudantes de todo o mundo usando os ensinamentos de neuromarketing para melhorar roteiros de filmes, campanhas publicitárias, campanhas de arrecadação de fundos e até mesmo para decodificar a base neurobiológica da propaganda terrorista.

Embora o assunto da persuasão baseada no cérebro possa ser intimidante no início, o que você aprenderá sobre o cérebro nas próximas seções pode influenciar sua vida além do que poderia imaginar quando escolheu este livro. Pessoalmente, a neurociência me ajudou a entender os transtornos psicológicos complexos que afetam alguns dos meus familiares próximos; influenciou meu estilo parental e muito mais. Tenha certeza de que, ao ler as páginas seguintes, você não apenas melhorará sua capacidade de persuadir, mas também poderá melhorar sua vida. Muitas vezes, após uma palestra, as pessoas se aproximam de mim e compartilham como o fato de aprender os fundamentos da neurociência facilitou a compreensão de sua dificuldade (às vezes por décadas) em influenciar ou entender os entes queridos. Ouvi histórias poderosas que contam as tentativas desesperadas de convencer um adolescente a não fumar, os esforços compassivos para pedir a um amigo que pare de beber ou os fracassos frustrantes na hora de encerrar discussões acaloradas. No entanto, vamos ser claros: nosso objetivo é discutir o efeito das mensagens de vendas e publicidade no cérebro das pessoas. Porém acredito que o valor do neuromarketing pode ser ampliado para outros aspectos da vida nos quais sua capacidade de persuasão pode trazer alívio e esperança. Na verdade, Patrick Renvoise aborda uma aplicação mais ampla do neuromarketing em sua popular palestra TEDx (tinyurl.com/yb3x79vq).

O NEUROMARKETING É CAPAZ DE LHE DIZER O QUE OS OUTROS MÉTODOS NÃO CONSEGUEM

Desde o início da criação da SalesBrain, em 2002, Patrick e eu sugerimos que a *pesquisa de marketing tradicional* fica aquém dos objetivos, especialmente quando se trata de medir o efeito de mensagens publicitárias. Pesquisas, entrevistas ou grupos focais não explicam os mecanismos neurofisiológicos subjacentes ao comportamento do consumidor. No entanto, os circuitos funcionais subconscientes e pré-conscientes do cérebro são essenciais para explicar nossas respostas à maioria dos estímulos de marketing.[4-8] É por isso que os métodos neurocientíficos podem gerar insights únicos em comparação aos métodos de pesquisa tradicionais — um fato que agora é amplamente aceito por pesquisadores de marketing e publicidade em todo o mundo.[7, 9-11] De acordo com muitos estudiosos, a integração de métodos neurocientíficos na pesquisa publicitária representa um dos eventos mais significativos na pesquisa do consumidor nos últimos cinquenta anos.[12]

Apesar do ceticismo inicial e da resistência à mudança, a indústria publicitária começou a reconhecer a importância e a relevância desse movimento. Por quê? Porque, coletivamente, os métodos de neuromarketing vão muito além das técnicas tradicionais de coleta de dados, rastreando as mudanças biológicas, fisiológicas e neurológicas que surgem em nossos cérebros em resposta a estímulos de marketing. Essas configurações experimentais inovadoras nos ajudam a analisar respostas instintivas, emocionais e cognitivas sem impor o ônus da interpretação aos sujeitos da pesquisa. Você pode não perceber, mas, sempre que responde a uma pesquisa, isso requer uma enorme quantidade da preciosa energia cerebral. Ser pago para participar de pesquisas não reduz esse fardo! A energia cognitiva não tem preço. Usar métodos baseados no cérebro significa que não dependemos mais da participação consciente e ativa dos sujeitos. Não estamos pedindo que eles se comportem como zumbis, mas, simplesmente, que relaxem e deixem as mensagens agirem em seus cérebros. Também não há necessidade de os sujeitos verbalizarem. O objetivo é permitir que a exposição a um estímulo funcione em sua neurofisiologia. Enquanto isso, mantemos um ambiente seguro, confortável e livre de artefatos que possam comprometer os dados, como ruído, objetos em movimento, mudança de luz e condições de temperatura.

Que valor obtemos desses métodos que pesquisas tradicionais e grupos focais não conseguem oferecer? Recebemos medidas de estados dos consumidores que são difíceis, se não impossíveis, de relatar conscientemente. Lembra-se da última vez que lhe perguntaram o que achou do filme mais recente a que assistiu? Que pergunta simples, mas quão difícil seria responder se você fosse forçado a usar escalas emocionais para descrever o grau em que o filme o deixou feliz, triste, animado, nervoso, preocupado, curioso e assim por diante. O mesmo se aplica à forma como respondemos a mensagens publicitárias ou mesmo a um site. Sabemos que esses estímulos têm algum efeito sobre nós, mas não podemos ser confiáveis para avaliar com precisão seu impacto emocional e cognitivo em nosso cérebro. Pesquisas demonstraram que, quando solicitadas a descrever seus humores diariamente, as pessoas usam em média mais de três palavras, sugerindo que as emoções são difíceis de identificar e relatar.[13]

Vamos voltar às principais perguntas de pesquisa que podem ser respondidas exclusivamente pela pesquisa de neuromarketing e pelo NeuroMap. As perguntas de pesquisa de neuromarketing são projetadas para criar insights que ajudam você a minimizar o risco e a incerteza associados ao efeito preditivo de anúncios, sites, rótulos de embalagens e muito mais. Para ajudá-lo a entender a relevância dessas perguntas, pode ser útil se lembrar de uma campanha ou de uma mensagem que criou ou usou recentemente para influenciar alguém. Pense no valor de responder a qualquer uma das perguntas a seguir antes de implementar a campanha.

Existem seis perguntas de pesquisa cruciais que podem ser respondidas por sólidos experimentos de neuromarketing e, é claro, pelo NeuroMap.

A Minha Mensagem Vai Captar a Atenção Subconsciente do Cérebro?

A atenção recruta energia cerebral para permitir que o público se concentre em sua mensagem e processe o conteúdo. Grande parte dessa atenção é gerenciada abaixo do nosso nível de consciência. Portanto, é difícil medir a atenção quando você pede ao público para descrever o quanto ele se concentrou em sua mensagem. A consciência, nossa capacidade de observar e relatar nossa experiência imediata, é lenta e frágil. Suas mensagens são construções narrativas que afetam o público a uma velocidade muito maior do que a consciência permite. Consequentemente, somos inábeis em descrever a qualidade de nossa atenção imediata. Em compensação, a coleta de dados cerebrais é bastante fácil porque não depende da capacidade de relato de um sujeito. Mais importante ainda, ajuda a medir a atenção em uma base de milissegundos, que é um divisor de águas para como você pode explicar o efeito de qualquer estímulo de marketing. As histórias produzem vários ciclos de atenção, durante os quais o público está envolvido, comovido ou entediado, e sua linha do tempo pode ser capturada por diferentes técnicas de neuromarketing, como medir a condutividade da pele, decodificar expressões faciais, rastrear movimentos oculares ou monitorar ondas cerebrais. Uma história funciona de maneiras incríveis. A maior parte de seu efeito não é acessível à nossa consciência. Os métodos de neuromarketing são projetados para mostrar se uma mensagem capturou qualquer forma de atenção, consciente ou subconsciente, automática ou intencional, o que faz uma enorme diferença em sua capacidade de criar mensagens de sucesso.

Estudo de caso nº 1: quais imagens de animais chamam mais a atenção. Uma proeminente organização sem fins lucrativos com foco na defesa dos direitos de todos os animais queria descobrir por que alguns de seus anúncios funcionam melhor do que outros para gerar doações. Ela forneceu à SalesBrain três anúncios que foram produzidos na última década: um antigo e dois novos. Os novos anúncios não estavam se saindo melhor do que os antigos, mas a organização não conseguia entender o porquê. Usamos nosso NeuroLab para investigar o problema. Ao fazer uma avaliação completa da resposta neurofisiológica de uma amostra de quarenta indivíduos, descobrimos que o nível de atenção era rapidamente reduzido em quaisquer imagens que não mostrassem os animais com uma expressão forte e clara de tristeza. Além disso, uma visão frontal da face do animal gerava mais atenção do que uma visão lateral. Isso estava relacionado ao próprio animal e à sua capacidade de desencadear a empatia humana. No entanto, muitas das respostas pareciam baseadas no poder da própria expressão facial e na quantidade de animais mostrados em uma imagem. Essa hipótese foi confirmada pela observação do rastreamento ocular e dos dados emocionais sobre vários animais, incluindo gatos, cães, cavalos, porcos, vacas, focas e até macacos. Depois que revelamos o código de persuasão de seus anúncios, a agência de publicidade conseguiu lançar um novo comercial de TV, que superou todos os que já havia feito antes. Além disso, os insights produzidos pelo estudo orientaram a equipe de fotos e vídeos sobre como usar as imagens em todas as suas comunicações futuras.

As Pessoas Conseguem Dizer o que Sentem?

Somos bons em mascarar e distorcer ao relatar nossas emoções. Estudos recentes de conteúdo de mídia social comparado com perguntas de pesquisa feitas no Google mostram a extensão de nossa capacidade de enganar. As frases de pesquisa revelam preocupações ou interesses que não correspondem ao que as pessoas estão dispostas a divulgar abertamente. Além disso, os dados da pesquisa mostram que escolhemos compartilhar o que faz nos sentir bem e esconder o que diminui nossa autoestima. Quanto mais jovens somos, menos confiáveis nossas declarações tendem a ser. Fiz uma extensa pesquisa sobre adolescentes que me ajudou a perceber que coletar suas opiniões não é capaz de explicar e prever seus comportamentos. Felizmente, os estudos de neuromarketing não dependem do que as pessoas dizem, mas de como seus cérebros respondem. Durante um estudo, observamos como os neurônios dos participantes disparam em intervalos de milissegundos e o que eles sentem, o que é medido pela resposta do cérebro a estímulos externos.

Os neurônios respondem em uma fração de segundo, desencadeando respostas emocionais antes mesmo que a mente consciente processe a informação. Portanto, um sujeito pode ter uma reação subconsciente, mas, uma vez que se torna consciente, ele pode não se sentir confortável em compartilhá-la com um pesquisador. Talvez ele não ache apropriado ou queira ser percebido favoravelmente pelo pesquisador. Seja como for, na psicologia, isso é chamado de viés de desejabilidade social. Além disso, mesmo que o sujeito acredite que está relatando sentimentos verdadeiros em resposta a um anúncio, os dados cerebrais podem mostrar o contrário. As descobertas do neuromarketing ajudam a identificar a distância, e até as distorções, entre o que as pessoas dizem que sentem e como realmente se sentem ao medir a influência das emoções em nosso comportamento.

Estudo de caso nº 2: entendendo como os consumidores se sentem sobre os bancos em Marrocos. A Wafacash é uma subsidiária integral do grupo bancário Attijariwafa, o maior banco da África do Norte e o sexto maior do continente africano. Nos últimos vinte anos, a Wafacash desfrutou de uma participação de mercado dominante no negócio de transferência de dinheiro e pagamentos bancários no Marrocos. Empresas de serviços financeiros são atraentes para a maioria dos marroquinos que não confiam em bancos tradicionais: eles valorizam a privacidade de poupar e pagar usando dinheiro sem a exigência de possuir uma conta bancária. No final de 2012, embora a Wafacash tivesse feito sua parte nos estudos de consumo, a administração acreditava que continuar a conduzir grupos focais ou entrevistas tradicionais individuais não geraria insights inovadores para o consumidor. A fim de desenvolver e implantar rapidamente uma estratégia de publicidade e comunicação mais eficaz, a Wafacash contratou a SalesBrain para explorar como os métodos de neuromarketing poderiam produzir insights inovadores sobre os consumidores. Recomendou-se a realização de um estudo por meio da análise de voz.

Utilizamos a análise de voz durante 24 entrevistas qualitativas em profundidade com clientes e não clientes. O software de análise de voz extraiu cerca de vinte parâmetros vocais para identificar variáveis emocionais na voz do entrevistado, como nível de estresse, sobrecarga cognitiva ou tristeza. Por meio da análise de voz, a equipe executiva do banco obteve uma visão muito mais objetiva sobre o que os clientes sentiam em relação a seus serviços. Por exemplo, os dados revelaram a presença de muitas frustrações e aborrecimentos que haviam sido historicamente mal compreendidos pela Wafacash.

Com uma melhor compreensão dos sentimentos dos clientes, os gestores foram capazes de criar e implementar uma nova campanha de mensagens. A campanha foi rapidamente aceita e lançada com sucesso em uma rede de mais de seiscentos sites de varejo.

Quais Emoções Provocam Decisões?

Vivenciamos milhares de emoções. Portanto, é impossível relatar emoções específicas porque são meros lampejos e, mesmo quando chegam à consciência, nossa percepção é muito lenta e não discrimina o suficiente para classificar e rotular cada sentimento. Porém algumas ferramentas como o software de decodificação facial nos oferecem a capacidade de revelar expressões emocionais universais (por exemplo, felicidade, tristeza, surpresa, raiva, medo, desprezo e nojo), que são acionadas principalmente abaixo do nível de consciência das pessoas. Pequenos movimentos criados por nossos músculos faciais produzem microexpressões que aparecem por menos de 35 milissegundos. Curiosamente, apenas emoções negativas autorreferidas, como nojo ou raiva, tendem a se correlacionar com dados cerebrais. As emoções negativas são sentidas em um nível instintivo e não requerem o filtro e o viés de nossa interpretação cognitiva.

No entanto, vincular emoções e comportamento é complicado. Compreender essa conexão crítica requer que as emoções e o comportamento sejam definidos e medidos de forma adequada. Infelizmente, as emoções são conceitos abstratos. Não há uma ferramenta pronta para medir todas as emoções. Por exemplo, não existe "um termômetro de raiva", então, para avaliar a raiva por meio de um questionário, os psicólogos precisam desenvolver uma escala especial. Isso é muito difícil, pois, uma vez que você começa a propor uma escala de um construto psicológico, as pessoas têm opiniões diferentes sobre o que esse construto significa. Felizmente, os estudos de neuromarketing não dependem de escalas ou de interpretação subjetiva de estados psicológicos, mas, sim, de métricas neurofisiológicas conhecidas e aceitas.

Pense em como medimos o peso dos objetos. As pessoas não discutem sobre as definições do que é leve ou pesado. Utilizamos padrões que foram aceitos e usados por centenas de anos. Entretanto, não existem tais padrões na pesquisa de marketing tradicional para medir estados mentais como atenção, tédio, engajamento, compreensão, memorização e, é claro, *persuasão*. As pesquisas dependem inteiramente da interpretação subjetiva que as pessoas têm sobre as perguntas. "Você se sentiu empolgado com este anúncio?" "Está entediado?" São questões que pressupõem que todas as pessoas as entenderão da mesma forma, não deixando espaço para a interpretação subjetiva de um dado estado emocional. Por outro lado, os estudos de neuromarketing medem cientificamente os estados emocionais e eliminam o erro proporcionado pela natureza subjetiva de nossa linguagem e pela capacidade de processamento limitada de nossa consciência.

Estudo de caso nº 3: a eficácia das campanhas de saúde pública. Em 2011, investiguei a eficácia dos anúncios de serviço público (PSAs, na sigla em inglês) em adolescentes e adultos jovens.[14] Para avaliar o sucesso de uma campanha, os pesquisadores dos PSAs têm contado principalmente com a capacidade dos sujeitos de relatar seus sentimentos, uma séria limitação considerando que as mensagens emocionais são conhecidas por produzir grandes efeitos subconscientes. Meu estudo testou PSAs com diferentes entonações. Alguns eram positivos, em um tom otimista e engraçado. Outros eram sombrios e assustadores. Como descobertas neurocientíficas recentes sugerem que os adolescentes usam circuitos cerebrais distintos ao processar respostas afetivas subconscientes, previ que o efeito persuasivo das mensagens emocionais variaria entre as faixas etárias. Os achados corroboraram minhas previsões e demonstraram que métodos neurofisiológicos poderiam predizer os efeitos de mensagens de saúde pública direcionadas a adolescentes e adultos jovens. Mais notavelmente, mostrei que as emoções negativas geradas por mensagens ameaçadoras baseadas no medo produzem mais efeito do que as emoções positivas, independentemente da idade.

Qual das Minhas Mensagens Funciona Melhor no Cérebro das Pessoas e Por quê?

Os participantes da pesquisa ficam rapidamente confusos e sobrecarregados com muitas perguntas diretas sobre os vários anúncios que são solicitados a avaliar. Por exemplo, a escala Likert é comumente usada em pesquisas publicitárias. Eis um exemplo: até que ponto você gosta deste anúncio? Use uma escala de cinco opções, que vão de "Muito" a "Nem um pouco", para responder. No entanto, avaliar até que ponto um anúncio é engraçado ou triste não é capaz de representar o efeito subconsciente de milhões de neurônios disparando durante milissegundos em nosso cérebro. Além disso, estudos convencionais pedem que as pessoas expressem por que gostam ou não gostam de vários aspectos de um anúncio. Essas questões demandam muita energia cognitiva e raramente produzem diferenças significativas entre os sujeitos ou mesmo entre os estímulos.

Então, quão bom ou útil é o seu estudo se você descobrir que todos os seus sujeitos se sentem da mesma forma e nenhum dos anúncios parece produzir estados diferentes? Já conduzi minha quota de estudos que produzem pouca ou nenhuma diferença significativa entre os sujeitos ou, pior, entre os anúncios. Por que isso acontece com tanta frequência? O motivo é o fato de não conseguirmos expressar o impacto das quantidades excessivas de informações processadas por diferentes camadas em nosso cérebro. Só o próprio cérebro é capaz de executar essa tarefa complicada e tediosa. No entanto, ela é executada abaixo do nosso nível de consciência. Ao usar ferramentas de neuromarketing e interpretar os dados com um modelo de neuromarketing, como o NeuroMap, você pode avaliar como a persuasão afeta diferentes áreas do cérebro e revelar diferenças significativas entre sujeitos e mensagens.

Estudo de caso n° 4: neurobenchmarking de múltiplos anúncios. Uma grande empresa de tecnologia pediu à SalesBrain para revisar vários anúncios que estavam sendo veiculados nos últimos dois anos. Os dados de benchmarking convencionais sobre o desempenho dos anúncios foram inconclusivos, portanto o grupo de marketing que encomendou nosso estudo não sabia que direção seguir. Em muitos casos, o número de variáveis (entonação, cor, caracteres etc.) envolvidas em muitas mensagens publicitárias torna impossível isolar e medir a contribuição de cada variável usando métodos tradicionais. No entanto, nosso estudo de neuromarketing conseguiu medir o grau em que cada anúncio foi capaz de captar a atenção, despertar o interesse e levar o público a estados emocionais agradáveis ou desconfortáveis, determinando se a mensagem criou algum envolvimento cognitivo valioso. O *NeuroScore* de cada anúncio forneceu um modo objetivo de classificar as mensagens com base em quão bem cada um deles ativou os estágios de persuasão crítica no cérebro do público. Como resultado, nosso cliente foi capaz de obter clareza e confiança sobre o que fazer na direção criativa de uma nova campanha.

O Neuromarketing Pode Me Ajudar a Provar o Valor Único da Minha Solução?

Cada vez mais empresas estão recorrendo à neurociência para obter provas mais contundentes de sua proposta de valor. Você também pode se beneficiar de um estudo que demonstre que seu produto ou serviço produz respostas mais fortes no cérebro de seus clientes do que o da concorrência. Existem muitas maneiras de elaborar experimentos que comparam como os sujeitos respondem aos seus produtos, não com palavras, mas com sinais cerebrais. Considere estas situações em que a neurociência pode oferecer provas valiosas para demonstrar a força de sua proposta de valor.

- Um fabricante dinamarquês de chocolate queria promover o valor de dar chocolates no Dia dos Namorados. Em um estudo criativo, Paul Zak[15] explorou o efeito de presentear a pessoa amada com chocolates e ao mesmo tempo expressar sentimentos românticos. Essa condição experimental elevou o nível de oxitocina dos homens em quase 30%.

Da mesma forma, você também pode usar a neurociência para demonstrar que:

- Uma marca de spas é mais relaxante do que outra, medindo como banhos de hidromassagem específicos podem reduzir os hormônios do estresse e aumentar os níveis de endorfinas.
- Um sistema de cancelamento de ruído pode produzir ambientes de escritório mais produtivos, monitorando o esforço cognitivo e a distração durante a execução de várias tarefas.
- O design e a cor dos móveis em uma loja podem afetar o estado emocional e cognitivo dos compradores.

Estudo de caso nº 5: o impacto das mensagens visualizadas no celular. Uma grande empresa de tecnologia cuja receita depende em grande parte da venda de anúncios para plataformas móveis queria decodificar a diferença neurofisiológica entre visualizar os mesmos anúncios em um dispositivo móvel versus na TV. O estudo estava focado em processos neurofisiológicos distintos que são conhecidos por influenciar o engajamento geral com qualquer forma de conteúdo — ou seja, atenção, emoção e retenção. O estudo objetivamente mediu esses estados neurofisiológicos sem qualquer relato consciente dos sujeitos e provou que havia diferenças significativas entre as duas plataformas, algumas favoráveis à plataforma móvel. Para mais informações sobre esse estudo, acesse goo.gl/XjXypL.

Você Pode Obter Retornos Mais Altos na Publicidade Usando um Modelo de Persuasão Baseado no Cérebro?

Com os benefícios de neurodados e de um modelo de persuasão como o NeuroMap, os clientes da SalesBrain podem otimizar a forma como comercializam, comunicam e vendem produtos ou soluções. Eles também conseguem fornecer melhores briefings de publicidade para suas agências. Ao seguir uma disciplina científica para criar todas as suas mensagens, eles eliminam o risco e a incerteza que tantas campanhas de marketing ou publicidade carregam. Gostaria de poder mostrar aqui alguns dos briefings de publicidade que os clientes compartilharam conosco. Muitas vezes, os anunciantes recomendam gigantescos saltos de fé criativos que arriscam enormes quantidades de dinheiro. Na verdade, em meus trinta anos de pesquisa de marketing, nunca vi um briefing criativo apoiado por um modelo de persuasão científica! Infelizmente, algumas agências de publicidade não estão motivadas a adotar o neuromarketing, pois acreditam que uma abordagem científica pode limitar suas opções criativas. Mas por que fazer tantas suposições, quando a disciplina e o rigor de um processo científico testado são capazes de melhorar o sucesso e o retorno financeiro de seu investimento em marketing e publicidade? Ademais, isso não depende do tamanho do orçamento da sua empresa. Na verdade, você pode aplicar a qualidade e o valor do NeuroMap antes de lançar sua próxima campanha ou implementar um novo site logo após ter lido este livro!

Retorno sobre Investimento da Abordagem de Neuromarketing: Uma Coleção de Depoimentos de Clientes SalesBrain

Ler este livro só valerá a pena se o valor proporcionado por ele for comprovado e mensurável. Portanto, compartilhamos aqui alguns depoimentos de clientes. Algumas das empresas são grandes, outras são médias, mas todas compartilham a mesma conclusão: o investimento de tempo e de dinheiro dedicado a implantar uma disciplina de neuromarketing valeu a pena!

Observe que algumas das histórias são transcrições de entrevistas em vídeo disponíveis em Salesbrain.com.

> *O neuromarketing nos ajudou a entregar nossa solução mais rapidamente e ajudou nossos clientes a tomar decisões com muito mais agilidade. Quando as dores de nossos clientes se alinham com seus ganhos e nossas reivindicações, a solução é um sucesso. Todo mundo fala a mesma língua e, assim, você obtém a consistência na mensagem e no resultado. Se seguir à risca o neuromarketing e a metodologia SalesBrain — e quero dizer implementar tudo mesmo —, você descobrirá que seus resultados melhorarão significativamente... não apenas a receita, não apenas a produtividade. Quadruplicamos o número de instrutores ou clientes desde que aderimos completamente ao neuromarketing. Meus clientes me telefonam para dizer: "Você facilitou muito as coisas para mim! Amo*

seu produto! É muito simples!" E, quando você ouve os clientes repetindo suas reivindicações, sabe que acertou em cheio.

**Bill Clendenen
CEO, HSI
Treinamento de saúde e segurança**

Quando a SalesBrain conseguiu analisar as dores de nossos clientes usando o NeuroMap, para mim foi um dos aspectos mais impressionantes de todo o processo. Eles sabiam quais perguntas fazer, eles aprenderam nosso negócio, que não é fácil de aprender... eles chegaram, aprenderam e foram capazes de obter informações, extraí-las das pessoas de que precisávamos. É eficiência de marketing. Se você pode gastar um dólar em marketing e gerar dez dólares em receita... valeu a pena? Sem dúvidas! Na minha opinião, é uma estratégia exponencial!

**H. K. Bain
CEO, Digitech Systems
Gerenciamento de conteúdo empresarial na nuvem**

Apoiados por uma sólida ciência que complementa uma excelente pesquisa de mercado, Christophe e Patrick usam seus conhecimentos para capturar sua atenção de maneiras criativas e inteligentes. Em seguida, eles mostram como fazer a mesma coisa com os clientes e com os clientes em potencial. Dezenas de nossas empresas em todo o mundo alcançaram resultados tangíveis com essa abordagem inovadora para melhorar as vendas.

**Pam Hendrickson
COO, Riverside Company
Private equity**

Acho que todas as empresas dos Estados Unidos provavelmente se concentram no que querem dizer sobre si mesmas, em vez de se concentrarem no que precisam que os clientes ouçam. O neuromarketing realmente nos ajudou a traduzir nossa mensagem e o que queríamos entregar em algo que os clientes gostariam de ouvir. Fui apresentado ao neuromarketing em Chicago anos atrás. Eu estava desconfiado, era o fim do expediente e eu não via a hora de encerrar o dia. Posso dizer hoje, em retrospectiva, que essa apresentação mudou minha vida e nosso negócio para sempre. Em 2005, a CodeBlue era apenas um conceito em nossas mentes. Usamos o modelo SalesBrain para construir esse negócio desde seu desenvolvimento. E hoje ele representa a maior parte da receita de nossa empresa.

Quem realmente leva a sério o crescimento dos negócios precisa adotar o modelo neurocientífico da SalesBrain.

Paul Gross
CEO, CodeBlue
Administrador de sinistros de seguros de terceiros

Somos perguntados com bastante frequência: "Por que devemos usar a Forensic Analythical?" O que nos diferencia? Como podemos explicar? O tempo que passamos, apenas considerando os últimos dez anos, em reuniões e consultorias simplesmente não parecia certo. A SalesBrain nos ajudou a reduzir nossa mensagem a seis palavras: Right People. Right Perspective. Right Now. [Pessoas Certas. Perspectiva Certa. Agora.] Estamos tentando elaborar essa mensagem há dez anos! A sessão durou uma tarde e eles também fizeram o nosso site. Ele é claro, simples e funcional. Nossas reivindicações são bastante claras. Não é como se estivéssemos fazendo algo novo; estamos apenas expressando o que temos feito por 25 anos. E agora somos capazes de expressar isso com muita elegância.

Fred Vinciguerra
CEO, Forensic Analytical
Higiene industrial e saúde ambiental

Toda a técnica consiste em compreender o processo central de venda emocional, pois você está vendendo para o cérebro primitivo — percebi que não estávamos fazendo isso. Estávamos vendendo nosso produto mais do que estávamos vendendo sentimentos. Eu realmente queria que a equipe adotasse os PAIN *(dores), os* CLAIMS *(reivindicações) e os* GAINS *(ganhos) de que a SalesBrain fala, aplicando esses princípios fundamentais e estendendo isso para todos os aspectos do marketing que fazemos, seja no telefone, seja em uma apresentação com um grande banco. Hoje somos capazes de identificar claramente qual a dor que estamos resolvendo, como a resolvemos e quais são os benefícios, criando a oportunidade de realmente fechar a venda. As pessoas aqui estão empolgadas com o que estamos fazendo, pois elas entendem melhor agora. Elas compreendem o que estamos levando para os clientes, o que os clientes precisam versus os recursos de que precisam.*

Rene Lacerte
CEO, Bill.com
Solução de contabilidade baseada em nuvem

Trabalho com a SalesBrain há quase dez anos refinando nossa história e nossa apresentação ao cliente. Recentemente, competimos com algumas empresas que são cem vezes maiores do que nós. Então, trouxemos a equipe da SalesBrain para nos ajudar a montar o discurso de vendas e entregá-lo. A meu ver, não estávamos no páreo antes da apresentação. Usamos vídeos, big pictures, criamos todo um minidrama, o que provavelmente foi engraçado. E vencemos.

Stuart Little
Diretor de marketing de produtos, Aviat Networks
Fabricante de rede de micro-ondas

A Airgas recorreu à SalesBrain para chamar a atenção dos clientes no Havaí, com o intuito de que fizessem uma boa escolha de distribuidor de equipamentos de segurança e proteção respiratória. A SalesBrain foi capaz de produzir um neurofilme que captou a atenção dos clientes de forma única! Ela encontrou o tom e o estilo certos, e a campanha produziu resultados significativos!

Jason Oshiro
Vice-presidente de área, Airgas
Distribuidor de produtos industriais, médicos, de segurança, ferramentas e gases especiais

O trabalho que fizemos com o Dr. Morin e sua equipe mudou fundamentalmente a maneira como medimos a eficácia criativa e o design. Enquanto todos seguem na corrida para ajudar as máquinas a entender nosso mundo, a SalesBrain continua focada em avançar nossa compreensão da inteligência humana e em possibilitar que os profissionais de marketing se conectem efetivamente com as pessoas.

Ryan Anthony
Diretor de criação, Vungle

O neuromarketing não apenas melhorou a eficácia do nosso marketing, mas também nos tornou uma empresa melhor. Já estávamos cientes da necessidade de traduzir os recursos do produto em benefícios para os clientes, mas não conseguíamos ir longe o suficiente. Agora, começamos com um foco em nossos clientes — suas necessidades fundamentais, suas dores. É a diferença entre realmente ouvir alguém e apenas esperar a nossa vez de falar. Acreditamos na metodologia SalesBrain porque ela funciona. Temos sucesso no mercado porque oferecemos mais valor para as necessidades reais das pessoas.

Steven Hausman
Presidente/CEO, Triumph Business Capital

Para concluir, a pesquisa de neuromarketing pode alcançar melhores resultados encontrando respostas para perguntas de pesquisa cruciais que não exigem a participação consciente das pessoas. Essas respostas ajudam você a criar mensagens que eliminam riscos e incertezas, fazendo com que o dinheiro investido em publicidade trabalhe para seu crescimento e seu lucro.

O QUE LEMBRAR

- Os métodos tradicionais de pesquisa em marketing não conseguem captar os mecanismos subconscientes que afetam a maneira como as pessoas respondem a qualquer forma de mensagem persuasiva.

- As ferramentas de neuromarketing coletam dados cerebrais que conseguem explicar objetivamente os processos neurológicos críticos que os sujeitos não são capazes de expressar. Elas fornecem insights exclusivos sobre como entendemos, sentimos, nos envolvemos e, em última análise, somos persuadidos por uma mensagem.

- O valor estratégico do uso do neuromarketing vem da possibilidade de responder a perguntas de pesquisa cruciais que intrigam profissionais de marketing, anunciantes e especialistas em mídia há décadas.

- O retorno sobre o investimento do neuromarketing é mensurável de várias maneiras. Ele reduzirá o desperdício drástico de dinheiro gasto na criação e implantação de mensagens que não funcionam. E, o mais importante, permitirá que você e sua organização cresçam mais rápido.

CAPÍTULO 2

A Neurociência da Persuasão

Tenho comigo dois deuses, Persuasão e Compulsão.
— Temístocles, político grego, 480–479 a.C.

Há milhares de artigos e livros enormes que tratam do funcionamento do cérebro. Algumas áreas cerebrais são conhecidas por abrigar especializações funcionais, e muitas evoluíram ao longo de milhões de anos. Embora as fronteiras anatômicas de tais áreas-chave sejam frequentemente contestadas, a existência de três sistemas críticos tem sido amplamente discutida por décadas, sendo eles: o cérebro reptiliano (ou complexo-R), o sistema límbico — ambos formam o que chamamos ao longo do livro de *cérebro primitivo* (ou PRIMAL BRAIN) — e o neocórtex, a parte mais jovem e mais "racional" do nosso cérebro.

O objetivo desta próxima seção é apresentar definições aceitas e discutir descobertas que provam que um modelo de neuromarketing pode efetivamente ajudá-lo a decifrar o código de persuasão. Você já deve ter percebido que os métodos tradicionais pelos quais continuamos a avaliar o efeito de mensagens de vendas, anúncios, campanhas, sites e discursos de venda contêm enormes falhas. As pessoas não têm capacidade para acessar e, portanto, explicar o efeito das mensagens, dada a velocidade com que o cérebro processa as informações. É por isso que a coleta de dados cerebrais é necessária para decodificar por que poucas mensagens persuasivas funcionam e tantas falham. Os dados cerebrais são complexos, mas, nas últimas décadas, foi produzida uma quantidade considerável de conhecimento sobre como as funções críticas influenciam o processamento de estímulos de marketing ou publicidade. É importante notar que os profissionais de neuromarketing experientes se interessam por todas as funções, não apenas algumas, que possam explicar e prever o efeito de uma mensagem. Desconfie das agências de neuromarketing que afirmam serem capazes de explicar o efeito que suas mensagens têm no cérebro medindo apenas a atividade do neocórtex (normalmente medida com um eletroencefalograma ou EEG) ou do sistema nervoso autônomo (comumente medida com resposta galvânica da pele — GSR, na sigla em inglês — ou variabilidade da frequência cardíaca — HRV, na sigla em inglês).

Atenção, Emoções e Decisões no Cérebro

O cérebro faz parte de uma rede abrangente de órgãos e nervos associados que se ramificam para se comunicar com todo o nosso corpo; o cérebro e toda a sua rede são chamados de sistema nervoso. O sistema nervoso é responsável por processar, interpretar e distribuir milhões de mensagens que nos ajudam a sustentar a vida, nos mover, pensar, refletir, planejar e muito mais. Tendemos a presumir que muitos de nossos comportamentos são guiados pela consciência, intenção ou livre arbítrio. Bem, é hora de repensar! Em seu livro *Consciousness and the Brain*, Stanislas Dehaene lembra que: "em muitos aspectos, as operações subliminares de nossa mente excedem suas realizações conscientes".[16]

Existem duas subdivisões anatômicas do sistema nervoso que controlam e monitoram a maneira como reagimos a qualquer estímulo: o *sistema nervoso central* e o *sistema nervoso periférico* (veja a Figura 2.1).

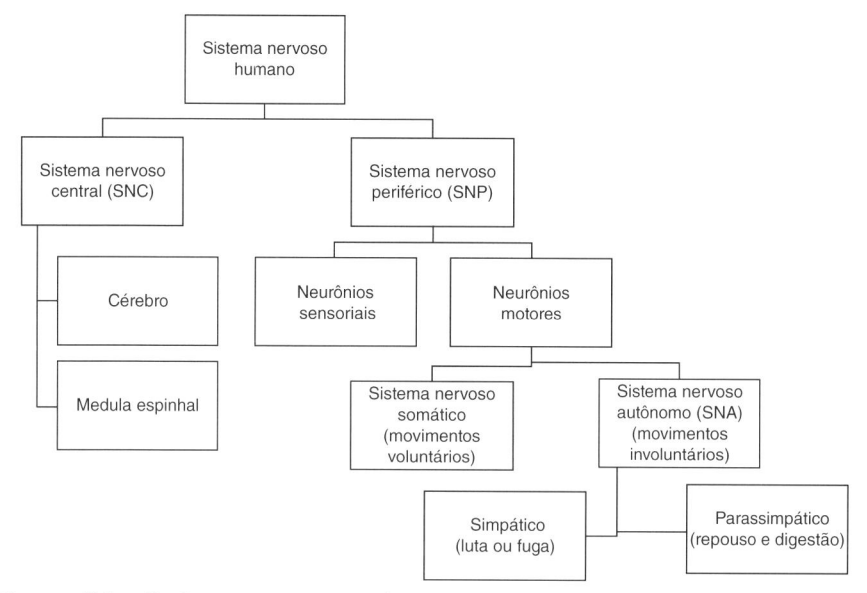

Figura 2.1   O sistema nervoso humano.

O Sistema Nervoso Central

O sistema nervoso central inclui o cérebro e a medula espinhal. Ele abriga funções de processamento complexas em várias camadas que evoluíram ao longo de milhões de anos. Ao usar imagem por ressonância magnética funcional (*f*MRI), podemos registrar e interpretar a atividade cerebral que explica como nos sentimos, prestamos atenção, nos concentramos, entendemos, planejamos, lembramos, tomamos decisões e nos movimentamos.

O Sistema Nervoso Periférico

Por outro lado, o sistema nervoso periférico controla os neurônios motores e sensoriais que estão distribuídos por todo o nosso corpo. Os neurônios motores respondem especialmente a movimentos voluntários (sistema nervoso somático) ou movimentos involuntários (sistema nervoso autônomo). O sistema nervoso autônomo produz respostas neurológicas instintivas e emotivas e é controlado por camadas cerebrais mais antigas que fazem parte do cérebro primitivo. Os dados do sistema nervoso autônomo podem ser capturados por dispositivos de rastreamento ocular e instrumentos que medem a condutância da pele, bem como por uma bateria de ferramentas que monitoram a respiração e os batimentos cardíacos. Juntos, esses parâmetros produzem o que é comumente chamado de *dados biométricos*. Embora possamos expressar conscientemente o efeito de algumas mudanças em nosso sistema nervoso simpático (Figura 2.2) ou parassimpático (Figura 2.3), sobretudo em situações em que escolhemos lutar ou fugir, o início de milhões de outras respostas biológicas que afetam nosso fluxo sanguíneo, digestão, respiração e suor é em grande parte subconsciente. É aqui que os estudos de neuromarketing superam (de longe) os métodos tradicionais de coleta de dados baseados em autorrelatos. Como neuromarketers, não estimamos emoções; nós as medimos. Ao fazer isso, também não comprimimos a linha do tempo de uma resposta. Em vez disso, sincronizamos dezenas de variáveis neurofisiológicas para construir uma série temporal abrangente a partir das áreas cerebrais primárias (mais antigas, subcorticais) e racionais (mais recentes, corticais).

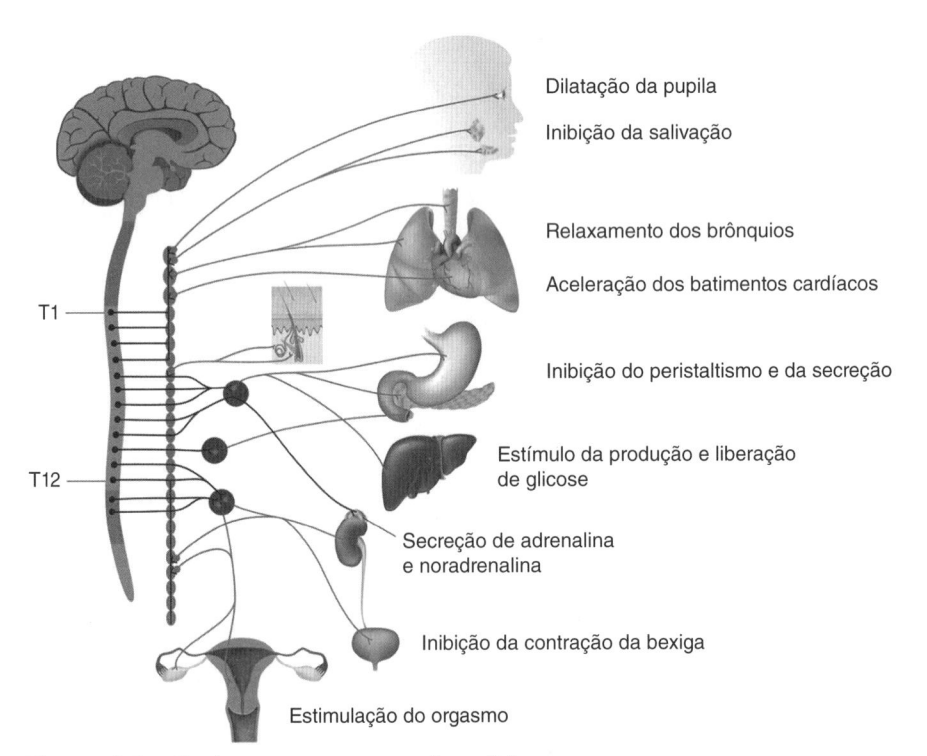

Figura 2.2   O sistema nervoso simpático.

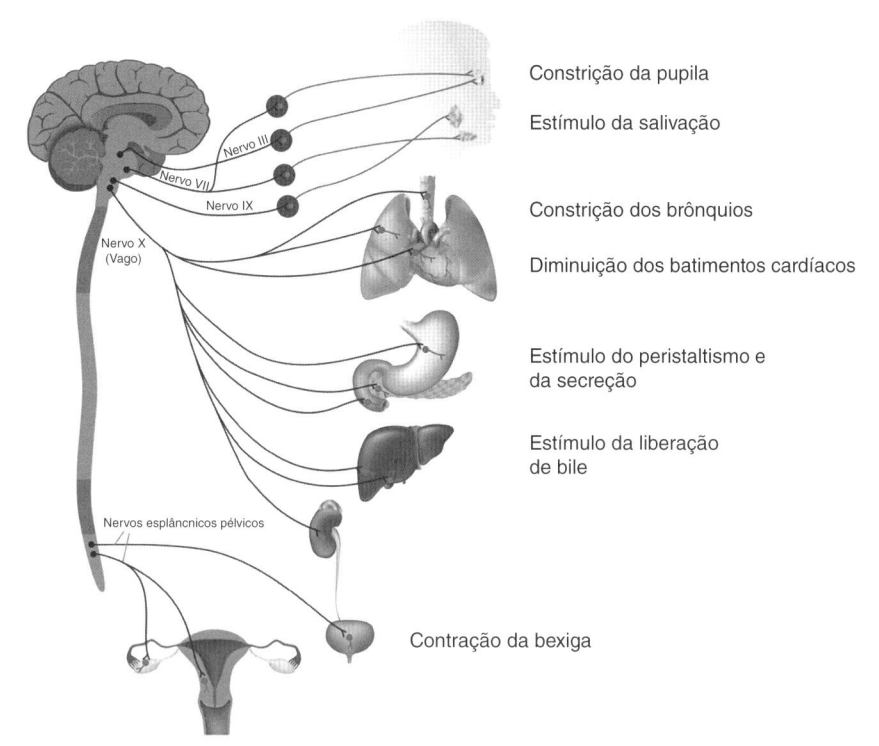

Figura 2.3　O sistema nervoso parassimpático.

Então, por que o sistema nervoso autônomo é tão essencial para a nossa compreensão da base biológica da resposta a mensagens persuasivas? Porque ele atua principalmente sob o comando do cérebro primitivo. Representando cerca de 20% da massa cerebral, o cérebro primitivo constitui a seção mais antiga do nosso sistema nervoso. Muitas subestruturas têm neurônios e circuitos dedicados que trabalham no piloto automático para regular as funções de sobrevivência (por exemplo, respiração, digestão, frequência cardíaca, temperatura, sudorese e expressões faciais instintivas).[17] Devido à velocidade com que o sistema nervoso autônomo reage, ele precede muitos aspectos do nosso comportamento consciente; portanto, a atividade do sistema nervoso autônomo é uma boa candidata para avaliar as respostas subconscientes a mensagens publicitárias.[18, 19] Os melhores métodos para observar mudanças no sistema nervoso autônomo incluem rastrear a atividade eletrodérmica, medir o intervalo de tempo entre os batimentos cardíacos (variabilidade da frequência cardíaca) e registrar arritmia sinusal respiratória, que mostra como a variabilidade da frequência cardíaca é afetada pela respiração. O que mais importa no registro da atividade do sistema nervoso autônomo é extrair dados capazes de explicar o quanto a atenção e as emoções são acionadas por uma mensagem. Elas são o combustível da sua mensagem. Portanto, você não pode se tornar um persuasor eficaz a menos que tenha uma boa compreensão da natureza neurobiológica de como nos concentramos e como nos sentimos quando respondemos a estímulos persuasivos.

Compreendendo a Atenção e o Cérebro

A atenção é a energia cerebral que recrutamos para processar um estímulo. Somos capazes de controlar parte de nossa atenção, conhecida como *atenção seletiva ou voluntária*. No entanto, com frequência permitimos que nossa atenção processe novidades ou eventos que comandam respostas instantâneas desencadeadas pelo cérebro primitivo. Por exemplo, quando movemos nossos olhos em direção a uma luz piscando no escuro ou quando nos assustamos com um ruído repentino. Além disso, pense na última vez que você olhou para a vitrine de uma loja porque um belo objeto chamou sua atenção. Isso é chamado de *atenção reflexiva ou ascendente*. A velocidade com que reagimos está altamente correlacionada ao grau em que controlamos nossa atenção voluntária. Quanto maior a velocidade, menor o controle. Devido às características voluntárias ou automáticas da atenção, diferentes vias neuronais estão em ação na produção de estados de atenção mais altos ou mais baixos.

A atenção consome oxigênio e glicose valiosos no cérebro e por isso ela é tanto preciosa quanto frágil. Muitas vezes fingimos prestar atenção porque é socialmente esperado que o façamos. No entanto, nossos estudos demonstram que os profissionais de marketing sempre subestimam a quantidade de energia cerebral necessária para compreender suas mensagens. Em outras palavras, suponha que as pessoas não estejam biologicamente motivadas para ler seus e-mails, entender seus anúncios, ouvir seu discurso de venda, navegar em seu site ou lembrar qualquer coisa sobre seus argumentos de venda. É por isso que os princípios que ensinamos neste livro aumentarão muito a probabilidade de sua mensagem despertar a atenção inicial, de modo que o cérebro primitivo do público perceba e se concentre em sua mensagem sem pensar.

Como podemos medir a atenção no cérebro? Por meio do registro de reações neurofisiológicas enquanto as pessoas são expostas a uma mensagem. Isso pode durar milissegundos, segundos ou minutos. Tais reações geram sinais eletroquímicos que viajam por milhares de neurônios. Os neurônios são células cerebrais que iniciam e controlam todas as formas de atividade no cérebro. Temos 86 bilhões de neurônios e mais de 100 trilhões de conexões (chamadas sinapses) entre eles. Os neurônios se conectam por meio de axônios e dendritos (veja a Figura 2.4) e representam apenas 20% das células cerebrais. O restante das células é chamado de células gliais, que têm a função de sustentação dos neurônios, ao mesmo tempo em que desempenham um papel crucial na aceleração da transmissão de informações.

Anatomia do Neurônio Humano

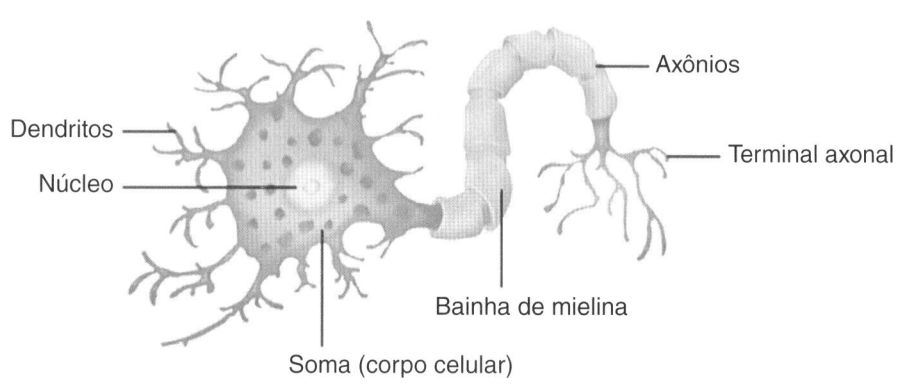

Axônios
Dendritos
Terminal axonal
Núcleo
Bainha de mielina
Soma (corpo celular)

Figura 2.4   Neurônio.

O processo de *transmissão sináptica* possibilita diretamente que os neurônios recebam, enviem e integrem informações em todo o sistema nervoso (veja a Figura 2.5).

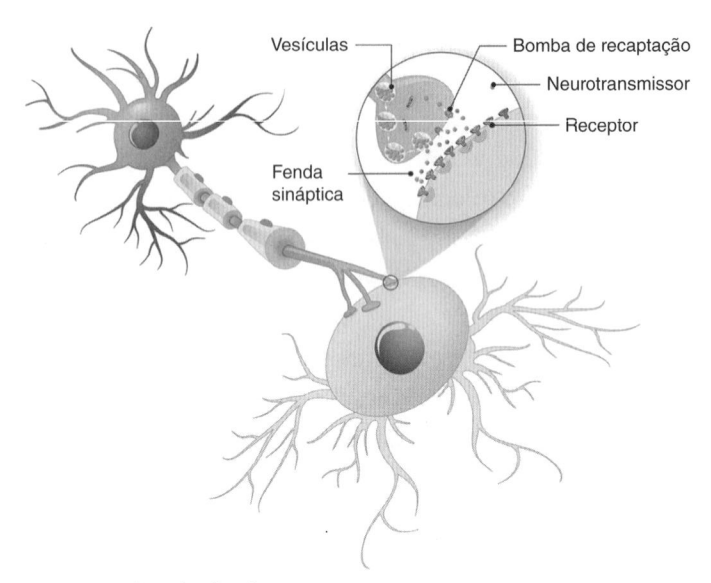

Figura 2.5 Conexão sináptica.

Existem muitos tipos de conexões sinápticas; algumas excitam os neurônios, enquanto outras os inibem. Quando um neurônio é excitatório, é mais provável que dispare, ou seja, que envie um sinal elétrico para os neurônios com os quais está conectado. Se é inibitório, é mais provável que permaneça neutro. Neurônios inibitórios não significam a ausência de comportamentos. Ambos os tipos de sinapses aumentam ou neutralizam respostas específicas geradas pelo sistema nervoso. Assim, a base de qualquer movimento, ação ou decisão no cérebro está, em última análise, relacionada à natureza biológica de nossas conexões sinápticas. Donald Hebb[20] foi um dos primeiros psicólogos a oferecer um modelo convincente de como os neurônios funcionam. Ele desenvolveu uma teoria revolucionária com uma simplicidade desconcertante:

> Quando um axônio da célula A está perto o suficiente para excitar uma célula B e participa do seu disparo repetida ou persistentemente, então algum processo de crescimento ou modificação metabólica acontece em uma das células ou em ambas, de tal forma que a eficiência de A como uma das células que dispara B é aumentada.

A lei de Hebb é frequentemente parafraseada da seguinte forma: "Neurônios que disparam juntos se conectam" e, ao fazer isso, formam a base dos circuitos neuronais. Lembre-se dessa lei para impressionar seus amigos! Embora a teoria de Hebb tenha sido proposta há décadas, os neurocientistas confirmaram a importância das redes neurais em todas as funções instintivas, afetivas e cognitivas, e especialmente no papel da atenção, das emoções, da aprendizagem e da tomada de decisão.[21]

Felizmente, a medição de sinais excitatórios (positivos) ou inibitórios (negativos) em nossa fisiologia é possível há décadas e normalmente é feita pelo registro da atividade eletrodérmica, que também é chamada de resposta galvânica da pele.[22] O tálamo (veja a Figura 2.6) é uma região subcortical do cérebro considerada altamente responsável pela forma como orientamos nossa atenção. Essa estrutura também faz parte do sistema límbico, uma estrutura cerebral crucial do cérebro primitivo.

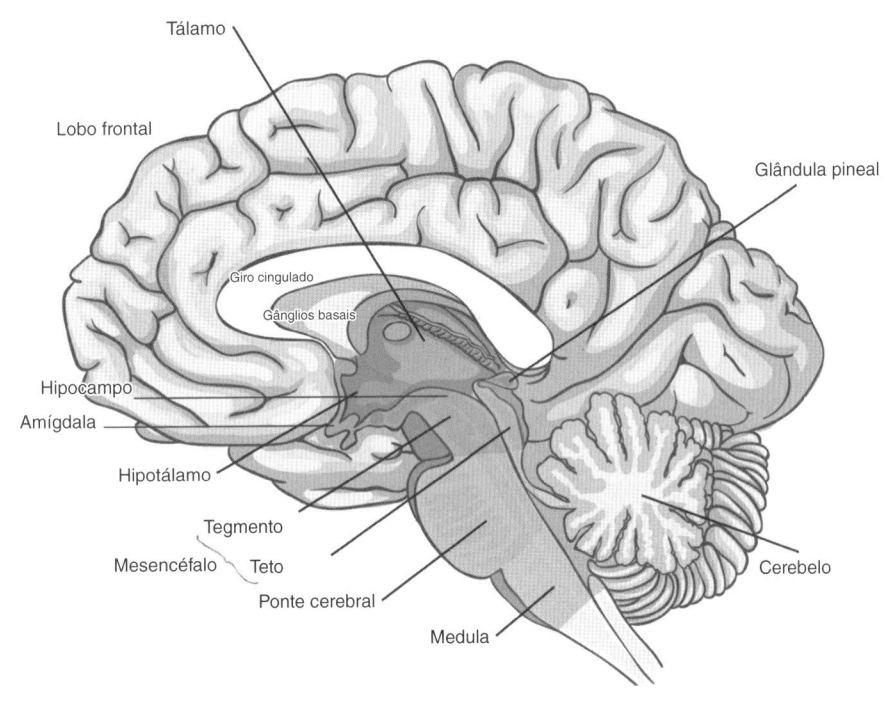

Figura 2.6   Principais áreas cerebrais.

No tálamo, neurônios especiais chamados de *neurônios de atenção* são sensíveis à estimulação visual e podem direcionar nossa atenção instantaneamente.[23] A resposta visual é um componente-chave de como a atenção e as emoções afetam nosso cérebro. De fato, aproximadamente 55% da superfície cortical é dedicada a processos relacionados à visão, o que é mais do que qualquer outro sentido.[24] Além disso, estima-se que 10% de nossos nervos ópticos se conectem a uma estrutura subcortical do cérebro primitivo chamada *colículo superior* (veja a Figura 2.7), confirmando que orientamos nossa atenção visual inicial sem qualquer consciência.

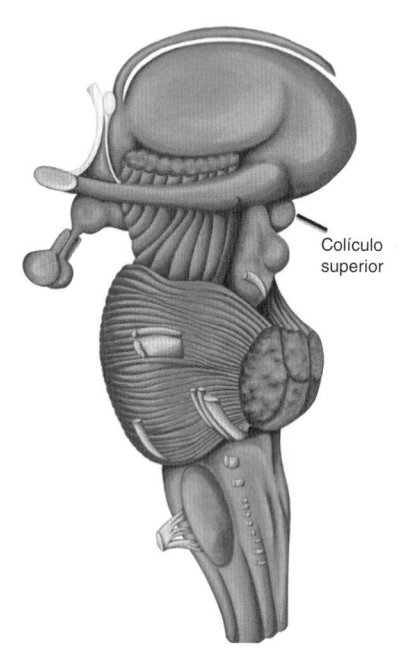

Figura 2.7 Colículo superior.

Entendendo as Emoções e o Cérebro

As emoções desempenham um papel enorme no nosso dia a dia. Elas criam o ritmo dos nossos humores. Nós nos sentimos felizes ou desanimados porque bilhões de neurônios liberam mensageiros químicos específicos, chamados de neurotransmissores, que afetam a interpretação consciente de nossos estados emocionais. A meu ver, não se ensina o suficiente sobre as emoções e seu papel na orientação de nosso comportamento. Eu diria que muitos livros de negócios deram uma má reputação às emoções, sugerindo que elas podem atrapalhar as boas decisões. Eu acredito que é exatamente o oposto.

A palavra *emoção* vem da palavra latina *movere*, que significa mover. As emoções precedem um movimento e influenciam a direção do comportamento.[25] Muito antes que a ressonância magnética funcional (*f*MRI) fosse capaz de verificar quais áreas do cérebro se iluminam quando experimentamos medo ou raiva, Darwin e Ekman[26, 27] identificaram que muitas de nossas respostas emocionais se traduzem em expressões faciais que parecem instintivas em vez de aprendidas. As emoções moldam a maneira como nos sentimos sobre o mundo e sobre nós mesmos e influenciam diretamente nossas decisões. Como disse o neurocientista Antonio Damasio: "Não somos máquinas de pensar que sentem, somos máquinas de sentir que pensam."[28] Descobertas neurofisiológicas recentes mostram que fortes respostas emocionais geram uma poderosa mistura de neuroquímicos que fortalecem as conexões sinápticas entre os neurônios; uma condição conhecida por influenciar o comportamento e aumentar a gravação da memória no cérebro.[29] Fundamentalmente, a razão biológica do efeito profundo das emoções em nosso comportamento é elas alterarem nossa *homeostase*, um estado de equilíbrio fisiológico que nosso cérebro naturalmente procura manter. As emoções podem aumentar nossa frequência cardíaca, aumentar nossa pressão arterial e interromper outras funções autonômicas, como sono, transpiração, respiração e até digestão. Da mesma forma, elas podem nos acalmar, nos deixar mais contemplativos, relaxados ou alegres.

Formas de vida primitivas encontradas em organismos unicelulares, como bactérias, normalmente só se preocupam em se *aproximar* de fontes de energia como o açúcar e se *afastar* de substâncias tóxicas como um ácido. As emoções humanas evoluíram a partir dessa função primária para se aproximar dos estímulos positivos ou se afastar dos negativos.[30] Assim, quando experimentamos uma emoção, independentemente de sua força ou valência (ou seja, positiva ou negativa), um coquetel de várias moléculas (neurotransmissores, neuropeptídeos e hormônios) inunda nosso cérebro, causando uma cascata de mudanças neurofisiológicas em nosso corpo. Não é de surpreender termos uma experiência consciente limitada de nossas emoções. A estrutura límbica (subcortical) é considerada em grande parte responsável por mediar nossa vida emocional. Jank Panksepp, um proeminente neurocientista afetivo, afirma que nossos sentimentos — a capacidade de relatar o efeito das emoções em nossos estados psicológicos — são um dom incondicional da natureza, e não uma habilidade adquirida.[31]

Estudos demonstraram que, enquanto a amígdala está envolvida na maioria das situações emocionais, outras estruturas cerebrais primárias modulam respostas emocionais específicas. Por exemplo, a ínsula anterior, uma área subcortical profunda do cérebro, é responsável por mediar nossa experiência de nojo.[32] As emoções influenciam instantaneamente como nos sentimos e como pensamos. Na medida em que as emoções perduram, elas criam humores que são estados psicológicos transitórios que influenciam a forma como percebemos os eventos. Todos nós podemos nos identificar com momentos em que nos sentimos tristes ou felizes por um longo período. Só palavras não conseguem expressar facilmente nossos padrões emocionais subjacentes. Felizmente, utilizando ferramentas de neuromarketing, podemos criar um registro mais objetivo e preciso dos estados afetivos que podem estar associados a um estímulo de interesse.

Os psicólogos evolucionistas, assim como os neurocientistas cognitivos, tendem a ver a resposta emocional como um mecanismo adaptativo que evoluiu ao longo de milhões de anos para garantir que nossa espécie conseguisse sobreviver em um ambiente difícil. Em seu livro *A Expressão das Emoções no Homem e nos Animais*,[27] Darwin sustenta que as emoções são programadas e produzidas pelo sistema nervoso de todos os animais. Enquanto isso, em um nível fisiológico, o sistema emocional de uma pessoa asiática não é diferente de um branco caucasiano. Da mesma forma, não há diferenças anatômicas significativas entre o sistema límbico de um italiano e de um francês (embora os franceses argumentem o contrário, sem dúvida!). No entanto, alguns estudos mostraram diferenças culturais no relato subjetivo das respostas fisiológicas, o que confirma que nossa interpretação consciente das respostas fisiológicas não é tão confiável quanto as medidas diretas do cérebro primitivo.[33]

Medindo Respostas Neurofisiológicas Emocionais de Estímulos Publicitários

Diversos estudos científicos confirmaram solidamente que as mudanças nos estados emocionais podem ser rastreadas em nossa neurofisiologia.[21, 34-37] Transpiramos quando ficamos agitados, nossas pupilas se dilatam quando estamos interessados, nosso coração desacelera quando nos concentramos e nossos neurônios disparam quando pensamos. No entanto, ler os artigos revisados por pares que descrevem essas alterações neurofisiológicas rapidamente lhe daria dor de cabeça ou, pior, o faria dormir. Felizmente, fizemos o trabalho desafiador para você, identificando os insights mais importantes no que se refere ao efeito das emoções no cérebro.

Na verdade, três construtos importantes podem ajudá-lo a avaliar como as mensagens emocionais afetam o sistema nervoso: *valência emocional, utilidade emocional* e *codificação emocional*. Esses termos são centrais para como um neuromarketer pode medir e otimizar o efeito das mensagens no cérebro.

Valência Emocional. A valência é a direção de uma emoção. Emoções que têm valência positiva nos levam a nos aproximar de um estímulo, enquanto emoções que têm valência negativa nos fazem nos afastar de um estímulo. A valência é mediada por neurotransmissores, neuropeptídeos e hormônios, que são substâncias químicas cerebrais responsáveis pelo modo como experimentamos emoções, tal como medo, surpresa e até felicidade. Os seres humanos experimentam uma faixa de aproximadamente 5 mil emoções que podem ser codificadas individualmente em uma escala de valência.[38] A valência também é explicada pela importância de uma decisão. Por exemplo, escolher um carro pode afetar mais a valência do que comprar uma escova de dentes. Ativamos um conjunto limitado de emoções diariamente, às vezes chamadas de emoções primitivas.[39] Além disso, pesquisas mostraram que um conjunto limitado de emoções primitivas produz expressões faciais universais.[27, 40]

Utilidade Emocional. A utilidade é uma medida rápida de ganho ou perda calculada pelo nosso cérebro para avaliar a importância e a urgência de uma decisão. Quando o cérebro avalia a relevância e o valor de uma mensagem persuasiva, ele rapidamente calcula a probabilidade de os benefícios esperados excederem os custos. Embora você não perceba, em uma oferta de vendas, seu cérebro está ocupado descobrindo se a soma dos benefícios está acima do custo que você deve pagar. A diferença líquida é comumente referida como a utilidade dessa decisão[41] ou seu ganho, um conceito crítico do NeuroMap que é amplamente discutido no Capítulo 7, "Demonstre o GAIN".

Mais importante ainda, existem duas emoções poderosas que afetam a *percepção da utilidade* de qualquer decisão de compra: o *medo do arrependimento* e o *medo da perda*.

O medo do arrependimento pode surgir quando o resultado de uma situação não é o esperado. Isso acontece quando você considera que a utilidade da decisão fica aquém de suas expectativas. Por outro lado, o sentimento de perda surge quando não temos mais a posse ou o controle sobre algo que valorizamos. Na verdade, Knutson e seus colaboradores[41], da Universidade de Stanford, produziram convincentes evidências em neuroimagem mostrando que usamos circuitos distintos quando esperamos um ganho ou uma perda. O medo da perda ativa a ínsula (que também dispara quando experimentamos nojo) e desativa o córtex pré-frontal medial, enquanto a expectativa de ganho gera mais atividade no núcleo accumbens. O núcleo accumbens é uma estrutura subcortical considerada parte dos gânglios basais, um componente-chave do sistema de recompensa controlado pelo cérebro primitivo. A pesquisa de Knutson confirmou que, ao enfrentar escolhas difíceis, tendemos a exibir comportamentos que evitam perdas em vez de usar o pensamento racional, um fato científico que é central para o princípio fundamental do NeuroMap e explica a dominância do cérebro primitivo.

Enquanto isso, Hare e colaboradores[42] também revelaram que duas áreas cerebrais específicas estão envolvidas no cálculo da utilidade ou do ganho de uma decisão: o córtex pré-frontal ventromedial e o corpo estriado ventral. O papel deste último (que também é uma subestrutura dos gânglios basais) é especialmente interessante, pois envolve o aprendizado de recompensa e a tomada de decisões inovadoras. Mais atividade no corpo estriado ventral também se traduz na excitação de neurônios ricos em dopamina localizados no tronco cerebral, uma importante estrutura subcortical do cérebro primitivo!

Codificação Emocional. A codificação emocional representa o efeito que uma mensagem tem na memória, que é muitas vezes uma medida de como uma mensagem persuasiva acaba sendo eficaz. A capacidade de se lembrar de um anúncio se correlaciona positivamente com a probabilidade de selecionar uma marca.[43, 44] Afinal, como você pode decidir se não lembra qual marca deve escolher e por quê? O estudo de como a codificação da informação é realizada no cérebro tem recebido considerável atenção dos neurocientistas desde meados da década de 1990. Embora ainda seja muito difícil decifrar o código neural da memória em geral, já é claro que áreas subcorticais do cérebro, como o hipocampo e a amígdala, têm um papel importante na criação e manutenção de nossas memórias de longo prazo.[32] Isso pode surpreendê-lo, mas funções cruciais, como lembrar nossas experiências de curto e longo prazo, são amplamente controladas pelo cérebro primitivo sem um envolvimento significativo de sua consciência.

Além disso, pesquisas conduzidas por Bogdan Draganski e colaboradores[45] demonstraram que o volume de massa cinzenta aumenta como resultado do aprendizado, oferecendo aos cientistas maneiras mais tangíveis de medir os correlatos neuroanatômicos de sinalizadores emocionais. Não é o máximo? Quanto mais armazena informações, mais você cria circuitos em seu cérebro! De fato, um famoso estudo realizado com taxistas de Londres[46] confirmou que, ao ter que lembrar os nomes e a localização das 25 mil ruas de Londres, seus cérebros tinham um hipocampo maior do que a maioria das pessoas. Isso porque o hipocampo é responsável por armazenar e organizar nossa memória de longo prazo. Você pode pensar em sua memória de longo prazo como um músculo: quanto mais a exercitar, mais forte ela será.

A MATRIZ DE PESQUISA DE NEUROMARKETING

Agora você entende as perguntas de pesquisa que o neuromarketing pode responder de forma única, bem como a importância de coletar dados de várias subdivisões do sistema nervoso.

Vamos colocar todos os métodos convencionais de pesquisa de marketing em perspectiva, comparando-os com os métodos de neuromarketing mais populares (veja a Figura 2.8). Exceto a análise de voz, que não é apoiada por muitas pesquisas revisadas por pares, todos os outros métodos de neuromarketing listados têm sido usados e aceitos pela comunidade de pesquisa há algum tempo.

Pesquisar estímulos publicitários é um exercício de investigação. Você está investigando as causas subjacentes capazes de explicar como as pessoas reagem. Existem vários níveis nessa jornada investigativa. As respostas mais primitivas são a maneira como orientamos nossa atenção e respondemos emocionalmente. Essas respostas são controladas principalmente por estruturas cerebrais subcorticais que formam um sistema que chamamos de cérebro primitivo, que opera na maior parte abaixo do nosso nível de consciência.

Enquanto isso, o cérebro racional ou córtex é o que usamos para acessar funções cognitivas superiores, como raciocínio, linguagem e previsões. Muitos cálculos e previsões que os humanos realizam não são inteiramente conscientes. Por exemplo, a maioria dos cálculos de processamento visual realizados no córtex visual acontece abaixo do nosso nível de consciência. No entanto, graças ao córtex, temos a capacidade de observar e relatar muitas de nossas experiências. Por exemplo, podemos falar um idioma e exercer o pensamento crítico com consciência e intenção. Também podemos resolver problemas matemáticos, nos engajar na autorreflexão e, o mais importante, avaliar riscos e formular previsões.

	PRIMITIVO 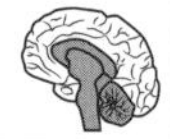	RACIONAL 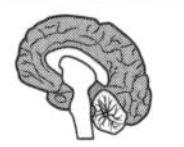	
Nível investigativo	Atenção e Emoções	Cognição e Memória	
Medidas	Aproximação ou Evitação Alerta Atenção visual	Associações/Intenções/Crenças/Atitudes/Consciência/Memorização Retenção/Decisões	
Nível de consciência	Subconsciente	Subconsciente (implícito)	Consciente (declarativo)
Análise de voz em camadas (LVA)	X		
Biometria (ASR-VFC-GSR)	X		
Codificação facial	X		
Rastreamento ocular	X	X	X
EEG	X	X	X
fMRI	X	X	
Dados autorrelatados (painel, pesquisas, entrevistas)			X

Figura 2.8 Matriz de pesquisa de neuromarketing.

A atividade do cérebro primitivo pode ser monitorada realizando análise de voz, medindo a resposta galvânica da pele (RGP), a variabilidade da frequência cardíaca (VFC) e a arritmia sinusal respiratória (ASR), rastreando o movimento ocular, decodificando expressões faciais e dominância do lobo frontal (EEG) e registrando alterações do fluxo sanguíneo (fMRI). A ressonância magnética funcional de alta resolução também pode medir a atividade de processamento visual precoce realizada no colículo superior (CS). Como já explicado, o colículo superior é uma estação de processamento visual pouco conhecida, mas crucial, localizada no topo do tronco cerebral; ela nos ajuda a processar a informação visual antes que esta atinja áreas corticais mais evoluídas.[37]

A atividade do cérebro racional pode ser medida por EEG, fMRI e rastreamento ocular para a porção da atividade visual que é processada com mais intenção (consciência) no córtex visual. O sistema visual localizado no córtex tem pelo menos duas dúzias de regiões distintas, nas quais os neurônios realizam uma computação extensa antes de passar a informação para outra região. A percepção visual é gerada primeiro por meio da decodificação intuitiva e automática, realizada no cérebro primitivo abaixo do nosso nível de consciência, enquanto a cognição visual só é possível com os neurônios mais especializados do córtex visual, localizados em uma grande área na parte de trás do nosso cérebro racional.

Como especialista em persuasão, você precisa aceitar que não pode decodificar completamente o efeito de uma mensagem no cérebro dos consumidores, a menos que consiga investigar vários níveis de consciência. A boa notícia é que, com ferramentas de neuromarketing, psicólogos cognitivos e neurocientistas já definiram a maioria das neurométricas que medem a atenção ou as emoções há mais de uma década. Por exemplo, sabemos que as áreas subcorticais chamam nossa atenção e podemos usar parâmetros de excitação provenientes da condutividade da pele para medi-las. Também sabemos que nossas emoções produzem pequenas contrações dos músculos faciais que podem ser detectadas e decodificadas em tempo real. Além disso, podemos medir variações de intensidade e frequência de certas ondas cerebrais. Podemos avaliar o esforço cognitivo a partir da atividade elétrica e usar algoritmos testados para prever o engajamento cognitivo. Eu poderia facilmente argumentar que há menos debates acalorados entre os profissionais de neuromarketing do que entre os profissionais de marketing convencionais quando se trata das maneiras de medir a atenção, as emoções, a consciência e o engajamento.

De fato, para os neuromarketers, as definições de construtos como atenção, emoção, retenção são ditadas por padrões de atividade neuronal, não por palavras com interpretações subjetivas que podem variar de uma empresa de pesquisa para outra. Além disso, perguntas usadas em pesquisas para medir esses estados exigem processos cognitivos complexos que muitas vezes distorcem as respostas. Considerando a importância crítica dos mecanismos subconscientes que controlam e influenciam as decisões, é fácil reconhecer que os métodos autorreferidos oferecem uma imagem incompleta e muitas vezes imprecisa do comportamento do consumidor e das decisões de compra.

PRIMITIVO	RACIONAL
Pontes: controle do sono e da excitação.	**Lobos frontais**: controlam habilidades cognitivas importantes, como resolução de problemas, memória de trabalho, estabelecimento de metas, concentração, controle emocional, previsões. Muitas vezes comparados a um "painel de controle de personalidade".
Medula oblongata: regulação de funções de sobrevivência cruciais, como respiração e frequência cardíaca. Abriga o sistema de ativação reticular, que controla o sono e media a excitação.	**Lobo parietal**: integração sensorial. Contém a área sensorial primária na qual os impulsos da pele e do toque são interpretados. Também está envolvido no processamento matemático e espacial. Responsável pela caligrafia e pela posição do corpo.
Cerebelo: media os movimentos automáticos. **Giro cingulado**: envolve muitas respostas autonômicas, emocionais e cognitivas básicas, incluindo formas precoces de linguagem. **Gânglios basais**: gravam hábitos de aprendizado e sequências de movimentos. **Amígdala**: media o medo e "sequestra" o corpo em situações de confronto ou evitação. **Hipocampo**: organiza e armazena memórias de longo prazo. **Hipotálamo**: direciona muitas respostas para manter o corpo em um estado de equilíbrio. **Tálamo**: estação de retransmissão de sinais motores e sensoriais entre o tronco encefálico e o córtex. **Mesencéfalo**: permite o rápido processamento de respostas a estímulos externos.	**Lobos temporais**: incluem o córtex auditivo primário. Cruciais para associação e formação de memória. Cerca de 90% dos humanos têm suas funções de linguagem localizadas no lobo temporal esquerdo. Muitas estruturas do sistema límbico estão localizadas nos lobos temporais. Importante estrutura para processar representações conceituais para o conhecimento semântico. Incluem também o giro fusiforme, que é essencial para decodificar rostos e expressões associadas.
	Lobo occipital: contém a maior parte da região anatômica do córtex visual. Existem mais de trinta diferentes áreas visuais corticais. Células simples do córtex visual primário calculam bordas, enquanto células complexas usam informações de células simples para representar formas. A percepção visual é como um processo analítico, com neurônios sensíveis às cores, outros aos contornos, mas uma impressão visual geral é criada para formar uma representação coerente.

Figura 2.9 Subestruturas críticas dos cérebros primitivo e racional.

Para concluir, a promessa de que os profissionais de marketing conseguem decodificar totalmente o efeito dos anúncios apenas envolvendo-se em diálogos com o público é uma falácia completa. É por isso que as pesquisas não preveem eleições[47] e entre 75% e 95% de todos os novos produtos falham.[48] Somente os métodos de neuromarketing avaliam objetivamente o efeito que as mensagens têm no cérebro do público, informações que as pessoas não são capazes de compartilhar conscientemente. Enquanto isso, você precisa ter certeza de que sua pesquisa considera dois sistemas cerebrais que implicam múltiplas estruturas cerebrais cruciais. Apesar de, hoje em dia, não medirmos diretamente a atividade de muitas dessas subestruturas, sabemos que elas influenciam o processamento subconsciente e consciente de mensagens persuasivas. A Figura 2.9 identifica as subestruturas cerebrais mais importantes que desempenham um papel significativo na forma como nossos cérebros processam mensagens persuasivas.

Embora existam vários métodos pelos quais você pode coletar dados cerebrais, argumentamos que um neuromarketer competente deve combinar sensores que sondam várias áreas do cérebro para decodificar como a persuasão funciona. Na SalesBrain, usamos análise de voz, resposta galvânica da pele, decodificação facial, EEG e rastreamento ocular para monitorar a atividade do cérebro primitivo e usamos novamente EEG ou eletroencefalogramas para registrar a atividade do cérebro racional. Desenvolvemos algoritmos proprietários para pontuar a atividade nos cérebros primitivo e racional, bem como uma pontuação geral de neuropersuasão chamada NeuroMap Score. Para a coleta dos dados brutos, utilizamos um software desenvolvido pela Imotions. A nossa configuração do Neurolab é apresentada na Figura 2.10.

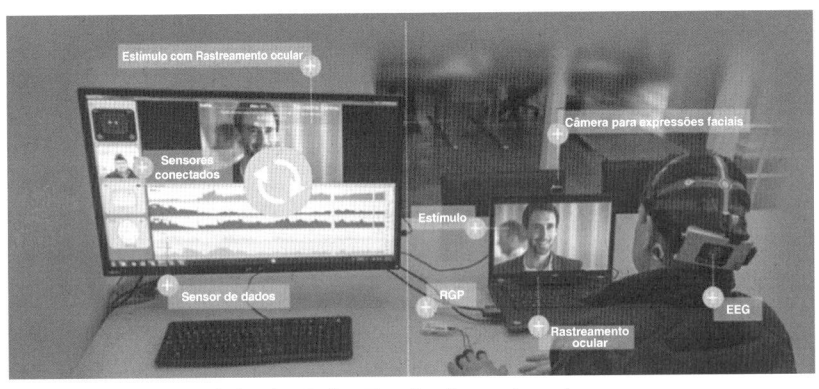

Figura 2.10   Neurolab da SalesBrain (Imotions).

O QUE LEMBRAR

- O cérebro é uma rede complexa de áreas que evoluíram ao longo de milhões de anos.

- As funções cognitivas são relativamente recentes em nossa evolução, enquanto o circuito neurológico de nossas respostas mais básicas, centradas na sobrevivência, é antigo.

- Nas últimas três décadas, inúmeros estudos esclareceram como a atenção e as emoções nos afetam e seu papel dinâmico na influência de nossas decisões.

- O neuromarketing ajuda os profissionais de marketing a medir a atividade neurofisiológica decorrente de respostas autonômicas e principalmente instintivas, mas também a atividade cognitiva e emocional mediada pelo sistema nervoso central.

- Pesquisas recentes sugerem que os métodos neurocientíficos geram informações valiosas sobre os processos ocultos que afetam a maneira como as mensagens funcionam em nossos cérebros.

- Uma grande variedade de ferramentas está disponível para produzir dados que complementam informações fundamentais para a nossa compreensão do comportamento do consumidor, da persuasão e do efeito de mídia.

- Individualmente, cada método pode fornecer insights importantes. No entanto, sem medir tanto a atividade subcortical (primitivo) quanto a cortical (racional), a interpretação dos dados cerebrais é imprecisa e ineficaz.

- Você não precisa ser um neurocientista para entender a crucial importância de medir mais do que as pessoas são capazes de expressar sobre o efeito de suas mensagens. O neuromarketing foi projetado para ajudá-lo a descobrir de uma vez por todas o que é uma mensagem inteligente e persuasiva.

- A pesquisa de neuromarketing nos ajudou a desenvolver um modelo teórico convincente que você pode aprender e aplicar sem realizar estudos complicados. Chama-se NeuroMap.

PARTE II

DECODIFICANDO A TEORIA DA PERSUASÃO

CAPÍTULO 3

NeuroMap: Uma Teoria da Persuasão Baseada no Cérebro

Na teoria, teoria e prática são iguais. Na prática, não são.
— Albert Einstein

Passamos quase duas décadas pesquisando como as mensagens de vendas e publicidade afetam nossos cérebros. Esse trabalho levou à criação do NeuroMap, o modelo de persuasão que você está prestes a conhecer. Persuadir não é fácil e até recentemente era considerado mais uma arte do que uma ciência. Ao desconstruir o efeito das mensagens no cérebro, criamos um modelo simples, mas científico, para ajudá-lo a desenvolver e implantar mensagens persuasivas direcionadas a qualquer pessoa, em qualquer lugar e a qualquer momento. O uso do NeuroMap tornará todas as tentativas de persuadir mais bem-sucedidas e menos arriscadas. Então, para início de conversa, quão difundido é o uso de modelos de persuasão na publicidade? Você esperaria que as empresas que gastam milhões de dólares sempre usassem modelos de persuasão cientificamente baseados para orientar a criação de suas campanhas. Bem, a maioria não usa.

Recentemente, decidi pesquisar a fundo o efeito de mensagens de saúde pública e campanhas de propaganda em adolescentes.[49] Todos os anos, centenas de milhões de dólares são gastos para nos alertar que fumar é perigoso, que as drogas podem matar ou que enviar mensagens de texto e dirigir não é apenas um comportamento imprudente, mas perigoso. O que descobri (infelizmente) é que a maioria das campanhas de anúncios de serviço público não usa modelos de persuasão para orientar seu processo de desenvolvimento criativo e quase não usa modelos baseados no cérebro. De acordo com uma metanálise realizada por Whitney Randolph (a única que conseguimos encontrar!), menos de um terço dos artigos empíricos sobre anúncios de serviço público relata usar qualquer teoria da persuasão.[50] Pela nossa experiência em lidar com muitas empresas da Fortune 500, essa tendência não é específica para campanhas de anúncios de serviço público; parece ser a norma entre a maioria das campanhas publicitárias. Creio que é por isso que a grande maioria das campanhas publicitárias fracassa. Então, vamos esclarecer o que é uma teoria da persuasão e por que é importante usá-la para economizar tempo e dinheiro.

Populares Teorias da Persuasão

Uma teoria da persuasão é um modelo que pode explicar e prever as mensagens de probabilidade que devem influenciar ou convencer. Presumivelmente, bons modelos de persuasão ajudam os criadores de mensagens a serem mais sistemáticos na maneira como abordam o desenvolvimento de uma narrativa de convencimento. Revisar as populares teorias da persuasão pode ser confuso. Existem vários modelos que foram citados por décadas, mas há poucas evidências de que algum seja eficaz. As diferenças entre os modelos mais populares destacam os desafios enfrentados pelos pesquisadores para desconstruir os processos críticos envolvidos na explicação e previsão dos efeitos da persuasão. Embora a breve revisão a seguir explique por que muitas vezes há confusão e discórdia entre os pesquisadores da persuasão, ela também mostra que os modelos neurocognitivos emergentes oferecem a melhor esperança para criar e testar mensagens publicitárias radicalmente mais poderosas.

Aqui estão descrições resumidas dos modelos de persuasão mais populares das últimas duas décadas. Você pode estar familiarizado com alguns, mas, geralmente, apenas acadêmicos ou pesquisadores da persuasão já ouviram falar deles.

O Modelo de Probabilidade de Elaboração

Inspirado pelo movimento teórico cognitivo, esse modelo[51] afirma que uma mensagem persuasiva desencadeará uma sucessão lógica de processos mentais que envolvem uma rota central (cognitiva) ou periférica (emocional). Ambas as rotas representam os níveis de pensamento realizados pelos sujeitos para entender o significado da informação. A rota central garante que a mensagem siga adiante (seja elaborada); nesse caso, a mensagem alcançou sua intenção persuasiva.

No entanto, se uma mensagem for processada pela rota periférica, prevê-se que o efeito seja leve. De acordo com o Modelo de Probabilidade de Elaboração, uma boa mensagem só é elaborada se apelar em um nível profundo e pessoal. Os defensores desse modelo argumentam que uma campanha eficaz deve incluir provas contundentes para estabelecer a credibilidade das reivindicações usadas em uma mensagem persuasiva. Porém, apesar de sua ampla popularidade, a falha crítica do Modelo de Probabilidade de Elaboração é afirmar que a persuasão é possível se os destinatários apenas se envolverem cognitivamente com o conteúdo de uma mensagem, um fato que não é apoiado pelo NeuroMap e pela maioria dos estudos de pesquisa de neuromarketing da última década.

A Teoria da Reatância Psicológica

De acordo com essa teoria, os seres humanos são profundamente motivados pelo desejo de serem responsáveis por seus comportamentos e se libertar de regras e sugestões alheias.[52] A teoria da reatância psicológica prevê que, se as pessoas acreditarem que a liberdade de escolher como querem conduzir suas vidas está sob ataque ou manipulação, elas experimentarão um desejo ardente de reagir, como maneira de aliviar essa pressão. Acredita-se que a reatância esteja no auge durante a adolescência, pois os adolescentes têm um forte impulso em direção à independência e formam crenças e atitudes que muitas vezes competem com as recomendadas por seus pais. Esse modelo prevê ainda que mensagens persuasivas explícitas desencadeiam mais resistência do que tentativas implícitas. Além disso, Grandpre[53] demonstrou que a reatância a mensagens persuasivas aumenta com a idade. Isso pode explicar ainda mais por que as campanhas que remetem ao modo como os pais discutem os perigos do tabagismo não são eficazes.[54] A principal falha do modelo, no entanto, é a sugestão de que as mensagens persuasivas são sempre reconhecidas conscientemente, fato que claramente não é mais defensável com base nas evidências geradas pelos estudos de neuromarketing.

A Abordagem de Enquadramento da Mensagem

Esse modelo baseia-se na noção de que uma mensagem persuasiva pode ser enquadrada de duas maneiras: *uma perda*, se os destinatários não agirem/comprarem, ou *um ganho*, se os destinatários concordarem em agir/comprar.[55] Normalmente, as mensagens com enquadramento de perda são eficazes quando aumentam a consciência sobre os riscos ou perdas associados à falta de ação. Por exemplo, você pode matar pessoas ao enviar mensagens de texto enquanto dirige ou pode ser arruinado financeiramente se sua casa for destruída por um incêndio e você não tiver seguro. Experimentos usando essa abordagem demonstraram que as mensagens com enquadramento de perda são melhores em prevenir comportamentos de risco do que em modificá-los, sugerindo que o efeito pode ser de curto prazo.[56-58] Nossa pesquisa também mostra que as mensagens com enquadramento de perda funcionam melhor do que as mensagens com enquadramento de ganho por causa do papel desempenhado pelo cérebro primitivo.

O Modelo de Capacidade Limitada de Processamento de Mensagens Midiáticas

O Modelo de Capacidade Limitada é outro modelo inspirado no campo da psicologia cognitiva. Ele fornece uma estrutura conceitual baseada em uma série de estudos empíricos que examinam o efeito relativo dos elementos da mensagem nas principais funções cognitivas, como *codificação, armazenamento, recuperação, processamento de informações* e *capacidade limitada*.[59] O modelo sugere que a alocação de recursos cerebrais pode ser igualmente distribuída entre vários subprocessos cognitivos, levando a resultados inconsistentes na recordação e no efeito geral sobre os sujeitos. Estudos utilizando o Modelo de Capacidade Limitada indicam que os adolescentes lembram mais detalhes de anúncios de serviço público do que os estudantes universitários e exigem mais velocidade nas narrativas para permanecerem engajados. Esse modelo confirmou que existem diferenças cognitivas importantes entre adolescentes e adultos e que essas diferenças podem alterar os subprocessos envolvidos no processamento de campanhas persuasivas.[60] No entanto, carece de credibilidade científica e é amplamente ignorado pelos cientistas da persuasão.

Modelo de Dois Cérebros de Kahneman

A teoria do processamento duplo, também conhecida como a teoria do Sistema 1 e Sistema 2, foi originalmente introduzida por Stanovich e West.[61] Ela acabou sendo popularizada por Daniel Kahneman por meio de seu livro seminal *Rápido e Devagar: Duas formas de pensar*,[62] pelo qual recebeu o prêmio Nobel de economia. Os princípios dessa abordagem são simples e profundos. Embora a pesquisa que apoia esse modelo tenha sido feita para estudar a racionalidade e explicar os processos cognitivos em uma infinidade de tarefas de tomada de decisão, o valor do arcabouço teórico vai muito além da psicologia cognitiva. Na verdade, esse modelo fala diretamente sobre a natureza dos vieses cognitivos humanos e como eles afetam nossas escolhas diárias. Para Kahneman, os humanos acessam regularmente dois sistemas de decisão que têm prioridades diferentes, se não opostas. O Sistema 1 é a parte mais primitiva do cérebro. É automático, inconsciente e requer poucos recursos computacionais. O Sistema 2 é a parte mais nova do cérebro. É mais intencional, precisa de mais consciência e tem acesso a mais recursos cognitivos para estabelecer metas e calcular as consequências de nossas decisões. Kahneman argumenta que o Sistema 1 governa a maioria de nossas decisões (Figura 3.1).

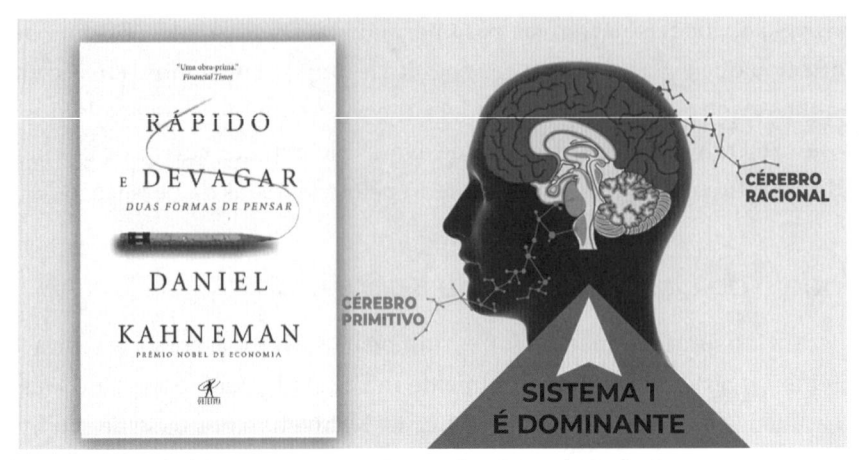

Figura 3.1   Rápido e Devagar: Duas formas de pensar.

MODELO DE DOMÍNIO PRIMITIVO DA SALESBRAIN: NEUROMAP

O NeuroMap expande o modelo de sistema duplo de maneiras profundas (veja a Figura 3.2). Primeiro, reconhecemos que, embora as fronteiras anatômicas de cada sistema sejam objeto de discórdia contínua entre os neurocientistas, elas ganharam ampla aceitação entre os membros da comunidade de neuromarketing. Na SalesBrain, chamamos o Sistema 1 de cérebro primitivo e o Sistema 2 de cérebro racional, mas consideramos que o cérebro primitivo não apenas governa nossas decisões, mas domina o processo persuasivo. Existem diferenças fundamentais entre os cérebros primitivo e racional que já apresentamos, mas precisamos enfatizar.

NEUROMAP: UMA TEORIA DA PERSUASÃO BASEADA NO CÉREBRO

	CÉREBRO PRIMITIVO	CÉREBRO RACIONAL
Idade evolutiva	• 500 milhões de anos	• 3 a 4 milhões de anos
Processamento	• Rápido, mas limitado	• Lento, mas inteligente
Capacidades cognitivas	• Não associadas a pensar, ler, escrever Matemática muito básica Vigilância, intuição e sentidos Dispara ações de curto prazo	• Pensar, ler, escrever Matemática complexa Previsões e avaliação de risco Confirma ações
Níveis de processamento dominante	• Instintivo e emocional	• Cognitivo
Gerenciamento de tempo	• Apenas o presente	• Passado, presente e futuro
Nível de consciência	• Baixo	• Alto
Capacidade de controle	• Muito baixo	• Moderado a alto

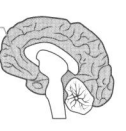

Figura 3.2   Os cérebros primitivo e racional.
Fonte: SalesBrain. Copyright 2012–2018.

O cérebro primitivo só "vive" no presente porque a noção de tempo é muito abstrata para um cérebro centrado na sobrevivência. Além disso, é muito mais antigo em termos evolutivos, mas pode processar informações a uma velocidade notável porque sua vida depende disso! Não estamos conscientes do que o cérebro primitivo faz na maioria das vezes. Por exemplo, não pensamos em nossa respiração — ainda que seja possível fazer isso, na maioria das vezes, ela simplesmente acontece. Tudo é controlado abaixo do nosso nível de consciência. Assim, o cérebro primitivo não é capaz de pensar muito, certamente não lê, não escreve nem realiza aritmética. Ele é guiado principalmente pela vigilância, intuição e sentidos que orientam nossas ações de curto prazo. Como é o cérebro mais rápido a responder e supervisiona nossa sobrevivência, acreditamos que o cérebro primitivo também domina o efeito persuasivo. O estilo de processamento padrão do cérebro primitivo é instintivo, intuitivo e pré-verbal. Infelizmente, a maioria das mensagens persuasivas busca motivar as pessoas a tomar decisões de longo prazo e usar o texto para convencer; portanto, essas mensagens não são amigáveis ao cérebro primitivo!

Enquanto isso, o cérebro racional é muito mais jovem, muito mais lento e tem a capacidade de pensar, ler, escrever e fazer matemática complexa para prever, avaliar riscos e se envolver na definição de metas de longo prazo. O cérebro racional é capaz de viajar ao longo do tempo. Embora a memória seja um sistema altamente distribuído, os circuitos críticos do cérebro racional nos permitem arquivar, organizar e recuperar informações durante um período considerável de tempo. Com a ajuda de nossos lobos frontais, também projetamos muita de nossa atenção e pensamento no futuro. Na verdade, poderíamos argumentar que poucos de nós realmente vivem no presente, pois nos perdemos em nossas preocupações do passado ou do futuro. Felizmente, temos algum nível de consciência por causa do cérebro racional; conseguimos refletir sobre nossas experiências e até compartilhá-las com os outros. Isso nos dá mais capacidade de controlar o cérebro racional do que o cérebro primitivo.

NeuroMap: O Efeito Ascendente da Persuasão

Quando publicamos nosso modelo de persuasão pela primeira vez, em 2002, sugerimos que o cérebro reptiliano, também chamado de complexo-R, era o tomador de decisão final. O modelo era radical, para não dizer controverso. Na época, não tínhamos tanta evidência científica para apoiar a teoria quanto temos hoje. De fato, as pesquisas e os estudos de caso que acumulamos desde 2002 confirmam que as mensagens persuasivas não funcionam a menos que influenciem primeiro o cérebro primitivo — isto é, o Sistema 1.[14] Na verdade, o cérebro primitivo é amplamente influenciado pelo cérebro reptiliano, um sistema composto do tronco cerebral e do cerebelo. O NeuroMap é baseado na dominância do cérebro primitivo sobre o cérebro racional. Ele prevê que, quando uma mensagem é amigável ao cérebro primitivo, ela se irradiará rapidamente para as seções superiores do cérebro, onde a informação será analisada usando pensamento crítico e lógica. Em suma, o NeuroMap suporta o modelo de processamento duplo proposto por Kahneman e seu argumento de que o Sistema 1 é dominante, mas também fornece aprimoramentos que podem ser aplicados diretamente a um modelo de persuasão. De fato, identificamos de forma convincente que as mensagens persuasivas bem-sucedidas *capturam* o cérebro primitivo primeiro e *convencem* o cérebro racional depois. Chamamos isso de *efeito ascendente da persuasão*. Ambas as condições são necessárias para que uma mensagem funcione no cérebro! A nosso ver, a razão do fracasso de tantas mensagens persuasivas é elas não desencadearem o efeito ascendente. Pior, elas tentam apelar em primeiro lugar para o cérebro racional.

Aqui está um exemplo de um anúncio para um produto de seguro (Figura 3.3). Como o texto não pode ser processado pelo cérebro primitivo, ele só conseguirá ser processado à custa de muito esforço cognitivo. Como o cérebro racional não controla o fluxo inicial de energia cognitiva, a mensagem será descartada rapidamente.

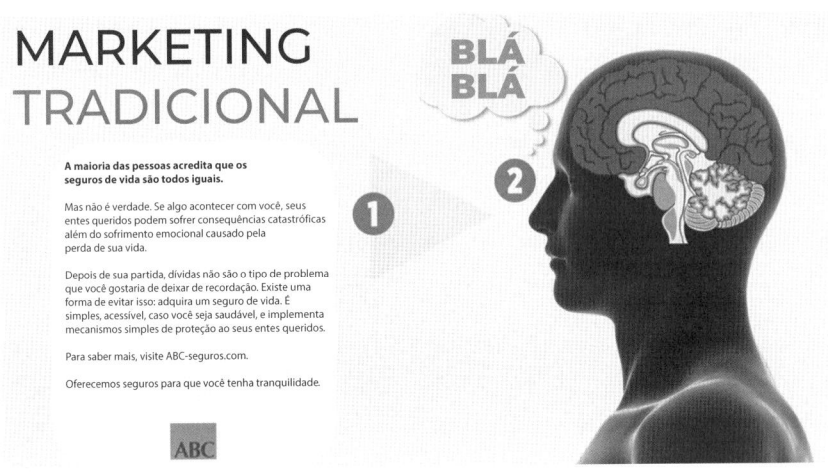

Figura 3.3 Mensagem racional.

A mensagem seguinte, por sua vez, tem muito mais chance de desencadear uma resposta do cérebro primitivo. Por mais provocativa ou chocante que seja a mensagem a seguir (Figura 3.4), ela recruta a atenção e ativa o efeito ascendente no cérebro. Na verdade, não gostamos de pensar no valor ou na importância de obter um seguro de vida. No entanto, uma vez lembrados que podemos morrer repentinamente, nós pensamos.

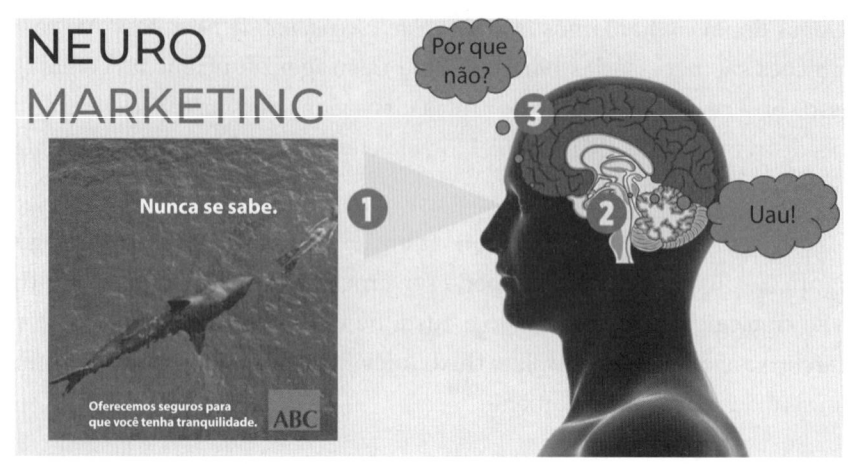

Figura 3.4 Mensagem amigável ao cérebro primitivo.

Provando a Dominância do Cérebro Primitivo

Eis outras maneiras pelas quais podemos demonstrar rapidamente o domínio contínuo do cérebro primitivo. Por exemplo, tente resolver a equação mostrada na Figura 3.5 rapidamente: quanto custa a bala, se o biscoito custa um real a mais do que a bala?

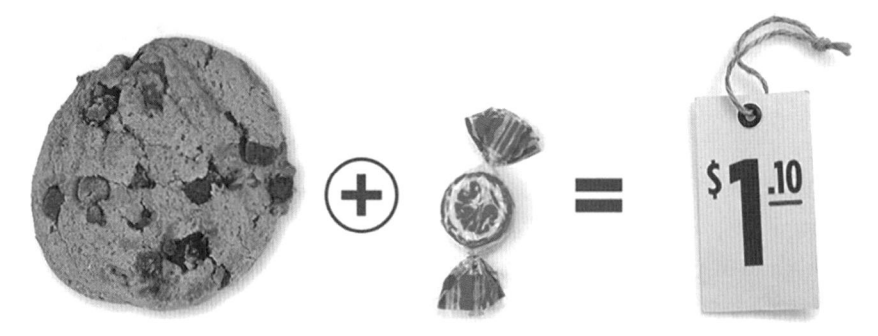

Figura 3.5 Equação da bala.

A resposta é cinco, não dez centavos! Parece tão estranho que você e mais de 95% das pessoas que testamos nessa questão não conseguem resolver uma equação matemática aparentemente fácil. No entanto, o erro pode ser explicado pela dominância da natureza intuitiva e rápida do cérebro primitivo, o que fez você tirar conclusões erradas. Aqui está outro teste que demonstra a dominância do cérebro primitivo (Figura 3.6). Qual aposta você prefere?

VOCÊ PRECISA APOSTAR

OPÇÃO 1: 50% DE CHANCE DE GANHAR $1.000
50% DE CHANCE DE GANHAR $0

ou OPÇÃO 2: 100% DE CHANCE DE GANHAR $500

Figura 3.6. Aposta de maximização de ganho.

A maioria das pessoas escolhe a opção 2, um resultado positivo mais atraente criado pelo número 100%. Essa opção "enquadra" uma percepção de escolha da maior probabilidade de ganho, mesmo que ambas as opções tenham a mesma expectativa de ganho matemático.

No entanto, observe como você se sente sobre as duas opções a seguir. Qual você escolheria (Figura 3.7)?

VOCÊ PRECISA APOSTAR

OPÇÃO 1: 50% DE CHANCE DE PERDER $1.000
50% DE CHANCE DE PERDER $0

ou OPÇÃO 2: 100% DE CHANCE DE PERDER $500

Figura 3.7. Aposta de aversão à perda.

Você provavelmente escolheu a opção 1 — e provavelmente fez isso mais rápido do que quando avaliou as duas opções da primeira aposta. A opção 2 enquadra a percepção de que você perderá R$500 com certeza, enquanto a opção 1 cria a percepção de que há a chance de não perder nada. Diante de tais opções, o cérebro primitivo ativa instantaneamente um viés de aversão à perda, que é crucial para a maioria de nossas decisões de compra.

O viés de aversão à perda foi descoberto por Kahneman e Tversky. Na verdade, alguns pesquisadores até quantificaram o viés de aversão à perda em 2,3 vezes o valor do ganho. Isso significa que, se você perder R$1, é preciso ganhar R$2,3 para compensá-lo. Observe que isso explica por que é sempre difícil vender algo: a emoção negativa que os clientes experimentarão ao pagar R$1 por qualquer coisa só pode ser superada pela emoção positiva gerada ao receber algo que eles perceberiam como valendo pelo menos R$2,3. Isso também explica por que oferecer um desconto de 50% é tão eficaz: ele compensa o viés de aversão à perda de 2,3. Enquanto isso, muitos outros chamados vieses cognitivos podem ser explicados pelo NeuroMap.

Vieses Cognitivos Explicados pelo NeuroMap. Um viés cognitivo pode ser definido como um padrão previsível de desvio do raciocínio lógico. Os vieses cognitivos nos impedem de tomar decisões sistêmicas e completamente racionais. Os psicólogos estudaram a natureza desses vieses por séculos e, mais recentemente, Buster Benson, um engenheiro de software apaixonado pela decodificação do comportamento humano, propôs uma nomenclatura interessante para *188 vieses*.[63] Muitos vieses sociais, por exemplo, preservam nossa autoestima e derivam de nosso egocentrismo.[64-66] Uma discussão completa sobre esse tópico está além do escopo deste livro. No entanto, acreditamos que muitos desses vieses podem ser explicados pela dominância do cérebro primitivo sobre o cérebro racional: se todos os nossos comportamentos fossem racionais, esses vieses não existiriam.

Teoria da Gestão de Erros e Vieses Cognitivos

Os psicólogos Martie Haselton e Danie Nettle[67] propuseram um modelo muito poderoso para integrar a maioria dos vieses cognitivos com base na teoria da evolução chamada teoria da gestão de erros (EMT, na sigla em inglês). De acordo com a EMT, sofremos coletivamente de "otimismo paranoico", uma tensão dinâmica que nos empurra de um lado para "optar pela segurança" e de outro para "buscar o risco". A natureza paradoxal dessa tensão é uma função do nosso desejo de sobrevivência. Por exemplo, os homens tendem a superestimar o quanto as mulheres os desejam. Haselton e Nettle argumentam que essa tendência pode ter sido reforçada ao longo de milhares de anos para aumentar o número de oportunidades sexuais e, portanto, aumentar o número de crianças de um pool genético. Eles também argumentam que as adaptações de tomada de decisão evoluíram para nos fazer "cometer erros previsíveis". Eles postulam que a EMT prevê que a psicologia humana contém "regras de decisão evoluídas que são tendenciosas para cometer um tipo de erro em detrimento de outro".

O NeuroMap também pode explicar e prever os mesmos vieses. O domínio do cérebro primitivo é crucial durante eventos que comprometem nossa sobrevivência. Na ausência de energia cognitiva suficiente e diante da necessidade de agir rapidamente, ativamos programas que minimizam o risco. Agora vamos voltar à tendência de sermos excessivamente otimistas. Isso não se concilia facilmente com o impulso de evitar riscos. Por exemplo, as pessoas tendem a ser excessivamente otimistas sobre os problemas de saúde que enfrentam.[68] Nesse caso, a EMT afirma que temos mais sensibilidade a danos que podem surgir de fontes externas (os outros) do que a danos que podem vir de fontes internas (nós). Isso sugere que temos diferentes vieses com base na origem do risco. Mais uma vez, isso é previsto pelo NeuroMap. Como as ameaças externas são urgentes para o cérebro primitivo, ele processa e desencadeia nossa resposta instintiva a fim de evitar riscos e incertezas. No entanto, as ameaças internas são tipicamente mais complexas de avaliar e, portanto, são mais propensas a envolver recursos cognitivos do cérebro racional, que podem ser mais naturalmente inclinados ao otimismo e à esperança. Haselton e Nettle chamam esse fenômeno de "otimismo paranoico". Eles observam que parecemos centrados no medo em relação ao ambiente (primitivo), mas otimistas em relação ao eu (racional).

Principais Vieses Cognitivos

A seguir, resumimos alguns dos principais vieses cognitivos que foram popularizados por líderes de pensamento e escritores de sucesso como Malcolm Gladwell, Dan Ariely e Buster Benson.

O Viés de "Fatiar Fino"
O livro *Blink: A decisão num piscar de olhos*, de Malcolm Gladwell,[69] conta histórias curiosas em que as pessoas tomam decisões aparentemente absurdas

usando uma quantidade limitada de informações. Ele chama esse viés de "fatiar fino" e extrai exemplos de uma ampla gama de situações que envolvem cientistas, médicos, executivos, especialistas em arte e muito mais. Em todos esses casos, falta lógica e racionalidade. As escolhas são feitas em um "piscar de olhos", embora possam envolver tomadores de decisão inteligentes e instruídos. Embora Gladwell não investigue a neurociência do "fatiar fino", o NeuroMap pode explicar muitas das situações que ele descreve. Por exemplo, na presença de muita informação, o cérebro primitivo assume o controle, enquanto o cérebro racional paralisa. Além disso, quando nosso cérebro primitivo domina, muitos fatores emocionais influenciam nossas decisões além do nosso nível de consciência. Embora haja benefícios claros em permitir que o cérebro primitivo controle um número enorme de nossas decisões, isso pode nos levar a fazer escolhas muito ruins. Lembra-se do exemplo de tentar descobrir quanto custava a bala? Seu cérebro primitivo assumiu o controle e muito provavelmente você não obteve a resposta certa!

Outro livro importante que discute a natureza defeituosa de muitas de nossas decisões é *Previsivelmente Irracional*, de Daniel Ariely.[70] O livro apresenta vários vieses cognitivos que afetam muitas de nossas decisões, basicamente porque o cérebro primitivo controla o processo abaixo do nosso nível de consciência. A seguir, apresentamos mais alguns vieses cognitivos.

O Viés da Relatividade

Para decidir, precisamos ser capazes de contrastar opções que parecem radicalmente diferentes. Ao se deparar com duas opções que são aproximadamente as mesmas e uma terceira que é radicalmente diferente, a maioria das pessoas escolherá a terceira. O cérebro primitivo está configurado para tomar decisões rápidas, e o contraste permite esse nível de eficiência. Quando comparamos e contrastamos facilmente as opções, estamos permitindo que a dominância do cérebro primitivo governe nossas escolhas.

O Viés da Ancoragem

Nossas primeiras decisões podem influenciar consideravelmente o resto das decisões que tomamos em relação ao mesmo produto ou solução. Isso sugere que estamos configurados para repetir decisões que consideramos satisfatórias. É por isso que os hábitos são tão viciantes. Argumentamos que a razão é o cérebro primitivo querer reduzir o esforço cognitivo acionando velhos padrões de comportamento. Isso também explica por que é tão difícil mudar nosso comportamento em geral ou mudar para outra marca de pasta de dentes!

O Viés do Preço Zero
Sempre preferimos opções *gratuitas* a opções *com custo* porque percebemos que não há risco quando o item não tem preço. De acordo com Ariely, as ofertas de frete grátis são eficazes, pois eliminam a objeção de um custo adicional ao preço do item. Na verdade, o viés de custo zero reflete o viés de aversão à perda do cérebro primitivo. Não é lógico e racional esperar na fila por um sorvete grátis, mas milhares de pessoas o fazem porque estão sob o domínio do cérebro primitivo, que busca gratificação instantânea!

O Viés das Normas Sociais
Atuamos com base no que se espera de nossa comunidade de referência (norma social), e isso pode influenciar a maneira como respondemos às ofertas do mercado. Se a oferta estiver alinhada com a norma social, aceitamos a oferta. Se não, nós a rejeitamos. O que isso explica é que a incongruência entre nosso cérebro primitivo (a conformidade reduz o risco ou o arrependimento) e o cérebro racional (avaliação de uma oferta de mercado) interrompe o efeito ascendente (de baixo para cima). O NeuroMap prevê que, para que as mensagens/ofertas funcionem, elas devem estimular tanto o cérebro primitivo quanto o racional.

O Viés das Múltiplas Opções
De acordo com Ariely, fingimos que preferimos mais opções do que menos. Paradoxalmente, para sobreviver, é melhor analisar um número limitado de opções. Discutiremos esse viés mais adiante, quando discorrermos sobre o estímulo de persuasão *contrastável*. Argumentamos que o cérebro primitivo odeia muitas escolhas. O cérebro racional não se importa de passar por um

extenso processo de avaliação, mas ao fazer isso pode adiar as decisões. Isso cria um paradoxo em muitas de nossas decisões. Tendemos a dizer que queremos opções, mas, em um nível mais profundo, não queremos enfrentar o fardo cognitivo de escolher entre várias. O NeuroMap postula que uma mensagem persuasiva pode desencadear decisões quando afirma que há apenas *uma* boa decisão: a que você sugere!

O Viés das Expectativas

Nossa expectativa influencia nosso comportamento. Esse viés é a consequência direta da dominância do cérebro primitivo sobre o cérebro racional. O que queremos surge nas áreas subcorticais primitivas do cérebro. O que queremos molda o que esperamos, e o que esperamos sobrepõe-se ao que, lógica e racionalmente, relatamos que precisamos.

Códex dos Vieses Cognitivos

Elaborar um inventário dos vieses cognitivos mais comuns é desafiador. Os acadêmicos não concordaram com as principais definições, então o tema continua sendo objeto de debates acalorados. Em 2016, no entanto, Buster Benson criou uma nomenclatura interessante para 188 vieses.[63] O resultado de seu trabalho é mostrado na Figura 3.8. A imagem não faz jus ao trabalho dele, então recomendo que você visite o site; basta pesquisar por Códex dos Vieses Cognitivos.

Embora o trabalho de Benson seja indiscutivelmente exploratório por natureza, nós o achamos impressionante. Mais importante, o NeuroMap pode explicar e prever todas as categorias de vieses cognitivos identificadas pelo modelo. São as seguintes:

Excesso de informação: A dominância do cérebro primitivo é baseada em prioridades de sobrevivência profundamente ancoradas em nossa biologia. A cognição veio mais tarde. Não estamos configurados para processar muitas informações, gastar muito tempo encontrando padrões ou nos martirizar com as decisões. O excesso de informação confunde o cérebro primitivo.

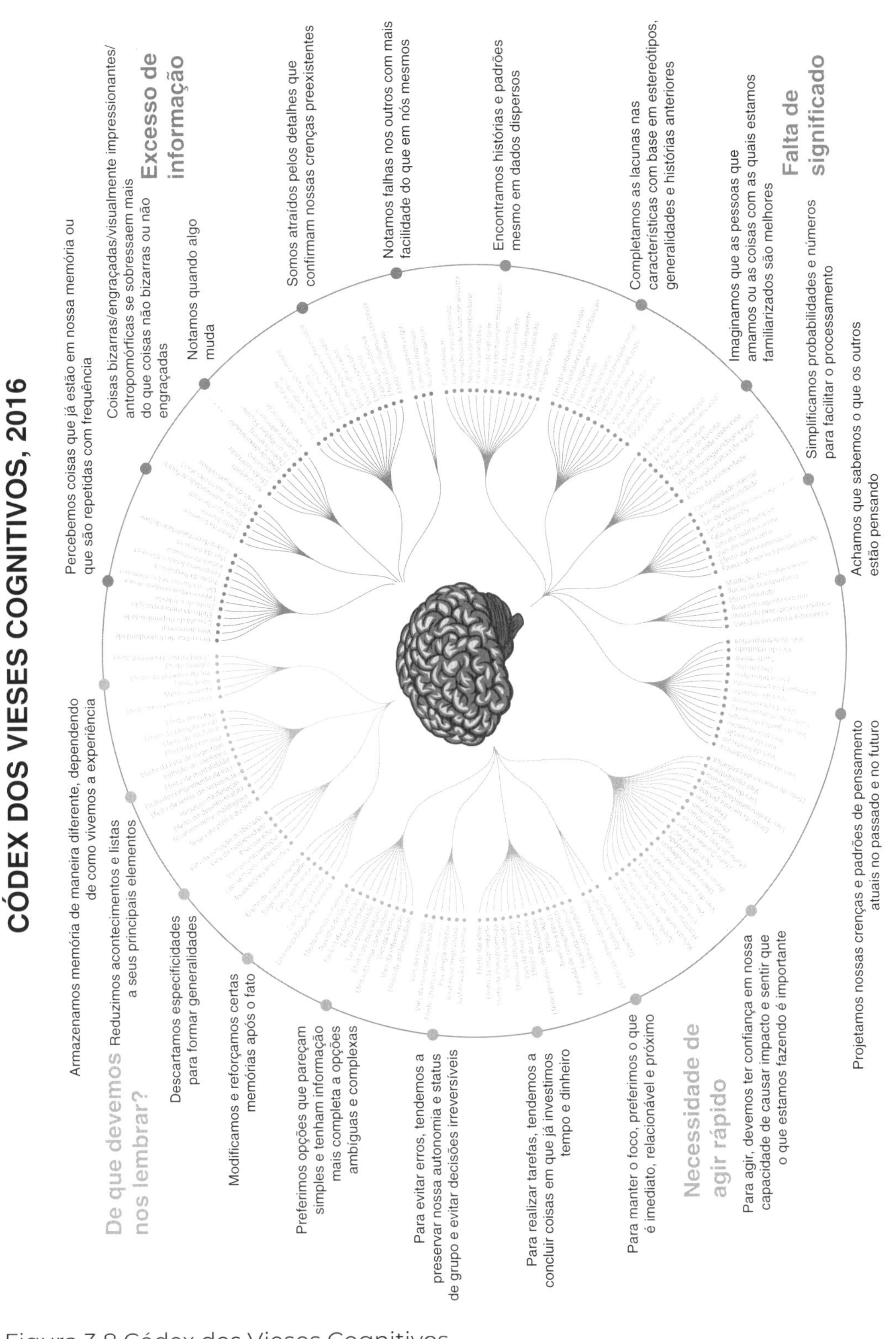

CÓDEX DOS VIESES COGNITIVOS, 2016

Excesso de informação
- Percebemos coisas que já estão em nossa memória ou que são repetidas com frequência
- Coisas bizarras/engraçadas/visualmente impressionantes/antropomórficas se sobressaem mais do que coisas não bizarras ou não engraçadas
- Notamos quando algo muda
- Somos atraídos pelos detalhes que confirmam nossas crenças preexistentes
- Notamos falhas nos outros com mais facilidade do que em nós mesmos

Falta de significado
- Encontramos histórias e padrões mesmo em dados dispersos
- Completamos as lacunas nas características com base em estereótipos, generalidades e histórias anteriores
- Imaginamos que as pessoas que amamos ou as coisas com as quais estamos familiarizados são melhores
- Simplificamos probabilidades e números para facilitar o processamento
- Achamos que sabemos o que os outros estão pensando
- Projetamos nossas crenças e padrões de pensamento atuais no passado e no futuro

Necessidade de agir rápido
- Para agir, devemos ter confiança em nossa capacidade de causar impacto e sentir que o que estamos fazendo é importante
- Para manter o foco, preferimos o que é imediato, relacionável e próximo
- Para realizar tarefas, tendemos a concluir coisas em que já investimos tempo e dinheiro
- Para evitar erros, tendemos a preservar nossa autonomia e status de grupo e evitar decisões irreversíveis
- Preferimos opções que pareçam simples e tenham informação mais completa a opções ambíguas e complexas

De que devemos nos lembrar?
- Modificamos e reforçamos certas memórias após o fato
- Descartamos especificidades para formar generalidades
- Reduzimos acontecimentos e listas a seus principais elementos
- Armazenamos memória de maneira diferente, dependendo de como vivemos a experiência

Figura 3.8 Códex dos Vieses Cognitivos.

Fonte: Usado com permissão de Buster Benson.

Falta de significado: Nosso cérebro primitivo não tem os recursos cognitivos para calcular e resolver matrizes complexas de dados. Se o padrão de uma situação é completamente novo, e não é urgente ou relevante, o cérebro primitivo não será capaz de recuperar um conjunto de comandos armazenados anteriormente que aceleraria o processamento da informação. Adoramos a fluência cognitiva porque conserva energia valiosa.

Falta de tempo: O tempo está diretamente relacionado com a quantidade de energia que o cérebro precisa para processar a informação. No cérebro primitivo, mais rápido é sempre melhor. Portanto, situações que exigem tempo não atraem nossas estruturas cerebrais mais antigas e recebem baixa prioridade.

Falta de memória: Nosso cérebro não foi projetado para armazenar muita informação. O motivo é simples. A codificação é dispendiosa, devido à energia necessária para armazenar, mas também para manter e recuperar nossas memórias. Pesquisas recentes demonstram que a memorização liga neurônios específicos às nossas memórias. De fato, usando a luz para estimular conexões nervosas, o Dr. Malinow e sua equipe removeram e reativaram com sucesso as memórias, estimulando sinapses no cérebro de ratos.[71] Isso só prova ainda mais que o cérebro acolhe situações ou eventos que facilitam a retenção de informações na memória de trabalho e não são altamente dependentes da codificação de longo prazo. O cérebro primitivo favorece tais condições em detrimento de outras.

Para concluir, o NeuroMap fornece um modelo simples, mas prático, para desenvolver e implantar mensagens persuasivas: ele ajuda você a considerar os vieses cognitivos, seguindo um processo de desenvolvimento criativo linear.

Ele é projetado como uma sequência de etapas para maximizar o impacto de seus argumentos persuasivos. Acionar o cérebro primitivo requer o uso de apenas seis estímulos no cérebro. Os seis estímulos fornecerão orientações simples para a criação de qualquer mensagem persuasiva. O valor do modelo de seis estímulos é agora apoiado por quase vinte anos de evidências científicas e empíricas.

O QUE LEMBRAR

- A persuasão tem sido estudada por décadas, mas modelos antigos têm ignorado por muito tempo o papel crucial desempenhado pelas estruturas cerebrais subconscientes.

- A persuasão é um efeito ascendente (de baixo para cima) entre dois sistemas cerebrais principais, chamados de cérebros primitivo e racional.

- O NeuroMap mostra que as mensagens persuasivas não funcionam a menos que influenciem em primeiro lugar a parte inferior do cérebro — o cérebro primitivo, que reage a estímulos emocionais, visuais e tangíveis (veja o Capítulo 4) e que pode amplificar ou abortar qualquer tentativa persuasiva.

- Uma vez que uma mensagem "engajou" o cérebro primitivo, a persuasão irradia para a parte superior do cérebro, na qual tendemos a processar as informações mais sequencialmente e confirmar as decisões nos lobos frontais.

- A maioria dos 188 vieses cognitivos pode ser facilmente explicada e prevista pelo NeuroMap.

CAPÍTULO 4

Aplicando Seis Estímulos para Persuadir o Cérebro Primitivo

> *Algum equilíbrio dos sistemas emocional e racional é necessário, e esse equilíbrio já pode ser otimizado pela seleção natural no cérebro humano.*
> — David Eagleman, neurocientista e escritor

No Capítulo 3, aprendemos que a persuasão pode ser explicada e prevista a partir da qualidade das mensagens que apelam ao cérebro primitivo. A Tabela 4.1 ajudará você a fazer a transição da ciência do NeuroMap para sua aplicação prática. Embora reconheçamos o valor de identificar 188 vieses cognitivos,[63] acreditamos que há um número limitado de metavieses (vieses acima de outros vieses) que podem explicar e prever por que somos tão irracionais em nossas escolhas. Identificamos seis metavieses primitivos que interferem na forma como as mensagens persuasivas funcionam no cérebro. Esses metavieses podem ser explicados pela dominância do cérebro primitivo. O termo *estímulo* significa uma mudança detectável no ambiente que provocará uma resposta previsível do cérebro primitivo do seu público. Sugerimos que, juntos, os seis estímulos (Figura 4.1) funcionem como um sistema de comunicação que você pode usar para influenciar o cérebro primitivo.

TABELA 4.1 VIESES PRIMITIVOS

Estímulo Primitivo	Viés Primitivo	Objetivo Primitivo
Pessoal	Sobreviver	Proteger contra ameaças
Contrastável	Acelerar	Acelerar as decisões
Tangível	Simplificar	Reduzir o esforço cognitivo
Memorável	Armazenar	Lembrar informações limitadas
Visual	Ver	Confiar no canal sensorial dominante
Emocional	Sentir	Deixar os neuroquímicos guiarem a ação

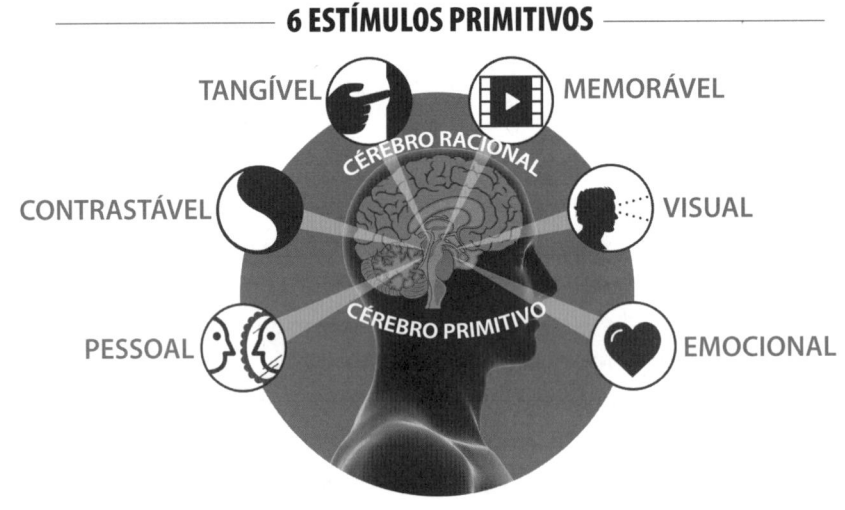

Figura 4.1 Seis estímulos.

É por isso que chamamos esse sistema de "linguagem". A analogia é importante porque enfatiza o valor de usar *todos* os seis estímulos para maximizar o poder persuasivo. Afinal, quando aprende a falar um idioma estrangeiro, usar apenas verbos não o levará muito longe em uma conversa.

Outra maneira de entender o NeuroMap é considerar os seis estímulos como uma lista de verificação criativa que já foi usada com sucesso por milhares de persuasores nos últimos dezesseis anos.

Agora, vamos explorar cada estímulo com mais detalhes.

PESSOAL

PESSOAL

"Tentemos ensinar generosidade e altruísmo, porque nascemos egoístas."
— Richard Dawkins, biólogo evolucionista e autor de
O Gene Egoísta

O primeiro estímulo para ativar o cérebro primitivo é garantir que a mensagem se concentre na pessoa ou no grupo que você está tentando persuadir. Como o cérebro primitivo é movido pela sobrevivência, os humanos são fundamentalmente configurados para serem autocentrados e prestarem atenção primeiro no que os afeta pessoalmente. Jaak Panksepp, um neurobiólogo que estudou extensivamente as emoções dos animais, argumenta que "a utilidade do egoísmo promoveu a evolução de muitos comportamentos egoístas".[39]

O cérebro primitivo evoluiu ao longo de milhões de anos. Como tal, ele ainda governa nosso comportamento mais primitivo e centrado na sobrevivência. Ele é a estrutura mais antiga do nosso sistema nervoso, e acredita-se que algumas partes tenham quase 500 milhões de anos. Embora o cérebro primitivo seja antigo e bem pequeno (cerca de 20% da massa de todo o cérebro), ele permanece em grande parte no controle de todas as funções cruciais para nossa vida, como respiração, digestão e comandos motores autônomos — essencialmente todas as funções reguladas pelo sistema nervoso autônomo. O cérebro primitivo também produz uma infinidade de neurotransmissores essenciais, como serotonina, dopamina e norepinefrina, todos parte de um grupo especial de moléculas chamadas monoaminas. As monoaminas são mensageiros químicos que formam a base de como as redes de neurônios disparam e se conectam durante a atividade cerebral. Por influenciarem tantas respostas emocionais, elas têm sido intensamente estudadas há décadas. Cada neurotransmissor tem sua complexa rede conectando regiões mais antigas do cérebro (primitivo) com as mais recentes (racional).

Em um brilhante artigo que discute como o egoísmo e o altruísmo se cruzam, o psicólogo evolucionista Gerald Cory[72] sugere a existência de um programa dominante de "autopreservação" que pode explicar nossa tendência a buscar poder, atacar e expressar menos empatia pelos outros. Sua abordagem é inspirada na teoria do cérebro trino, de Paul McLean.[73] Embora muitos neurocientistas contestem essa teoria, ela tem o mérito de sugerir a existência de três estruturas cerebrais principais que evoluíram ao longo de um período considerável de tempo. McLean cunhou o termo *complexo reptiliano* para descrever a função de um grupo de estruturas cerebrais que está principalmente envolvido na regulação de funções críticas de sobrevivência, como respiração, alimentação e reprodução sexual. Ele sugeriu que o sistema límbico, que abriga muitas redes importantes envolvidas no processamento emocional, se desenvolveu quando surgiram os primeiros mamíferos e, portanto, o chamou de *complexo paleomamífero*. Finalmente, McLean observou que a camada superior do cérebro — que possibilita as habilidades cognitivas superiores, como pensar, planejar e prever — é encontrada no cérebro de todos os mamíferos, sendo, o mais importante, especialmente grande no cérebro humano. Ele chamou essa camada de *complexo neomammaliano*.

O modelo McLean foi amplamente abandonado, pois sabemos agora que estruturas cerebrais mais antigas, como os gânglios basais (considerados parte do sistema límbico), não são apenas encontradas em répteis, mas também nos primeiros peixes com mandíbulas. Além disso, sabemos que os primeiros mamíferos tinham neocórtices e, presumivelmente, alguma capacidade de usar funções cognitivas superiores. Finalmente, e mais importante, as três camadas não operam independentemente umas das outras. No entanto, levando tudo isso em consideração, a natureza evolutiva do nosso desenvolvimento cerebral é uma realidade biológica que foi bem capturada pelo modelo McLean e continua a influenciar teorias psicológicas importantes, como o Modelo da Ética Trina.

O Modelo da Ética Trina

Davide Narvaez[74] desenvolveu uma teoria da ética baseada no modelo McLean, que é apropriadamente rotulada de Teoria da Ética Trina. É uma teoria psicológica baseada nas raízes neurobiológicas de nossas múltiplas moralidades. Ela sugere que existem três tipos de orientações morais que evoluíram ao longo de milhões de anos: a ética da segurança, a ética do engajamento e a ética da imaginação. A ética da segurança é baseada na urgência crítica de atender a qualquer ameaça e é impulsionada pela dominância de sistemas primitivos conectados ao nosso cérebro primitivo. Portanto, o medo e a raiva incitam o sentimento de segurança e o egocentrismo. Narvaez confirma que o cérebro primitivo é muito focado em si mesmo. Ele busca rotinas e evita novidades, visão que explica a importância de tornar as mensagens *pessoais* para chamar sua atenção. Gerald Cory, outro aclamado psicólogo que passou sua vida investigando o papel evolutivo, também afirma que estamos sob a influência de forças emocionais e de sobrevivência críticas que não podemos controlar conscientemente.[75] Ele afirma ainda que, "conforme processados pelo cérebro humano, os estímulos dos tecidos protorreptilianos ancestrais, predominantemente centrados na sobrevivência, originam a fonte motivacional para experiências e comportamentos subjetivos autocentrados, egoístas e de sobrevivência".

No entanto, essa discussão sobre o estímulo pessoal não estaria completa a menos que destacássemos a contribuição seminal de Freud para o tópico da dominância do ego em nosso comportamento diário.

Modelo Psicanalítico de Freud

Para Sigmund Freud,[76] a natureza básica dos seres humanos é instintiva (primitiva), amplamente controlada por forças inatas que agem abaixo do nosso nível de consciência. Ele estabeleceu que nossos instintos centrais são sexualidade e agressividade. Os instintos são ativados automaticamente quando experimentamos uma tensão desagradável. Em seu modelo psicanalítico, o instinto sexual vai do puro prazer erótico à satisfação da sede ou da fome, enquanto o instinto de agressividade remete à necessidade destrutiva de retornar a um estado de inexistência, conceito que ele simplesmente rotulou de *instinto de morte*. De acordo com Freud, a redução do impulso traz o corpo de volta a um estado natural de homeostase.

Para Freud, o preço que pagamos para viver em uma sociedade civilizada é sentir e manter uma tensão psicológica permanente.[77] Segundo ele, todo comportamento tem causas psicológicas subjacentes, uma ideia que chamou de determinismo psíquico. Freud propôs um modelo estrutural de personalidade baseado em nossa capacidade de gerenciar a energia psíquica, que consiste no *id*, no *ego* e no *superego*[78] (Figura 4.2).

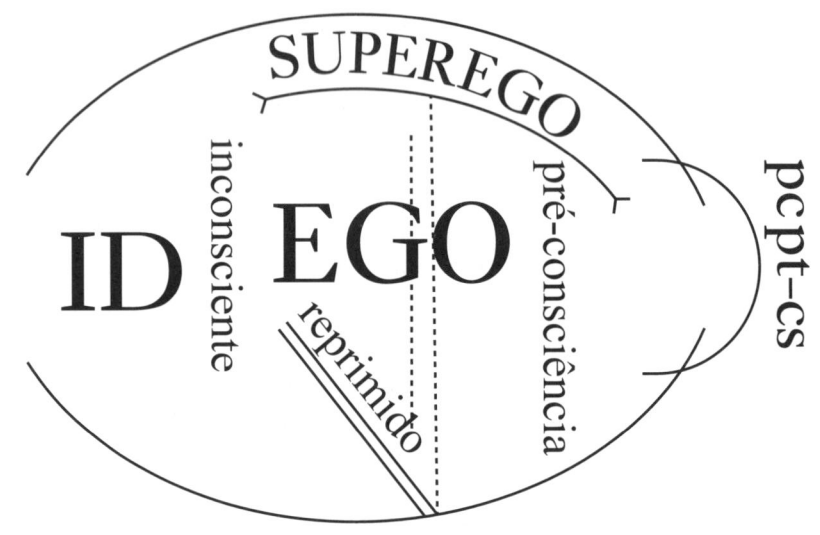

Figura 4.2   O id, o ego e o superego (ilustração de Freud, 1933).

O id está presente no nascimento e é totalmente inconsciente durante toda a nossa vida. Ele controla o suprimento total de nossa energia psíquica e transforma impulsos biológicos básicos em tensões psicológicas de *evitação de dor*. O id também é chamado de processo primário e pode ser descrito como o componente biológico da personalidade. Argumentamos que a influência exercida pelo id reflete a dominância do cérebro primitivo em nosso comportamento. O ego se desenvolve a partir do id quando a criança atinge os oito meses de idade. Nos termos de Freud, o ego é "uma espécie de fachada do id, como uma camada externa e cortical dele".

Embora tenha mais de cem anos, o modelo apresentado por Freud ainda é considerado por muitos psicólogos e psiquiatras como o bloco de construção mais importante para a compreensão do comportamento humano. Ele concentra-se no papel predominante do inconsciente, o que consideramos ser uma influência direta do cérebro primitivo. Como Freud era um neurocientista altamente respeitado durante seu tempo, não é surpresa que até mesmo os neurocientistas contemporâneos tenham demonstrado especial interesse por seu modelo. Em 2008, Mark Solms conduziu uma entrevista para a revista *Mind*, na qual discutiu Freud com Erik Kandel, da Universidade Columbia,[79] (Prêmio Nobel de Fisiologia de 2000), que confirmou que uma das maiores contribuições de Freud é a sugestão de que os mesmos mecanismos inconscientes estão em ação tanto em uma mente saudável quanto em alguém que luta com um transtorno mental. Kandel também afirmou que a psicanálise é "ainda a visão mais coerente e intelectualmente satisfatória da mente".[80] Assim como Kandel, Mark Solms também acredita que é possível vincular áreas cerebrais específicas aos três componentes da personalidade definidos por Freud: o id, o ego e o superego. O id instintivo corresponde ao cérebro primitivo, enquanto o ego emocional está melhor associado às estruturas límbicas superiores e à parte posterior do córtex sensorial (ambas consideradas partes do cérebro racional).

Embora muitos de nós tenham dificuldade de aceitar a ideia de que o egoísmo é um dos principais impulsionadores de nossas decisões e comportamento, para Richard Dawkins,[81] a resposta mais plausível a essa pergunta intrigante está em nossos genes. Em seu famoso livro *O Gene Egoísta*, ele apresentou de forma convincente uma visão da evolução centrada no gene que agita a comunidade científica desde que o livro foi publicado pela primeira vez, há mais de quarenta anos. Dawkins escreveu: "Os genes são, em certo sentido, imortais... nossa expectativa básica pela teoria ortodoxa neodarwinista da evolução é que os genes serão egoístas".

Aplicando o Estímulo Pessoal a Mensagens Persuasivas

Existem duas maneiras de tornar sua mensagem mais pessoal e, por conseguinte, mais persuasiva:

Concentre-se no seu público em primeiro lugar. Certifique-se de colocar o público-alvo, cliente em potencial ou ouvintes no centro da mensagem. Muitos anúncios ou apresentações esquecem essa regra simples. Admita, você certamente já começou uma apresentação dizendo: "Bom dia, senhoras e senhores. Hoje eu gostaria de falar sobre *nossa* empresa, *nossos* valores, *nossa* declaração de missão, *nossa* tecnologia..." A imagem na Figura 4.3 indica quão interessado e animado o cérebro primitivo de seu público estará ao ouvir essa introdução.

Figura 4.3   Homem dormindo durante discurso de venda.

Em questão de segundos, você só prova que não tem intenção de colocar seu público no centro da história porque é tudo sobre *você* em vez *dele*!

De acordo com Kahneman,[82] vivenciamos 20 mil momentos psicológicos "presentes" por dia, cada um com três segundos de duração. Tendo em vista que o cérebro primitivo anseia por informações pessoais, uma parte substancial desses momentos é gasta pensando em nós!

Concentre-se em uma dor que seja relevante para o seu público. Nosso cérebro primitivo procura nos proteger. Portanto, em suas tentativas de persuadir, destaque, ou até exagere, uma ameaça, um risco ou uma armadilha que sua solução pode resolver. Como resultado, você obterá atenção imediata. Muitas vezes, as mensagens se concentram na solução (centrada nos negócios), e não no problema (pessoal). O NeuroMap sugere que, antes de oferecer uma solução, você precisa lembrar o seu público de uma dor que ele experimentou ou não quer enfrentar. Isso não significa manipular ou criar estresse indevido. É simplesmente reconhecer que o cérebro primitivo não dedicará energia a menos que sua mensagem seja urgente e relevante para a pessoa que você está tentando engajar.

A Neurociência do Estímulo Pessoal

Como não há estudos testando o efeito neurofisiológico de tornar uma mensagem mais pessoal, decidimos criar o nosso. Foram recrutados trinta participantes, metade do sexo masculino, metade do sexo feminino, com idade média de 33 anos. Coletamos dados da pele (GSR), do coração (ECG), das expressões (codificação facial), do córtex (EEG) e dos olhos (rastreamento ocular). As variáveis neurofisiológicas nos ajudaram a medir o quanto cada estímulo persuasivo (um total de doze) sustentou a atenção visual, disparou emoções e produziu esforço cognitivo, distração cognitiva e envolvimento cognitivo. O desenho experimental é apresentado na Figura 4.4.

Figura 4.4 Estudo neurofisiológico da SalesBrain.

Para o estímulo pessoal, testamos a seguinte questão de pesquisa:

Tornar um anúncio mais pessoal melhora seu efeito persuasivo no cérebro primitivo?

Utilizamos os seguintes estímulos publicitários para testar nossa hipótese:

- Vídeo de pessoas voando em um traje planador. O vídeo foi filmado sob duas perspectivas:

  - Perspectiva pessoal (objetiva): assistir a essa filmagem faz com que o espectador veja a paisagem como se estivesse voando em um traje planador.

  - Perspectiva impessoal (subjetiva): o espectador está observando outras pessoas saltarem e voarem em um traje planador.

- Anúncios impressos de pesca:
  - Um primeiro anúncio retratou um barco de pesca e promoveu CLAIMS (reivindicações) focados na empresa, como o barco é seguro, confortável e assim por diante.
  - Um segundo anúncio retratou alguém pegando um peixe grande e destacou CLAIMS centrados no cliente, como a alegria de capturar e levar o peixe para casa.

Os resultados apoiaram a hipótese:

- Os segmentos de vídeo pessoal que propiciam ao espectador a experiência de voar em um traje planador desencadearam muito mais atenção (+14%), ativação emocional (+25%) e emoções negativas (+143%) do que os segmentos de vídeo que proporcionam uma experiência mais impessoal do voo.
- O anúncio em que a pessoa captura o peixe despertou muito mais atenção (+39%), ativação emocional (+520%), emoções positivas e engajamento cognitivo (+52%) do que o anúncio com foco no barco de pesca. Também capturou mais atenção visual em áreas de interesse críticas.

Neuroinsights pessoais: aumente o impacto no cérebro primitivo tornando sua mensagem pessoal. Ao colocar os clientes no centro da narrativa, você pode rapidamente engajar o público na história de sua proposta de valor.

O que Lembrar sobre o Estímulo Pessoal

- Somos programados para ser egoístas.
- Perceber algo como pessoal nos faz examinar proativamente nosso ambiente em busca do que é relevante e urgente para nós.
- Se você não pode ampliar uma dor que importa para o seu público, você não vai chamar a atenção dele.

CONTRASTÁVEL

CONTRASTÁVEL

"Somos constituídos de modo que só conseguimos obter prazer intenso do contraste, e muito pouco da condição em si."
— **Sigmund Freud, neurologista** *e fundador da psicanálise*

A prioridade do cérebro primitivo é acelerar as decisões, e fazemos isso melhor quando temos opções limitadas. Isso aponta para um paradoxo importante no comportamento do consumidor: os clientes tendem a dizer que querem muitas opções de marca, mesmo que *subconscientemente* resistam a usar energia valiosa para avaliar e classificar as melhores. Eu não descobri esse paradoxo praticando marketing convencional. Detectei essa contradição intrigante há quase vinte anos, observando compradores em supermercados. Na época, eu era o vice-presidente de marketing de uma rede de supermercados chamada Grocery Outlet, que vendia as melhores marcas a preços de pechincha em doze estados dos EUA. A variedade de nossos produtos era um pouco limitada, dada a natureza do nosso conceito de varejo, então eu queria saber se poderíamos aumentar nossas vendas adicionando marcas para certas categorias de produtos. Conduzi grupos focais e, com certeza, quando perguntei aos clientes se queriam mais opções, eles sempre *disseram* que sim. No entanto, quando os observei fazendo compras nas lojas, eles sistematicamente paralisavam diante das muitas opções. Quando confrontados com muitas opções que não eram imediatamente *contrastáveis* entre si, os clientes foram incapazes de rápida e facilmente diferenciar entre as diversas marcas. Isso explicou por que nossas vendas da categoria não se alteraram rapidamente quando adicionamos marcas. Os clientes ficaram sobrecarregados por estarem diante de tantas opções.

Esse é o paradoxo da escolha. É também o título de um excelente livro do Dr. Barry Schwartz,[83] no qual ele demonstra que não ficamos mais felizes em obter mais escolhas e, portanto, subconscientemente procuramos ter menos opções. Embora possamos reclamar quando temos escolha limitada, essa resposta é uma função da rotina de pensamento de nosso cérebro racional. Afinal, é lógico supor que, na presença de mais escolhas, temos uma maior probabilidade de encontrar o que queremos. No entanto, como o cérebro primitivo domina nosso processo de tomada de decisão, queremos evitar a *todo custo* o tempo, a energia e o risco de um longo ciclo de decisão acarretado por mais opções.

O livro de Schwartz cita muitos estudos que provam o viés de nossa preferência em ter escolhas limitadas. Por exemplo, um estudo realizado em uma loja gourmet, com 24 variedades de geleia em uma condição experimental e apenas seis em outra, demonstrou que apresentar menos variedades poderia aumentar dez vezes as vendas.[84] De acordo com o renomado médico Jay Katz,[85] da Yale, escolhemos terceirizar muitas de nossas decisões para escapar do fardo de tomar decisões, mesmo quando nossas vidas estão em jogo. De acordo com a pesquisa de Katz, a maioria dos pacientes prefere que outros tomem decisões sobre seus cuidados, em vez de fazer as próprias escolhas. Recomendamos o estímulo contrastável para empurrar os clientes em direção a uma escolha simples e óbvia: a melhor solução para sua dor!

O Uso de Ofertas Contrastáveis na Publicidade Comparativa

O uso mais comum do estímulo contrastável na publicidade é a *publicidade comparativa*, na qual uma marca se compara a outra. Existem muitos trabalhos de pesquisa sobre o efeito da publicidade comparativa, mas poucos fazem qualquer referência à neurociência do consumidor e nenhum fornece uma interpretação de seus resultados baseada no cérebro. De acordo com o professor Fred Beard, uma conclusão geral que podemos extrair, no entanto, é que a publicidade comparativa funciona — especialmente para "produtos de alta qualidade", nos quais os CLAIMS são bem fundamentados e focados em benefícios notáveis e críveis.[86] Beard explica que a publicidade comparativa funciona especialmente bem para empresas que têm uma participação de mercado menor. Faz todo o sentido. Como você pode convencer alguém a comprar seu produto sem o trabalho desafiador de descobrir quais são seus diferenciais exclusivos?

Embora os infomerciais tenham uma reputação menos positiva porque os consumidores costumam dizer que não gostam deles, esse formato único de publicidade tem um efeito notável sobre nós. Os infomerciais atuam no cérebro primitivo, pois usam histórias de clientes para apresentar evidências de um nítido contraste antes e depois. Por exemplo, eles normalmente apresentam indivíduos com problemas graves (como excesso de peso ou acne) que passaram por uma transformação radical graças a um produto "milagroso". Há poucos estudos sobre o efeito dos infomerciais porque os formatos e os produtos variam muito. No entanto, um experimento conduzido por um grupo de pesquisadores da Southern Illinois University[87] conseguiu elucidar por que os infomerciais funcionam tão bem. Eles decidiram criar mensagens formatadas de três maneiras: uma mensagem publicitária (aspiracional), um infomercial e uma experiência direta. Os pesquisadores levantaram a hipótese de que o nível de credibilidade obtido ao visualizar ou experimentar esses três formatos diferentes seguiria um continuum: baixa credibilidade (mensagem publicitária), credibilidade média (infomercial) e a mais alta credibilidade (experiência direta do produto). Presumivelmente, a experiência direta teria o mais alto nível de credibilidade porque as pessoas tendem a acreditar e lembrar mais o que fazem do que o que veem. Os resultados apoiam o que preveríamos com o NeuroMap. A superioridade dos infomerciais sobre os anúncios regulares de televisão era impressionante. Na verdade, as pontuações dos infomerciais os colocaram muito perto do formato de experiência direta. Além disso, quanto mais os infomerciais usavam contraste entre a dor que os produtos resolviam e a solução, mais eficazes eram. O estímulo contrastável atua como um catalisador para as decisões do consumidor e, se as histórias de sucesso compartilhadas forem confiáveis, ele impulsiona o cérebro primitivo para decidir em segundos.

Aplicando o Estímulo Contrastável a Mensagens Persuasivas

Existem maneiras fáceis e práticas de tornar sua mensagem mais contrastável: evidenciar ou destacar seus benefícios e compará-los a outras marcas ou, se você não tiver concorrência, compará-los com as perdas de não comprar sua solução.

Encontre os benefícios notáveis da sua solução. O cérebro primitivo não aceitará o fardo de tomar decisões complicadas. Muitas vezes, as mensagens de vendas enumeram as razões pelas quais os clientes devem considerar uma solução. No entanto, essas razões pouco fazem para motivar o cérebro primitivo a comprometer a energia necessária para considerar todas elas. Portanto, você precisa filtrar um número limitado de benefícios e, em seguida, demonstrar que nenhuma outra marca ou empresa pode fornecer uma solução tão única e eficaz quanto a sua. Mais adiante neste livro, vamos detalhar como você pode definir os CLAIMS adequados. Os CLAIMS (reivindicações) representam a lista compacta dos principais benefícios que você oferece. Eles podem acelerar a decisão e criar situações contrastáveis que fazem sentido imediato para o cérebro primitivo. Normalmente, os CLAIMS fornecem soluções diretas para a dor (o PAIN) e chamam a atenção para tornar sua mensagem completamente relevante para uma ameaça ou risco urgente enfrentado por seu público. Depois de ampliar uma dor e mostrar como sua solução pode resolvê-la, os clientes implorarão para comprar sua solução. Como David Ogilvy sugeriu, vender é fácil: "Basta colocar fogo debaixo das cadeiras das pessoas e, em seguida, apresentar o extintor!"

Compare a sua solução com a de um concorrente. Contrastar seu produto ou solução com o de um concorrente é uma boa estratégia. Histórias de "antes e depois" conseguem fazer isso muito bem. Mostre a vida de um de seus clientes antes de adquirir seu produto ou solução — deve ser uma experiência dolorosa! — e, em seguida, mostre o alívio de sua dor como contraste. Esse cenário é a história típica que você vê em um infomercial, e por uma boa razão: funciona!

A Neurociência do Estímulo Contrastável

Para o estímulo contrastável, testamos a seguinte pergunta de pesquisa:

Ao comparar dois produtos, dois serviços ou duas situações, podemos aumentar o impacto persuasivo no cérebro primitivo?

Utilizamos os seguintes estímulos publicitários para testar nossa hipótese:

- Anúncios em vídeo para um plano odontológico:

- Um anúncio apresentou clientes de um plano odontológico, mas não mostrou qualquer forma de contraste entre "antes" de se tornar um membro e "depois".
- Um anúncio mostrou uma história curta de duas pessoas que tiveram que enfrentar a necessidade urgente de cuidados odontológicos. Uma tinha um plano, a outra não.

- Anúncios impressos de perda de peso:
- Dois anúncios caracterizaram um homem que perdeu 18kg usando um suplemento líder de perda de peso.
  - O primeiro anúncio mostrou um homem que já havia perdido peso e apresentou o produto.
  - O segundo anúncio mostrou um homem que tinha perdido o peso, mas também mostrou uma foto dele antes.

Os resultados corroboraram nossa hipótese:

- Para os anúncios do plano odontológico, o que apresentou o contraste entre antes e depois teve uma pontuação muito maior no cérebro primitivo do que o outro (+119% na pontuação NeuroMap).
  - Para os anúncios do suplemento de perda de peso, o que usou uma imagem contrastável chamou 38% mais atenção do que o outro. Também produziu menos distração e menos esforço cognitivo.

Neuroinsights contrastáveis: ao tornar seus anúncios mais contrastáveis, você pode aumentar o impacto no cérebro primitivo. O contraste também reduzirá o esforço cognitivo, facilitando a escolha que os clientes precisam fazer.

O que Lembrar sobre o Estímulo Contrastável

- Apesar do que costumamos dizer, não gostamos de várias opções de compra, pois isso sobrecarrega nossa inclinação primitiva de decidir rapidamente e usando o mínimo de energia cerebral.

- Comparar duas situações facilita a tomada de decisão pelo cérebro primitivo.

- Em vez de afirmar: "Escolha nosso produto porque somos uma das empresas líderes no setor XYZ", destaque apenas alguns benefícios únicos (CLAIMS).

- Contraste histórias de antes e depois ou compare sua marca à da concorrência para ajudar seus clientes a decidir.

TANGÍVEL

TANGÍVEL

"É difícil explicar como uma única visão de um objeto tangível com dimensões mensuráveis poderia abalar e mudar tanto um homem."
— H. P. Lovecraft, escritor norte-americano

Tornar algo *tangível* significa alcançar a simplicidade e minimizar a energia cognitiva necessária para processar sua mensagem.

O cérebro primitivo não possui os recursos cognitivos oferecidos pelo cérebro racional, mas domina o processo de análise inicial de qualquer mensagem persuasiva.

Nosso Cérebro é Ecológico

O cérebro conserva energia o tempo todo. Ele é um órgão com apenas cerca de 1,3kg — 2% de sua massa corporal. No entanto, requer 20% de toda a nossa energia para funcionar corretamente, mais do que qualquer outro órgão do corpo humano. Dois terços dessa energia são usados para alimentar impulsos elétricos, e o terço restante é direcionado para a manutenção da saúde celular. Em repouso, nosso corpo consome cerca de 1.300 calorias por dia, das quais o cérebro queima cerca de 260. Curiosamente, o estômago é o segundo em consumo de energia. Usamos 10% de nossa energia para digerir, absorver, metabolizar e eliminar alimentos. Por que você acha que há tanta tensão dinâmica entre o cérebro e o estômago logo após o almoço? É por isso que não é recomendável que você tente fechar um negócio enquanto as pessoas estão comendo! Há uma competição feroz entre o cérebro e o estômago por energia preciosa.

Portanto, tornar as coisas tangíveis significa servir uma informação ao cérebro que não requeira muito esforço mental. Apreciamos a rapidez e a simplicidade, pois valorizamos a oportunidade de não desperdiçar energia cognitiva. Vamos apenas refletir sobre uma expressão que diz tudo: *preste atenção*. O que essa expressão sugere? Que você está pedindo às pessoas para "despender algo", que é, em última análise, energia cerebral. A razão pela qual temos tão pouco controle consciente sobre nossa atenção é o fato de o cérebro primitivo ser o guardião desse dispêndio de energia. Antes mesmo de pensar em vender qualquer coisa, você deve vender o valor de usar a energia do seu público para processar sua mensagem.

Quando foi a última vez em que você participou de um workshop e se viu pensando: "Eu gostaria que isso fosse mais difícil para o meu cérebro"? Isso simplesmente não acontece. Os professores que amamos são aqueles que tornaram mais fácil e divertido para nós compreender sua mensagem. O mesmo se aplica às mensagens persuasivas. O público não está preparado para ler ou ouvir todas as suas explicações. Você deve assumir o fardo de tornar sua mensagem clara e simples para que ele saiba em segundos que não há uma opção ou uma decisão melhor do que a sugerida pela mensagem.

Os dados do EEG medem o esforço cognitivo exigido pelas mensagens. Fazemos isso registrando e analisando as ondas cerebrais, especialmente nos lobos frontais, onde controlamos nossa concentração e usamos nossa memória de trabalho. Independentemente de quão inteligentes são os sujeitos de pesquisa, sempre descobrimos que eles não gostam de despender esforço cognitivo ao processar mensagens publicitárias. Ninguém nunca reclamará que sua mensagem é muito fácil de entender. Pelo contrário, as pessoas deixarão de prestar atenção se sua mensagem for muito abstrata ou intangível demais. Se está vendendo um produto físico, sem dúvida, pode ser mais fácil chamar a atenção do cérebro primitivo, pois esse produto tem uma forma física. É real, concreto. No entanto, ao vender um software ou um serviço financeiro, claramente há um desafio muito maior para torná-lo tangível.

Como nosso cérebro primitivo tende a tomar decisões rápidas, evitamos a complexidade o tempo todo. Por exemplo, um estudo de 2012 do Google e da Universidade de Basileia demonstrou que os visitantes da web julgam a beleza estética e a funcionalidade percebida de um site em cerca de 50 milissegundos.[88] Isso é menos tempo do que leva para estalar os dedos ou desencadear um sorriso. As primeiras impressões são formadas no cérebro primitivo. A velocidade é inversamente relacionada à complexidade. A pesquisa sobre a base neurobiológica das primeiras impressões é bastante escassa. A percepção estética é um processo difícil de entender e testar mensagens que têm diferentes estilos estéticos é complicado. A maioria das pesquisas de mídia sobre o assunto vem de análises da web coletadas de sites que têm diversos graus de complexidade. No entanto, um estudo confirmou que páginas da web de moderada complexidade recebem respostas mais favoráveis do consumidor.[89] Outro estudo estabeleceu que páginas da web que são percebidas como visualmente complexas produziram ativação negativa e aumento da tensão facial.[90]

O Poder da Fluência Cognitiva

O valor de tornar sua mensagem mais tangível é corroborado pelo estudo do quanto gostamos de *fluência cognitiva*. Fluência cognitiva é a experiência subjetiva de facilidade ou dificuldade para executar uma tarefa mental. É um viés bem pesquisado que explica o quanto favorecemos o processamento de informações fáceis de entender. Por exemplo, preferimos pessoas cujos nomes são mais fáceis de pronunciar.[91] Além disso, lembramos melhor o que é mais fácil de aprender.[92] As ações de empresas que têm nomes fáceis de pronunciar tendem a superar outras. A fluência de muitos processos cognitivos é "pré-avaliada" pelo cérebro primitivo. Qualquer coisa que pareça complicada nos primeiros milissegundos provavelmente será rejeitada pelo restante do cérebro. Por exemplo, sempre que falo sobre nosso modelo de persuasão, seguro um cérebro na mão para mostrar que sou apaixonado pelo tópico. Isso aumenta a atenção das pessoas e reforça a percepção de que sou competente para falar sobre neurociência! Mais importante ainda, torna o modelo

SalesBrain mais fácil de entender, porque não estou usando apenas palavras para explicá-lo. Torna um tópico complexo cognitivamente mais fluente.

De fato, usar menos energia para compreender qualquer coisa pode ser a expressão definitiva da inteligência do cérebro, de acordo com um estudo fascinante que examina a quantidade de energia consumida por jogadores de xadrez.[93] Usando um EEG para estudar os padrões de atividade neuronal durante uma partida, jogadores de xadrez experientes foram comparados com iniciantes, e os resultados foram muito surpreendentes. Os mestres de xadrez tiveram menor ativação cerebral e, portanto, exibiram mais eficiência neural do que os iniciantes. Especialistas usam menos energia cerebral do que um novato. Eles também realizam muitas tarefas de forma subconsciente.[94] Alguns pesquisadores sugerem que esse estudo pode revelar a base neurobiológica da inteligência. Com isso, eles querem dizer que a inteligência pode muito bem ser a capacidade do cérebro de minimizar a quantidade de energia usada para uma tarefa específica.

Aplicando o Estímulo Tangível a Mensagens Persuasivas

Existem três maneiras eficazes de tornar suas mensagens instantaneamente mais tangíveis:

1. Use analogias e metáforas como atalhos para ajudar as pessoas a entender a essência do que você comunica.

2. Ao explicar sua mensagem, use termos, padrões e situações familiares. Aprendemos melhor recorrendo ao que já sabemos.

3. Remova a abstração fornecendo evidências concretas para provar o que diz.

A Neurociência do Estímulo Tangível

Para o estímulo tangível, testamos a seguinte pergunta de pesquisa:

Evidências concretas podem criar um impacto mais persuasivo no cérebro primário e reduzir o esforço cognitivo no cérebro racional?

Utilizamos os seguintes estímulos publicitários para testar nossa hipótese:

- Anúncios em vídeo de um plano odontológico:

    - Um anúncio apresentou clientes de um plano odontológico sem mostrar clientes reais como evidência tangível de que o serviço era tão bom quanto o anúncio sugeria.

    - Um anúncio mostrou vários depoimentos em vídeo dos clientes do plano odontológico.

- Outdoors de fita adesiva:

    - Um anúncio destacou o produto e uma afirmação não comprovada: "Funciona!".

    - Outro anúncio apresentou a fita como se estivesse segurando o outdoor no lugar.

Os resultados corroboraram nossa hipótese:

- O anúncio do plano odontológico com os depoimentos produziu uma pontuação no cérebro primitivo dez vezes maior do que o anúncio básico, que não incluiu as evidências tangíveis de parte dos clientes.

- O outdoor que demonstrou o valor da fita adesiva recebeu uma pontuação no cérebro primitivo duas vezes maior do que o outro, que não apresentou vantagens concretas do produto.

Neuroinsights tangíveis: ao tornar os anúncios mais tangíveis, você criará mais impacto no cérebro primitivo e reduzirá o esforço cognitivo no cérebro racional.

O que Lembrar sobre o Estímulo Tangível

- O cérebro primitivo é o guardião da nossa energia cognitiva.

- Não espere que mensagens que criem esforço cognitivo sejam persuasivas.

- Criar uma mensagem complicada é fácil, difícil é alcançar a fluência cognitiva.
- Você precisa trabalhar arduamente para criar uma mensagem simples, mas persuasiva.

MEMORÁVEL

"Tento garantir que haja tanto comédia quanto tristeza. Isso torna a tristeza mais memorável."

— **Rick Moody, romancista norte-americano**

A memória, ou o modo em que a informação é codificada, é uma função complicada do cérebro. Em primeiro lugar, está amplamente distribuída por muitas áreas cerebrais, algumas localizadas no cérebro primitivo (hipocampo, amígdala), mas também em áreas corticais mais recentes, como os lobos temporais ou os lobos pré-frontais. Uma discussão completa sobre memória está além do escopo deste livro, mas discutir a memória de curto prazo e como você pode melhorar sua capacidade de impressionar seu público para tornar suas mensagens mais memoráveis é extremamente importante.

A Curva em U do que É Memorável

Primeiro, o efeito de uma mensagem em nossa memória de curto prazo é muito parecido com uma curva em forma de U. Por exemplo, você se lembra do seu primeiro carro? Normalmente todos lembramos. Lembra-se do seu último carro? Também não é tão difícil. No entanto, você se lembra do seu quarto carro? Não é tão fácil! Descoberto há mais de sessenta anos e comprovado por inúmeros estudos, o efeito da curva em U também é conhecido como *efeito de recência e primazia*. Tendemos a lembrar a primeira ocorrência (primazia) e a última ocorrência (recência) de um evento, mas esquecemos o que aconteceu no meio (veja a Figura 4.5).

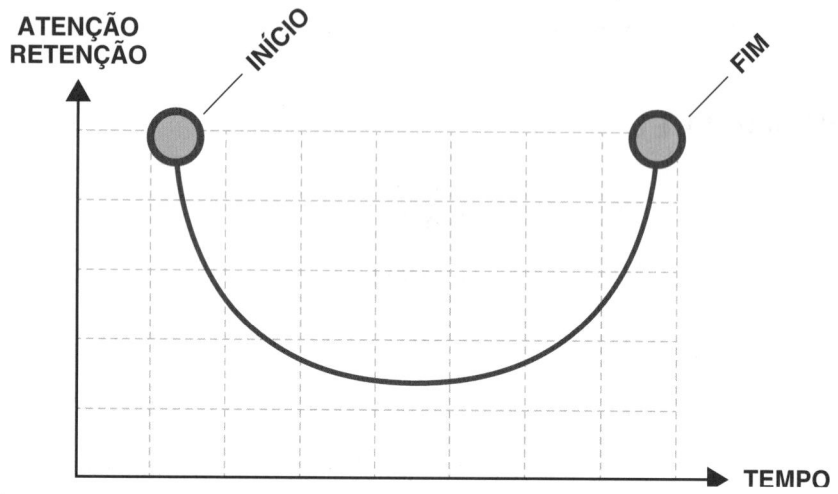

Figura 4.5   Efeito inicial e final.

Os psicólogos mostraram que o efeito de primazia desempenha não apenas um papel na recordação, mas também na tomada de decisões. Por exemplo, o resultado da recompensa que recebemos por uma primeira experiência influencia muito nosso comportamento subsequente, um fenômeno chamado *primazia do resultado*.[95] Assim, os pontos inicial e final são aspectos importantes do que acontece com uma mensagem ao longo do tempo. Isso se deve ao fato de termos uma capacidade única — mas frágil — de recordar. Portanto, a introdução e a conclusão de sua mensagem representam oportunidades especiais para ampliar a eficácia de sua história. Você não pode se dar ao luxo de falar muito sobre seu negócio, sua declaração de missão, seus produtos e seus serviços no início de sua apresentação ou anúncio, pois essa parte de sua história *não interessa* ao cérebro primitivo (veja a Figura 4.6). Além disso, explicar seu valor a partir da sua perspectiva exigirá esforço indevido do cérebro do seu público. Ao falar demais sobre sua tecnologia, sua equipe, seus produtos, a missão estará fadada ao fracasso.

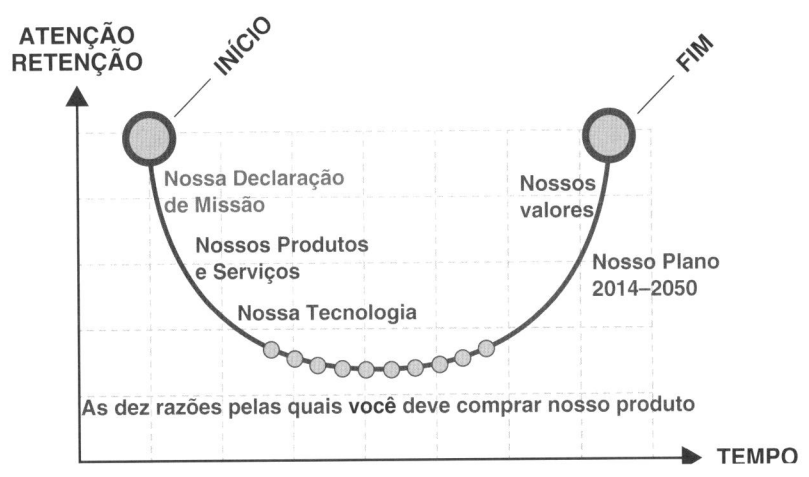

Figura 4.6   Dispersando motivos para comprar.

A Neurociência da Recuperação de Mensagens

A recuperação de mensagens é a capacidade de resgatar e relatar informações que foram apresentadas a você por alguns milissegundos, segundos ou minutos. Existem três subsistemas envolvidos nesse processo:

1. Memória sensorial, definida como a retenção de informações por suas estruturas sensoriais.
2. Memória de curto prazo.
3. Memória de trabalho.

Memória sensorial. Nossos sentidos podem armazenar informações por um período muito curto. Para o sentido auditivo, ela é chamada de memória *ecóica*. Para a visão, é chamada de memória *icônica*.

Os registros fisiológicos permitem aos pesquisadores medir o caminho dos sons em nosso cérebro. A memória ecóica é crucialmente influenciada pela saliência dos sons que ouvimos. Por exemplo, um grito tenderá a ser lembrado mais do que um sussurro. Além disso, é provável que a emoção influencie o quanto nos lembramos do que acabamos de ouvir. De fato, podemos reter frases inteiras quando nossa atenção é aumentada por uma forte resposta emocional. Isso pode nos ajudar a recuperar vários segundos de informação auditiva. Por outro lado, nossa lembrança imediata dos estímulos visuais é muito pobre. Estimativas provenientes de estudos visuais sugerem que normalmente lembramos entre trezentos e quinhentos milissegundos de informações visuais que acabamos de receber. Portanto, embora as memórias ecóicas e icônicas sejam capazes de armazenar informações apenas por um período muito curto, essas formas de memória *podem* armazenar muito mais informações que talvez não possamos recordar conscientemente. Sendo assim, construir um começo emocional forte, especialmente reencenar uma dor, é fundamental. E terminar com um "fechamento" emocional forte em sua mensagem é muito importante. Ambas as técnicas serão desenvolvidas no Capítulo 8, "Dialogue com o PRIMAL BRAIN".

Memória de curto prazo. Em comparação com a memória sensorial, a *memória de curto prazo* pode reter segundos e minutos de qualquer interação. Há muito tempo tem sido proposto que a memória de curto prazo é diretamente dependente da estimulação da memória sensorial.[96] Em outras palavras, a memória de curto prazo não funciona bem a menos que nossos sentidos tenham se engajado no registro de pequenas frações de nossas experiências. Enquanto isso, a memória de longo prazo também é altamente dependente da memória de curto prazo, confirmando que a memorização é um processo complexo, distribuído em várias áreas do cérebro, mas o cerne de sua organização é feita pelo cérebro primitivo.

Na década de 1950, muitos psicólogos investigavam a capacidade de armazenamento de nossa memória de curto prazo. De início, estudos de George Miller[97] sugeriram que, independentemente de quais informações as pessoas fossem solicitadas a lembrar (dígitos, palavras), o número de itens de que poderiam se lembrar com facilidade era de cerca de sete. No entanto, houve uma falha crítica nessa conclusão. Embora algumas informações possam ser classificadas como "bits" — informações elementares —, outros tipos de informações representam grupos de bits, comumente rotulados como "blocos ou pacotes". Recordar em blocos é mais eficiente do que lembrar bits. Por exemplo, podemos nos lembrar facilmente de uma palavra de treze letras, como "neuromarketing". No entanto, embora alguns blocos (por exemplo, palavras) possam passar para a memória de longo prazo, uma grande maioria não o fará. De fato, pesquisas recentes sugerem que a memória de longo prazo pode não ser tão dependente da memória de curto prazo quanto se pensava.

Em vez disso, a memória de longo prazo pode ser criticamente influenciada pela memória sensorial. Isso sugere que o uso de sete razões (ou mais) para influenciar os clientes não é otimizado para a memória de curto prazo. Pelo contrário, confirma que o primeiro objetivo deve ser ativar fortemente as memórias sensoriais. Para tanto, você não pode exceder três blocos de informação (normalmente três palavras) para descrever a proposta de valor — ou seja, seus CLAIMS — e precisa torná-la visual, o sentido dominante no cérebro!

Memória de trabalho. O conceito de *memória de trabalho* é fundamental para tornar a mensagem mais memorável. A memória de trabalho mantém a informação em nossos cérebros por um curto período (memória de curto prazo) e transforma a informação para guiar uma decisão, um pensamento ou um movimento. A memória de trabalho pode ser estimulada pelas informações provenientes dos sentidos (o toque do despertador) ou da memória de longo prazo (lembrar o endereço do restaurante onde você vai encontrar um amigo). Como você percebe agora, o objetivo de apresentar uma mensagem persuasiva é garantir que seja fácil para o cérebro das pessoas manipular as informações recebidas. Portanto, a capacidade de persuadir depende completamente da ativação da memória de trabalho do seu público. Estudos comprovam que os lobos frontais estão amplamente envolvidos na ativação do processo pelo qual mantemos e manipulamos as informações de curto prazo que recebemos. E a pesquisa da SalesBrain mostra que apenas as mensagens que envolvem primeiro o cérebro primitivo são processadas com sucesso pela nossa memória de trabalho.

Aplicando o Estímulo Memorável a Mensagens Persuasivas

- Para tornar sua mensagem memorável, crie uma narrativa que tenha quedas de atenção limitadas e curtas.
- Narrativas que funcionam no cérebro chamam a atenção no início e no final de cada segmento.

A Neurociência do Estímulo Memorável

Para o estímulo memorável, testamos a seguinte pergunta de pesquisa:

O CÓDIGO DA PERSUASÃO

Evidências concretas podem criar um impacto mais persuasivo no cérebro primitivo e reduzir o esforço cognitivo no cérebro racional?

Usamos os estímulos publicitários mostrados na Figura 4.7 para testar a hipótese de que o início e o fim de um evento importam mais do que o meio. Apresentamos uma lista de dez palavras aos nossos sujeitos e medimos sua recuperação após vinte segundos. Usamos palavras conhecidas por serem palavras influentes. Os dados confirmam a curva de recuperação em forma de U.

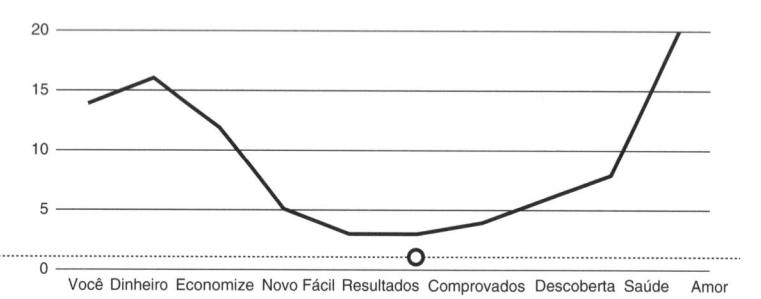

Figura 4.7   Início e fim da curva de recuperação de mensagens.

Neuroinsights memoráveis: reconheça que a memorização é um processo complicado para o cérebro. Certifique-se de que sua mensagem é fácil de reter e coloque uma ênfase especial no início e no fim.

O que Lembrar sobre o Estímulo Memorável

- Somos configurados para lembrar informações básicas a fim de orientar nossas ações de curto prazo.
- A recuperação de mensagens é afetada pela memória sensorial, que, por sua vez, influencia a memória de curto prazo e de trabalho. Ambas são sistemas críticos que tornam a codificação frágil.
- O cérebro primitivo precisa de uma estrutura narrativa sólida com um começo e um fim fortes para gerar atenção e retenção.
- As mensagens fixam melhor no cérebro quando se concentram primeiro na dor.

VISUAL

VISUAL

"O diálogo deve ser simplesmente um som entre outros sons, apenas algo que sai da boca de pessoas cujos olhos contam a história em termos visuais."
— *Alfred Hitchcock, cineasta*

Quando conduzimos um experimento de neuromarketing, os dados que coletamos do sistema visual nos fornecem informações cruciais sobre a eficácia das mensagens persuasivas. Por quê? Porque o sentido visual é o canal dominante por meio do qual percebemos o mundo ao nosso redor.

O Sentido Visual é Dominante

Quase 30% dos neurônios são neurônios visuais. Pesquisadores confirmaram por décadas que o sentido visual domina outros sistemas de processamento sensorial. Esse fenômeno é comumente referido como o Efeito Colavita,[98] nomeado em homenagem a um pesquisador que foi capaz de provar a superioridade e a velocidade do processamento visual sobre o processamento auditivo quando os sujeitos foram solicitados a considerar estímulos bimodais. Em um estudo recente, pesquisadores examinaram os correlatos neurofisiológicos da dominância visual usando EEG e confirmaram o Efeito Colavita na competição multissensorial.[99] Eles descobriram que, independentemente da intensidade, do tipo, da posição (antes ou depois do áudio, por exemplo), das demandas de atenção e da estimulação, os sujeitos comprometeram mais energia ao sentido visual do que a qualquer outro sentido. O que é interessante nessa pesquisa é que os estímulos auditivos tendem a acelerar as respostas visuais, sugerindo que o cérebro procura outras entradas sensoriais para melhorar o processamento visual. Além disso, embora o sentido visual seja o mais rápido a se engajar, ele tem um ciclo de processamento mais longo do que as informações auditivas.

O sistema visual é ativado quando vemos e imaginamos, seja em estado consciente ou inconsciente (inclui atividade onírica). A maioria das mensagens persuasivas depende da entrega direta de informações visuais, que normalmente são processadas primeiro por nossos olhos. Os olhos são sensores que convertem partículas de fótons (luz) em informações que o cérebro consegue entender — isto é, sinais eletroquímicos. Esses sinais viajam ao longo do nervo óptico, através do quiasma óptico, e entram no cérebro pelo tronco cerebral. A partir daí, os dados visuais viajam para alcançar os neurônios localizados na parte de trás do cérebro, no lobo occipital, também chamado de *córtex visual*. Existem mais de trinta colunas de neurônios responsáveis pelo processamento de cor, movimento, textura, padrões e assim por diante. Eles são organizados em áreas visuais que respondem primeiro às informações básicas e só depois às interpretações mais complicadas. No entanto, o que é realmente importante (e raramente discutido em livros didáticos ou artigos de pesquisa) é que, antes de toda essa informação visual chegar até a parte de trás do cérebro, uma fração dela é processada primeiro pelo cérebro primitivo do que pelo córtex visual.[100] De fato, o primeiro ponto de conexão do trato óptico é no tronco cerebral. O tronco encefálico abriga estações visuais cruciais — a saber, o núcleo geniculado lateral e o colículo superior. O núcleo geniculado lateral (considerado parte do tálamo) desempenha um papel essencial avaliando a importância e urgência de um estímulo visual, enquanto o colículo superior nos dá a capacidade de ver sem saber conscientemente que vemos. Enquanto isso, logo acima do colículo superior, há uma pequena estrutura cerebral considerada parte do sistema límbico chamado de amígdala. A amígdala tem o poder de controlar todo o nosso corpo e nos afastar do perigo em cerca de treze milissegundos.[101] Joseph Ledoux, um proeminente neurocientista e pesquisador sobre emoções e respostas a ameaças na NYU, mostrou que leva cerca de quinhentos milissegundos para o neocórtex reconhecer a legitimidade de uma ameaça. Portanto, o cérebro primitivo é quase quarenta vezes mais rápido do que o neocórtex para responder a um estímulo visual.[102]

Após a informação ter sido processada pelo núcleo geniculado lateral e pelo colículo superior, os dados visuais normalmente seguem um fluxo ventral e um fluxo dorsal, cada um servindo a diferentes funções de processamento. O fluxo ventral é chamado de via *o quê*, pois processa a urgência de reconhecer objetos ou situações que encontramos. Após a estimulação do fluxo ventral, podemos receber informações suficientes para agir. Isso é o que Ledoux chama de "via secundária". O processamento de "via secundária" demonstra a importância de confiar em dados visuais para sobreviver. Quando vemos algo que se parece com uma cobra, não pensamos; apenas nos afastamos utilizando atalhos ao envolvimento do cérebro racional. Enquanto isso, um fluxo dorsal, envolvendo principalmente o lobo parietal para preparar e orientar nosso comportamento, também interpreta dados visuais. Portanto, se virmos algo que se parece com uma cobra, usamos o fluxo dorsal para decidir se devemos mudar nosso curso de caminhada. A corrente dorsal é chamada de rede *como*, pois, sem um lobo parietal saudável, não conseguimos descobrir o que fazer com um objeto ou como reagir a uma situação. Na verdade, a corrente dorsal também é responsável por reavaliar a autorrelevância de uma situação, confirmando a importância crítica de pessoalizar um estímulo visual. No entanto, vamos ser claros: o domínio visual não é apenas uma função que se refere ao nosso temor da morte. Ele é, na verdade, o nosso sistema de tomada de decisão padrão.

Até Votar É uma Decisão Visual

Algumas pesquisas surpreendentes demonstraram que tendemos a votar em pessoas que têm mais impacto visual sobre nós. Em um estudo realizado pela Universidade de Princeton em 2006,[103] os sujeitos foram convidados a "usar seus instintos" para confirmar qual dos dois candidatos a governador ou senador eles escolheriam. Sem conhecimento prévio de quem eram esses candidatos, eles só podiam confiar nas aparências faciais. No entanto, os pesquisadores foram capazes de prever suas escolhas em mais de 70% das vezes. A conclusão do estudo é óbvia: somos guiados pela dominância visual do nosso cérebro primitivo e só mais tarde racionalizamos as escolhas feitas abaixo do nosso nível de consciência. Embora nenhum dos estereótipos se relacionem à forma como a beleza ou atratividade é retratada na mídia hoje, há evidências claras e indiscutíveis que apontam para a importância de como percebemos o caráter de uma pessoa com base em sua aparência. Por exemplo, somos melhores em julgar traços de personalidade de pessoas que consideramos atraentes depois de as conhecermos brevemente do que fazer o mesmo com pessoas que achamos menos atraentes.[104]

Os Quatro Tipos de Estímulo Visual

Existem quatro tipos de estímulo visual que são importantes a considerar quando você está em uma missão para persuadir um público.

Objeto 3D em Movimento. O estímulo visual mais potente para o cérebro primitivo é um objeto tridimensional que se move no espaço. O início do movimento é o que mais capta a atenção.[105] Pense no impacto de um leão começando a correr em sua direção! Lembre-se de que, quando você se apresenta diante de pessoas, você é um ser vivo se movendo no espaço, e é por isso que é capaz de despertar mais atenção do que um vídeo ou um e-mail jamais conseguirá. Além disso, rostos e expressões captam mais atenção do que qualquer outro objeto.[106] É por isso que usar sua linguagem corporal é um estímulo visual crucial. A detecção de familiaridade facial no cérebro leva apenas duzentos milissegundos, de acordo com um estudo recente usando EEG.[107] Pesquisadores também demonstraram que muito do processamento visual de objetos é "pré-atento". Isso significa que acontece principalmente abaixo do nosso nível de consciência.[108]

Objeto 3D Estático. O segundo melhor estímulo visual é um objeto tridimensional estático. Pode ser um objeto disposto sobre uma mesa à sua frente durante uma apresentação, como um objeto cênico, uma maquete ou um modelo 3D. Alternativamente, o objeto pode ser você, imóvel diante do público. Em todos esses casos, mesmo que o objeto seja estático, ele pode ser de grande interesse para o cérebro primitivo se for relevante para o seu público e para a história sobre o valor do seu produto, empresa, marca ou mensagem.

Imagem 2D em Movimento. O terceiro estímulo visual mais eficaz é uma imagem bidimensional que se move quadro a quadro. Claro, estamos falando de um vídeo. Gostamos deles simplesmente porque as mudanças de quadros visuais são divertidas para nosso cérebro primitivo. Isso é verdade, desde que essas mudanças não aconteçam rápido demais. Na era da edição digital, os produtores de vídeo conseguem exibir muitos quadros em um período muito curto. No entanto, estudos que realizamos sobre o efeito de vídeos no cérebro mostram que nosso cérebro primitivo para de processar o significado de uma narrativa quando a velocidade de mudança está acima de três quadros por segundo ou abaixo de 35 milissegundos por quadro. Acima dessa velocidade, a informação ainda pode ser processada abaixo do limiar da consciência; nesse caso, o efeito é chamado de *subliminar*. Embora o tema do efeito de estímulos subliminares tenha recebido muita atenção ao longo de várias décadas, os efeitos são mínimos.[109] No entanto, sabemos agora que o texto e os estímulos visuais produzem efeitos subliminares distintos — pois a leitura do texto requer operações computacionais complicadas que envolvem não apenas os olhos, mas também o córtex auditivo. Embora a percepção subliminar seja possível a partir de qualquer tipo de estímulo, os visuais recebem mais atenção subconsciente do que as palavras. Isso, é claro, se deve ao domínio do cérebro primitivo. Muitos estudiosos também explicam esse fenômeno considerando que a linguagem evoluiu durante um período muito curto em comparação com nossa capacidade biológica de decodificar um estímulo visual, que antecede o desenvolvimento do córtex em milhões de anos.[110] Além disso, como mencionamos anteriormente, nossa capacidade de adquirir informações visuais sem esforço consciente é possibilitada por antigas áreas subcorticais (como o núcleo geniculado lateral, o colículo superior e a amígdala), que processam sinais visuais antes de alcançarem áreas corticais mais altas e evoluídas.[111] Finalmente, os vídeos com emoções negativas produzem mais respostas cerebrais do que aqueles que apresentam emoções positivas, tanto em relação à intensidade quanto à velocidade. Para ser persuasivo, recomendamos que um vídeo use uma narrativa persuasiva com um drama centrado na dor. Além disso, você aprendeu anteriormente que precisamos de cerca de duzentos milissegundos para reconhecer um rosto familiar. Portanto, para reconhecer ou se conectar com os personagens da história, lembre-se de que o público precisa de pelo menos duzentos milissegundos de imagens.[112]

Imagem 2D Estática. O quarto estímulo visual mais eficaz é uma imagem — um conjunto bidimensional de pixels. Observe que eu não mencionei texto ou gráficos. As fotos (forma objetiva) são melhores em chamar a atenção do que as ilustrações (forma subjetiva), pois exigem menos tempo e energia para serem reconhecidas pelo cérebro primitivo. As ilustrações não são tão eficazes porque são menos concretas e potencialmente menos familiares do que cenas reais capturadas por uma câmera. Usar fotografias personalizadas de situações incomuns é eficaz se os objetos, o contexto e a natureza de cada foto forem familiares para o seu público.

O Poder das Cores

Os primatas começaram a ver em cores — tricromatismo — cerca de 35 milhões de anos atrás devido a uma mutação dos cromossomos sete e X.[113]

Como resultado, eles desenvolveram uma vantagem evolutiva para colher frutos, detectar predadores e aprimorar a leitura de expressões faciais. As cores têm um efeito específico com base em seu comprimento de onda:

- Por exemplo, cores visíveis de comprimento de onda mais longo (vermelhas) têm um efeito estimulante inato, pois estão associadas a estímulos perigosos como fogo, sangue, lava e pôr do sol.[114]

Embora a fisiologia da visão não possa explicar todas as nossas reações às cores, ainda há muitas semelhanças entre as diversas culturas sobre como as cores são percebidas. Por exemplo, em um estudo realizado com 243 pessoas de oito países diferentes, pesquisadores confirmaram que azul, verde e branco estão sempre associados à calma, à serenidade e à bondade.[115] Outro estudo realizado nos Estados Unidos demonstrou que diferentes cores e diferentes formas de linhas — círculos, quadrados, ângulos e ondas — comunicavam os seguintes valores afetivos:[116]

- Vermelho é alegre e empolgante.
- Azul é sereno, triste e nobre.
- Curvas são serenas, graciosas e ternas.
- Ângulos são robustos e vigorosos.

Uma vez que os consumidores começaram a fazer uma forte associação entre um produto e uma cor, a avaliação de um novo produto que contrasta com a cor original pode ser desastrosa.[117] Por exemplo:

- A Pepsi lançou a Crystal Pepsi, uma bebida transparente que foi rapidamente abandonada, pois sua cor era muito diferente do habitual marrom-escuro.
- A Palmolive tentou uma nova cor para o seu detergente de lavar louça. Os consumidores o consideraram menos "desengordurante" do que o amarelo e menos "fresco" do que o verde.

Os pesquisadores também demonstraram que as cores desempenham um papel na memorização: o vermelho aumenta fortemente a memória para palavras negativas, e o verde aumenta fortemente a memória para palavras positivas.[118]

Além de uma simples associação de cores para um produto físico, os pesquisadores também estabeleceram que certas cores afetam os desempenhos cognitivos — por exemplo, o verde estimula a criatividade, enquanto o vermelho inibe o intelecto.[119, 120]

Conclusão: a cor da embalagem, a cor do produto em si, a cor do fundo onde o produto é apresentado e a cor das fontes no texto afetarão o cérebro do seu público. Como um persuasor eficaz, certifique-se de usar as cores de forma eficiente.

Aplicando o Estímulo Visual a Mensagens Persuasivas

Maximizar o apelo visual da mensagem é uma prioridade. Há muitas maneiras de aplicar esse estímulo principal ao criar um anúncio, um vídeo corporativo, um comercial, uma página da web e, é claro, uma apresentação presencial.

Primeiro, lembre-se sempre de que o público não processará todos os estímulos visuais. Apenas uma fração do que você mostrar será vista. Menos é mais. Estudos de rastreamento ocular confirmam que apenas uma fração de uma página da web ou um rótulo de embalagem será processada pela maioria das pessoas, independentemente da idade, sexo ou nível de instrução. Há 100 milhões de receptores nos olhos, mas apenas alguns milhões de fibras no nervo óptico. Cinquenta por cento do nosso cérebro visual é direcionado para processar menos de 5% do mundo visual. É como se nossos movimentos oculares curiosamente nos ajudassem a ver mais detalhes de pequenas áreas, não áreas maiores.

Em segundo lugar, concentre-se em melhorar a saliência de suas imagens. A saliência visual é a qualidade inerente que seus estímulos visuais devem ter para capturar e cativar o público. Normalmente, processamos detalhes no centro do campo visual, mas o contraste entre um objeto e seu entorno o torna mais saliente. Por exemplo, quando projetamos a página inicial do site da

SalesBrain (veja a Figura 4.8), nos certificamos de que os principais elementos da mensagem fossem salientes. As imagens que caracterizam o cérebro são complexas, mas o fundo escuro ajuda os espectadores a focar sua atenção nos elementos críticos (respingos de água e funil). Os ícones são simples, com linhas brancas claras em torno de três ilustrações apresentando nossos CLAIMS. O mapa de opacidade visual (Figura 4.9), que mostra apenas as áreas previstas para receber atenção visual, confirma que o design geral está bem equilibrado, pois os elementos de mensagem mais importantes têm boa saliência.

Em uma página da web, identificar um objeto pop-out pode levar menos de cem milissegundos. No entanto, esse tempo aumentará se você projetar objetos que tenham mais de três níveis de diferenças entre si — ou seja, tamanhos, cores e a velocidade de seu movimento.

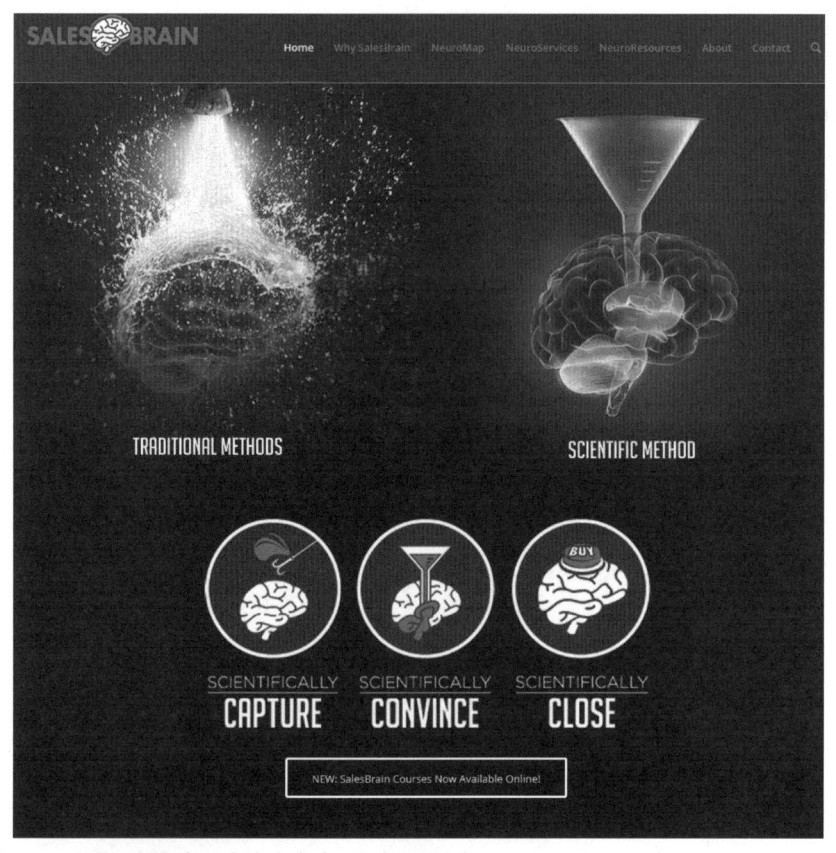

Figura 4.8   Página inicial da SalesBrain.

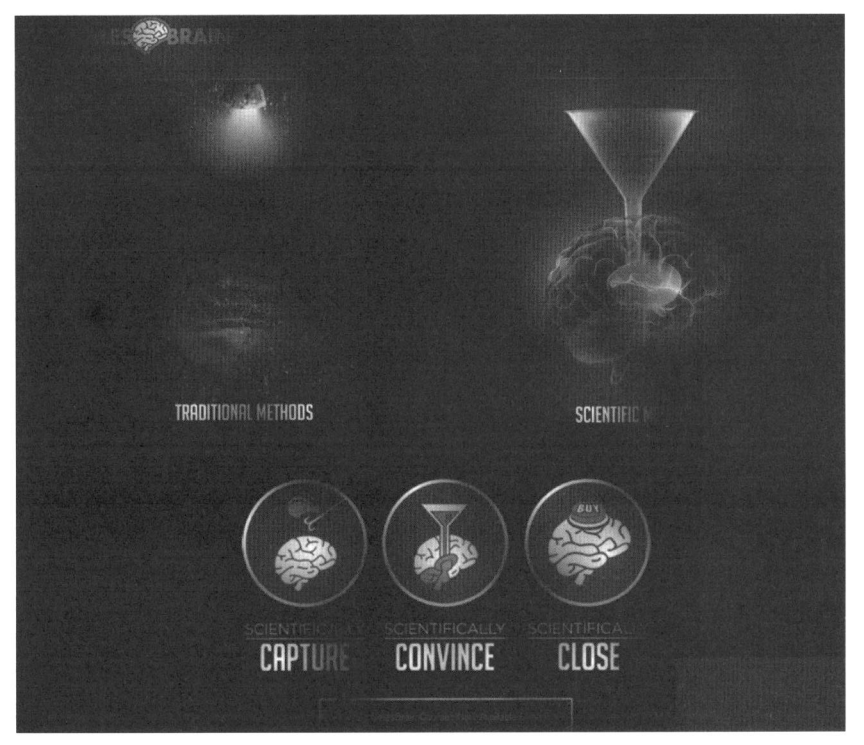

Figura 4.9   Mapa de opacidade visual do site da SalesBrain.

Em terceiro lugar, o processamento visual é feito por etapas. Você deve apelar para os estágios iniciais de processamento, nos quais os neurônios estão ocupados decifrando os elementos mais fáceis de reconhecer. Por exemplo, evite usar muitas cores, pois isso dificulta a separação de elementos salientes. Como demonstra o exemplo da SalesBrain, o uso de linhas em torno de objetos ajuda o cérebro a detectar padrões com menos energia cognitiva. Quanto mais visuais as mensagens, mais persuasivas elas serão.

Às vezes, suas mensagens podem até salvar vidas, como acontece no campo da saúde pública. Houve algumas pesquisas interessantes mostrando a superioridade das advertências visuais em relação ao texto (Figura 4.10). Elas são chamadas de *imagens de alerta*. Mais de quarenta países em todo o mundo estão usando esses recursos visuais, que geram melhores resultados do que textos de alerta, especialmente em cérebros jovens e cérebros de fumantes leves.[121] Quanto mais jovem o cérebro, mais importante é empregar conteúdo visual e emocional para influenciar o comportamento. Isso é importante porque vidas estão em jogo, e você quer ter certeza de que a mensagem está comunicando a devida urgência.

Para concluir, a maioria das pessoas não entende o que realmente significa tornar um estímulo mais visual, especialmente levando em consideração como os dados visuais são processados no cérebro primitivo. Por exemplo, se você usar bullets antes do texto nos slides de apresentação, nenhum dos dados será visual! O cérebro primitivo vê letras como se fossem hieróglifos, o que significa que eles não acionarão nenhum significado ou urgência!

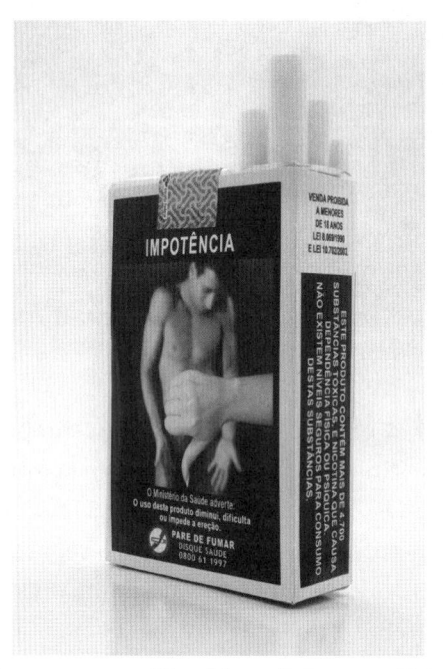

Figura 4.10 Cartaz para o Dia Mundial sem Tabaco, 31 de maio de 2009, Iniciativa Livre de Tabaco, Organização Mundial da Saúde.

A Neurociência do Estímulo Visual

Para o estímulo visual, testamos a seguinte pergunta de pesquisa:

É possível tornar uma mensagem mais memorável e fácil de processar ao deixá-la mais visual?

Utilizamos os seguintes estímulos publicitários para testar nossa hipótese:

- Anúncios impressos de seguro:
  - Um anúncio explicando o valor do seguro de vida usando texto.
  - Um anúncio mostrando alguém prestes a ser devorado por um tubarão.

- Imagens e nomes de animais piscaram por dez segundos.

Os resultados corroboraram nossa hipótese:

- O anúncio de seguro usando um captador visual em vez de texto desencadeou mais atenção (27%), estimulação (+697%) e valência emocional (100x), reduzindo a distração cognitiva em 25%.

- A retenção das imagens de animais foi de mais de 90% da lista e 40% superior à retenção dos nomes de animais (Figura 4.11).

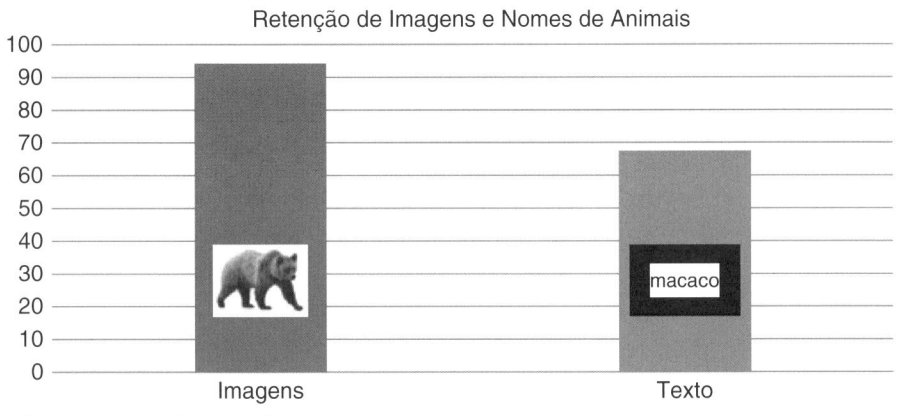

Figura 4.11 Retenção visual.

Neuroinsights visuais: ao deixar sua mensagem mais visual, você criará mais impacto no cérebro primitivo e a tornará mais memorável.

O que Lembrar sobre o Estímulo Visual

- O sentido visual domina todos os outros sentidos.
- Leva apenas treze milissegundos para processar uma imagem, mas cerca de dez vezes mais para processar uma palavra e quase quinhentos milissegundos para processar uma decisão que envolve o cérebro racional.
- Uma mensagem visual fornece o estímulo persuasivo mais rápido e mais importante de todos.
- Objetos em movimento atraem mais atenção.
- A saliência dos objetos é fundamental.

EMOCIONAL

EMOCIONAL

"Não somos máquinas de pensar que sentem, somos máquinas de sentir que pensam."

– Antonio Damasio, neurocientista

As emoções desempenham um papel crucial para tornar sua mensagem persuasiva, pois elas são o combustível básico que desencadeia as decisões. O papel das emoções na tomada de decisão já foi bastante pesquisado, mas o tema costuma ser altamente controverso. O que são emoções? Elas nos impedem de tomar boas decisões? Podemos controlá-las para que não afetem nossas escolhas? Essas são apenas algumas das questões que têm sido debatidas há centenas de anos.

APLICANDO SEIS ESTÍMULOS PARA PERSUADIR O CÉREBRO PRIMITIVO

Deixe-me apresentar René Descartes, o cientista, filósofo e matemático francês do século XVII, amplamente responsável por essa discórdia entre os estudiosos e pesquisadores de hoje. Descartes, um dos maiores cientistas, nos deu a matemática moderna com a representação cartesiana de dados (cartesiana vem do nome Descartes). Por exemplo, quando você traça x e y em dois eixos, usa o modelo criado por ele. Descartes acreditava que a razão conduz o melhor de nossas decisões, e é apenas por meio da lógica e da dedução que os seres humanos podem buscar um caminho para uma verdade maior. Ele promoveu um modelo filosófico chamado "dualismo", no qual argumentou que a mente e o corpo são duas entidades separadas. Para Descartes, a mente pensa como um deus e está imbuída da capacidade de usar a lógica e a razão, enquanto o corpo não pensa e responde como uma máquina às instruções básicas. Em seu famoso livro *Discurso do Método*,[122] ele sugeriu um processo passo a passo para tomar as melhores decisões racionais e desenvolveu a noção de que apenas os seres humanos têm almas racionais: "Penso, logo existo." Assim, Descartes inspirou uma visão de longa data de que os seres humanos são sempre impulsionados pela racionalidade. Por conseguinte, os estudiosos têm apoiado por décadas a noção de que as emoções têm pouca influência na maneira como decidimos.

Na verdade, muitos argumentam que usamos sistematicamente o raciocínio para calcular a *utilidade de uma decisão*. Mencionada anteriormente, a busca de mais utilidade pressupõe que procuramos maximizar o valor de nossas escolhas aumentando o número de opções. Fazer isso aumenta nossa probabilidade de encontrar o que queremos. Os defensores da teoria da utilidade acreditam ainda que as más escolhas são causadas por escolhas limitadas, não por falhas inerentes ao nosso processo de tomada de decisão.[123]

No entanto, economistas comportamentais, neuromarketers e neurocientistas da decisão revolucionaram nossa compreensão de como as escolhas são feitas no cérebro humano. Suas descobertas refutam a lógica da teoria da utilidade porque os neurotransmissores afetam nosso comportamento de maneiras que revolucionam nossa compreensão das decisões. Um desses transmissores é a dopamina, que desempenha um papel crítico nos estados emocionais relacionados a previsões e recompensas. Por exemplo, em um estudo, os participantes que receberam dopamina sintetizada foram melhores em otimizar suas escolhas do que os demais. Outros estudos mostraram que as escolhas sob incerteza são difíceis para pacientes com dano pré-frontal e na amígdala, confirmando que as emoções desempenham um papel crucial na tomada de decisões complexas.[124] Antonio Damasio, neurocientista e proeminente especialista em neurobiologia das emoções, é um fervoroso opositor do dualismo de Descartes, bem como de qualquer teoria do modelo de tomada de decisão baseada na dominância da racionalidade. No livro *O Erro de Descartes*,[125] Damasio mostrou a falácia do argumento de Descartes ao revelar os processos neurobiológicos subjacentes aos nossos processos de tomada de decisão. Para Damasio, as emoções são o combustível básico que nossos cérebros precisam para tomar decisões.

Segundo Damasio, não existe decisão racional, pois sistemas evolutivos mais antigos influenciam e muitas vezes dominam nossas escolhas ao recrutar a orientação de nosso sistema emocional. Ele afirma que "a natureza parece ter construído o aparato da racionalidade não apenas sobre o aparato da regulação biológica, mas também a partir dele e com ele". Para Damasio, as emoções desempenham o papel de uma ponte biológica entre as camadas subcorticais e funções cognitivas de nível superior, como pensar ou definir metas. Na verdade, há mais neurônios que se estendem do sistema límbico (subcortical) ao neocórtex do que o contrário. Claramente, as emoções influenciam os desejos abaixo do nosso nível de consciência. Isso explica por que não podemos relatar facilmente nossos estados emocionais. Tudo o que podemos relatar é nossa interpretação de como as mudanças rápidas dos principais neurotransmissores nos fazem sentir.

Para resumir, tomamos decisões emocionais primeiro e as racionalizamos depois. Richard Thaler, ganhador do Prêmio Nobel de Economia em 2017 e proeminente economista comportamental, também afirma que os seres humanos sistematicamente evitam a racionalidade e recrutam emoções para tomar decisões. Ele cunhou o termo para o fenômeno do *misbehaving*, ou *comportamento errático*.[126] Nossa pesquisa também apoia a noção de que decidimos emocionalmente e que o cérebro primitivo controla esse processo em grande parte. Assim como Damasio, argumentamos que não podemos tomar decisões sem a orientação de pistas fisiológicas fornecidas por regiões mais antigas do cérebro. De fato, estudos em pacientes com lesões no córtex orbitofrontal mostram que eles não são capazes de tomar boas decisões, pois não conseguem interpretar as mudanças bioquímicas que experimentam após um estímulo emocional.[127] Como resultado, eles têm um desempenho ruim sem a orientação das pistas emocionais.[18] Enquanto isso, o neurocientista e prolífico escritor David Eagleman também argumenta que "as emoções são o segredo por trás de como sabemos o que fazer a cada momento".[128] Eagleman apoia sua declaração descrevendo o caso de pacientes como "Tammy", que danificou o córtex orbitofrontal e, como resultado, não pode receber feedback emocional de seu corpo. Ela também não consegue tomar nenhuma decisão. Para concluir, Eagleman insiste: "Sinais fisiológicos são cruciais para orientar as decisões que temos que tomar."

Quais Emoções Influenciam a Maioria de Nossas Decisões?

Embora as evidências provenientes de estudos feitos com sujeitos saudáveis ou não saudáveis apoiem em grande parte o papel crítico das emoções na tomada de decisões, precisamos reconhecer que experimentamos milhares de emoções em um único dia. A maioria dos modelos teóricos sobre emoções é complicada, e até o momento existem muitos modelos diferentes que tentam medir, avaliar e racionalizar emoções. Um dos nossos modelos de emoções favoritos foi proposto por Robert Plutchik,[129] um psicólogo que desenvolveu uma teoria psicoevolucionária das emoções básicas. Os princípios mais relevantes do modelo de Plutchik são os seguintes:

1. As emoções afetam os animais tanto quanto afetam os seres humanos.
2. As emoções nos ajudam a sobreviver.
3. As emoções têm padrões comuns e podem ser categorizadas.
4. Há um pequeno número de emoções básicas ou primitivas.
5. Muitas emoções tendem a ser estados derivados dos estados primitivos.
6. Cada emoção tem seu próprio continuum de intensidade.

Plutchik criou uma visão organizada das emoções, ilustrada na Figura 4.12 como a roda das emoções básicas. Embora o modelo tenha sido introduzido há quase quarenta anos, ele é considerado uma das maneiras mais elegantes de organizar emoções de oito estados críticos centrais: irritação, nojo, tristeza, surpresa, medo, confiança, alegria e antecipação.

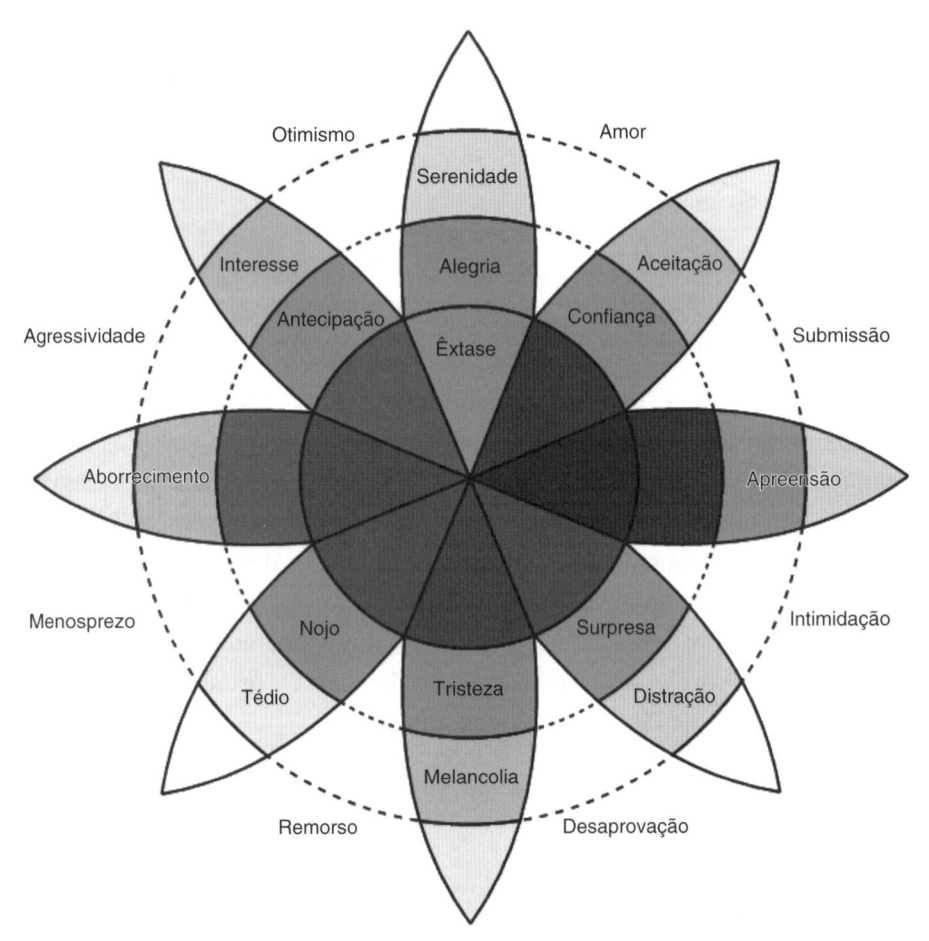

Figura 4.12   Roda das emoções de Plutchik — publicada pela primeira vez na *American Scientist*.

A roda das emoções ajuda você a perceber que criar um coquetel emocional forte requer a ativação de um conjunto limitado de emoções primitivas que têm efeitos opostos e negativos (valência) em nossas respostas. Na época em que Plutchik desenvolveu seu modelo, a pesquisa de neuromarketing não existia, então os pesquisadores não podiam facilmente medir e prever o impacto de uma mensagem persuasiva na valência emocional.

Com base nesse modelo, a elevação emocional mais eficaz que você pode criar deve primeiro incluir uma emoção de evitação — como lembrar o público de sua dor — seguida por uma emoção de "abordagem" — como deixá-lo experimentar o ganho. Produzir uma boa elevação emocional é um desafio para a maioria dos nossos clientes. Por exemplo, muitos tendem a resistir a iniciar uma mensagem com uma emoção negativa. No entanto, é o melhor caminho para uma mensagem persuasiva bem-sucedida, pois o cérebro primitivo reage a eventos negativos antes de eventos positivos. Não agir diante de um evento negativo tem consequências mais drásticas para a nossa sobrevivência do que ignorar um evento positivo. É por isso que o medo do arrependimento é a emoção negativa mais poderosa para amplificar o efeito de qualquer mensagem persuasiva.

TABELA 4.2 EMOÇÕES PRIMITIVAS

Emoções de Evitação	Emoções de Abordagem
Medo	Antecipação
Tristeza	Alegria
Nojo	Confiança
Irritação	Surpresa

Fonte: Adaptado de Plutchik.

O Medo do Arrependimento. Já discutido brevemente, o medo do arrependimento surge quando esperamos que os resultados fiquem aquém de nossas previsões. Sentimos arrependimento quando escolhemos uma opção que acaba mal, ou quando descartamos uma opção que acabou por ser melhor do que o status quo. Em ambos os casos, há uma sensação de que perdemos algo que não podemos mais experimentar e, o mais importante, de que prolongamos o risco da ameaça de tomar a decisão errada. Em seu artigo sobre o impacto do arrependimento na tomada de decisão, pesquisadores da França e do Reino Unido[130] demonstraram que há uma intrincada rede neural envolvida em situações de tomada de decisão em que o arrependimento é um fator-chave. Eles coletaram dados de ressonância magnética enquanto os sujeitos participavam de uma tarefa de jogo. Os dados mostraram que o medo do arrependimento gerou maior atividade cerebral no *córtex pré-frontal medial*, no *córtex cingulado anterior dorsal*, no hipocampo anterior e na amígdala. O córtex cingulado anterior é considerado um centro geral de processamento emocional com projeções para a amígdala e a *ínsula anterior*, uma estrutura cerebral que se ilumina quando as pessoas experimentam nojo. Em todos os estudos com foco no impacto do arrependimento, o mesmo circuito neural parece mediar tanto a experiência quanto a antecipação do arrependimento. Enquanto isso, o estresse produzido pelo medo do arrependimento induz a liberação de noradrenalina da *medula adrenal* e do *locus coeruleus* no tronco encefálico. A noradrenalina é responsável pela resposta de luta ou fuga gerenciada pelo nosso sistema nervoso autônomo.[131] Além disso, um sistema mais lento, o *eixo hipotálamo-pituitária-adrenal (HPA)*, libera cortisol e hormônio adrenocorticotrópico para acalmar nosso corpo quando experimentamos estresse de arrependimento. No entanto, o cortisol entra em ação apenas trinta minutos ou mais após o início de um evento estressante. Portanto, estudos mostram que o efeito imediato de um evento negativo é mais bem lembrado logo após sua ocorrência do que mais tarde, presumivelmente porque o cortisol reduz o processamento cognitivo e a retenção da informação. Isso só reforça a importância de produzir mensagens que incluam "estressores de arrependimento" logo no início para incrementar a atenção e a retenção do seu público, mas terminar com uma emoção positiva. Na verdade, a melhor maneira de elevar sua mensagem depois de ativar o medo do arrependimento é gerar mais *antecipação* no cérebro do seu público.

O Poder da Antecipação. A antecipação é uma previsão de que vivenciaremos empolgação, alegria, prazer ou felicidade se nos envolvermos em uma experiência específica. Essa previsão é recompensada por um poderoso neurotransmissor chamado dopamina. Embora uma dose saudável de dopamina possa criar o combustível de nossa motivação do dia a dia, ela também pode nos aprisionar em hábitos viciantes.[132] O psicólogo e popular escritor Adam Alter argumenta que o vício é um padrão de comportamentos que reproduzimos porque estimulam nosso sistema dopaminérgico. Por exemplo, quando olhamos para o nosso telefone celular mais de trezentas vezes por dia, bebemos muito álcool ou consumimos substâncias que alteram a mente, o efeito químico da dopamina é gradualmente menos potente, o que nos leva a continuar um hábito potencialmente destrutivo. Em termos práticos, mensagens persuasivas podem gerar diretamente uma dose saudável de antecipação. Ao ampliar o poder de um excelente produto ou de uma solução inovadora, você pode estimular um nível seguro de dopamina no cérebro do seu público.

Para concluir, tanto o medo do arrependimento quanto o poder da antecipação podem ajudá-lo a criar a elevação emocional mais simples e poderosa.

Emoções e Memória

Acionar a elevação emocional é crucial para capturar a atenção e iniciar o processo de tomada de decisão do cérebro primitivo. No entanto, há outro benefício crítico de tornar sua mensagem mais emocional — a retenção e a recordação são melhoradas. Curiosamente, as emoções não apenas afetam nossas decisões e comportamentos, mas também a codificação de todas as mensagens e eventos que marcam nossas vidas. De acordo com neurobiologistas, as emoções têm um efeito direto sobre o que nos lembramos e por que nos lembramos. A pesquisa realizada por Jim McGaugh confirmou que a estimulação emocional aumenta o armazenamento de nossas memórias.[133] É por isso que chamamos as emoções de cola da mensagem. Sem elas, o que você disser, apresentar ou mostrar não vai colar. A propósito, isso explica por que recomendamos que você primeiro ative uma emoção negativa. Os hormônios do estresse participam desse processo. A capacidade de reter informações é essencial para nossa sobrevivência, e eventos negativos tendem a ser lembrados mais do que eventos positivos.[134] É como se tivéssemos um botão de "gravar" em nosso cérebro que é ativado automaticamente durante eventos notáveis. Faz sentido que sejamos configurados para lembrar eventos que nos causam uma forte impressão, e especialmente aqueles que podem custar nossas vidas.

Ao criar coquetéis emocionais, você simplesmente garante que suas mensagens sejam otimizadas para ativar esses mecanismos automáticos. Enquanto isso, as emoções também produzem movimentos no rosto das pessoas, que são cruciais para ajudá-lo a monitorar o efeito de uma apresentação diante de uma só pessoa ou de um público. As dicas visuais das microexpressões podem confirmar que você foi bem-sucedido em capturar a atenção do público, que sua mensagem está desencadeando uma resposta emocional. Com a ajuda do Dr. Wallace Friesen, Paul Ekman desenvolveu um inventário abrangente de tais movimentos ao longo de treze anos (1965-1978). Eles o chamaram de Sistema de Codificação de Ação Facial (FACS, na sigla em inglês). O FACS é um catálogo de 43 movimentos faciais chamados unidades de ação (AUs, na sigla em inglês). Cada AU é anatomicamente única e tem sua assinatura visual. De acordo com Ekman, um conjunto limitado de emoções produz a mesma expressão facial em qualquer lugar deste planeta (veja a Figura 4.13).

Figura 4.13   Expressões faciais universais.

Aplicando o Estímulo Emocional a Mensagens Persuasivas

Para garantir que você oriente adequadamente seu público para os comportamentos que deseja, sua mensagem deve primeiro ativar emoções negativas que nos levem a evitar uma situação. Por exemplo, uma surpresa negativa é a emoção de evitação mais comumente usada para vender produtos ou soluções que reduzem o risco ou a incerteza, como os seguros. Se essa emoção negativa for relevante para o público, chamará a atenção das pessoas e as predisporá a pedir uma solução. Na verdade, na melhor das hipóteses, seus *neurônios-espelho* entrarão em ação para demonstrar o estresse que essa situação pode representar para elas. Os neurocientistas consideram a existência de neurônios-espelho um passo crucial para a compreensão da base da empatia e das funções de aprendizagem em humanos.[135] Hoje, é amplamente aceito que os neurônios-espelho nos ajudam a aprender e a experimentar as emoções das pessoas simplesmente observando o comportamento delas. Mais adiante, você aprenderá que uma das maneiras mais eficazes de estimular os neurônios-espelho é encenar a dor de seus potenciais clientes para que eles possam revivê-la pessoalmente por apenas alguns segundos. Depois de fazer isso, simplesmente ative uma emoção de abordagem apresentando sua solução para a dor deles. Isso, é claro, libertará seu público da tensão que você criou ao encenar seus medos. A elevação emocional produzirá mais confiança, mais sensação de segurança, mais alegria, mais amor ou mais empolgação pelo valor que você pode proporcionar. Nunca se esqueça de que uma boa elevação emocional afeta diretamente o equilíbrio químico do cérebro. O estresse ou o medo pode de fato aumentar os níveis de noradrenalina, hormônio adrenocorticotrópico e cortisol no cérebro e em todo o corpo. O amor e a confiança podem produzir níveis elevados de oxitocina; o riso aumentará os níveis de endorfinas; a felicidade pode aumentar os níveis de serotonina; e a antecipação eleva a dopamina. Tornar sua mensagem emocional significa usar o poder da química cerebral para deixá-la mais persuasiva (veja a Figura 4.14).

Figura 4.14 Resposta emocional a uma mensagem.

A Neurociência do Estímulo Emocional

Para o estímulo emocional, testamos a seguinte pergunta de pesquisa:

É possível tornar a mensagem mais persuasiva aumentando a estimulação com valência negativa ou positiva?

Utilizamos os seguintes estímulos publicitários para testar nossa hipótese:

- Anúncios impressos "se beber, não dirija":

    - Um anúncio exibiu um texto de advertência.
    - Um anúncio mostrou o rosto de uma vítima de acidente de carro envolvendo bebida.

- Vídeos de produtos de proteção:

    - Uma versão do anúncio apresentou o valor de usar uma máscara de proteção.

- Outra versão mostrou um homem em duas situações: em casa, usando uma churrasqueira de forma imprudente; e no trabalho, usando uma máscara de proteção com total controle da situação (inseguro versus seguro).

Os resultados corroboraram nossa hipótese:

- O anúncio apresentando uma vítima de um motorista alcoolizado gerou um enorme pico de valência (+2600x) e um aumento notável de engajamento cognitivo (+70%) em comparação com o anúncio de texto de advertência.

- O vídeo com o contraste emocional entre um personagem incapaz de usar a churrasqueira com segurança, mas usando uma máscara de proteção no trabalho também produziu um enorme pico de valência (+3800x) e carga cognitiva reduzida (–5%).

Neuroinsights emocionais: ao tornar sua mensagem mais emocional, você criará mais impacto no cérebro primitivo e a deixará mais memorável.

O que Lembrar sobre o Estímulo Emocional

- As emoções são resultado da química cerebral que afeta todas as nossas decisões.
- Precisamos de emoções para tomar decisões de compra.
- As emoções mais poderosas são o medo do arrependimento e o prazer da antecipação.
- Elevações emocionais são necessárias para prestar atenção, reter e decidir!

INTEGRANDO OS SEIS ESTÍMULOS

Individualmente, cada estímulo tem efeitos limitados no cérebro primitivo. No entanto, desencadear todos os estímulos com o NeuroMap catapultará o efeito de suas tentativas persuasivas (veja a Figura 4.15). É por isso que usamos a metáfora da linguagem. O efeito combinado de todos os seis estímulos funciona como uma frase poderosa. Primeiro, vamos revisar brevemente o que cada estímulo faz para acionar a atividade no cérebro primitivo. A repetição é boa para a sua memorização!

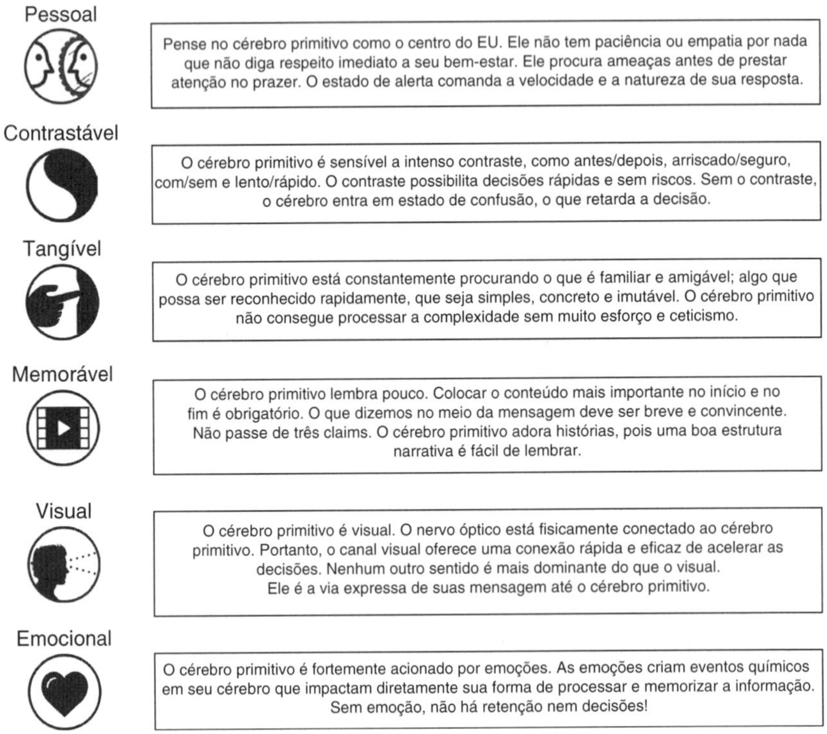

Pessoal
Pense no cérebro primitivo como o centro do EU. Ele não tem paciência ou empatia por nada que não diga respeito imediato a seu bem-estar. Ele procura ameaças antes de prestar atenção no prazer. O estado de alerta comanda a velocidade e a natureza de sua resposta.

Contrastável
O cérebro primitivo é sensível a intenso contraste, como antes/depois, arriscado/seguro, com/sem e lento/rápido. O contraste possibilita decisões rápidas e sem riscos. Sem o contraste, o cérebro entra em estado de confusão, o que retarda a decisão.

Tangível
O cérebro primitivo está constantemente procurando o que é familiar e amigável; algo que possa ser reconhecido rapidamente, que seja simples, concreto e imutável. O cérebro primitivo não consegue processar a complexidade sem muito esforço e ceticismo.

Memorável
O cérebro primitivo lembra pouco. Colocar o conteúdo mais importante no início e no fim é obrigatório. O que dizemos no meio da mensagem deve ser breve e convincente. Não passe de três claims. O cérebro primitivo adora histórias, pois uma boa estrutura narrativa é fácil de lembrar.

Visual
O cérebro primitivo é visual. O nervo óptico está fisicamente conectado ao cérebro primitivo. Portanto, o canal visual oferece uma conexão rápida e eficaz de acelerar as decisões. Nenhum outro sentido é mais dominante do que o visual. Ele é a via expressa de suas mensagem até o cérebro primitivo.

Emocional
O cérebro primitivo é fortemente acionado por emoções. As emoções criam eventos químicos em seu cérebro que impactam diretamente sua forma de processar e memorizar a informação. Sem emoção, não há retenção nem decisões!

Figura 4.15 Resumo do papel dos seis estímulos.

A natureza dinâmica do processo de persuasão gera atividade primeiro no cérebro primitivo, depois estimula o cérebro racional. Sugerimos que esse efeito é como uma via, uma maneira pela qual a persuasão se dissemina no cérebro de forma ascendente.

A Via da Persuasão

A ilustração na Figura 4.16 pode ajudá-lo a entender rapidamente a via da persuasão e o efeito passo a passo de cada estímulo. Sua mensagem é como

APLICANDO SEIS ESTÍMULOS PARA PERSUADIR O CÉREBRO PRIMITIVO

um foguete que você está lançando em um vasto e lotado espaço de persuasão. É preciso confiar em seis tanques de combustível diferentes para enviá-la para a "órbita da persuasão". Para fazer isso, você precisa ter certeza de que cada estímulo está movendo seu público para as coordenadas certas do espaço de persuasão, do neutro para o engajado. Os seis estímulos representam o seu Código da Persuasão!

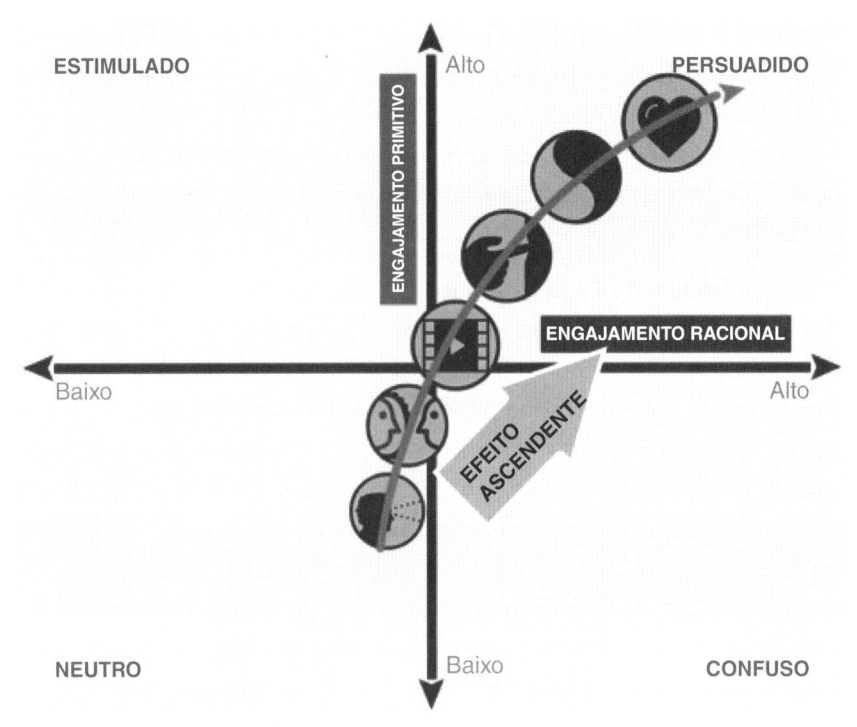

Figura 4.16 O mapa da persuasão.
Fonte: © Copyright 2002–2018, SalesBrain.

Esse processo acontecerá em sequência se você aplicar o poder de cada estímulo à sua mensagem. As pessoas estão ocupadas lidando com prioridades concorrentes e normalmente não ficam animadas quando recebem mensagens de vendas. Portanto, você deve primeiro ativar uma elevação emocional, acionando o engajamento do cérebro primitivo, alterando o estado emocional persuasivo de seu público de *neutro* para *estimulado*. No entanto, o processo persuasivo não pode ser apenas criar uma elevação emocional, como tornar

111

uma situação surpreendente, dolorosa ou mesmo chocante. A mensagem deve ajudar seu público a passar do engajamento emocional para o engajamento racional. Para tanto, a energia cerebral deve irradiar até a seção superior direita do mapa da persuasão a fim de ativar funções cognitivas superiores. Ao fazer isso, a mensagem pode então ser confirmada como não apenas relevante, mas importante para que seja elaborada pelos lobos frontais do cérebro racional. Nesse ponto, você pode considerar que sua mensagem criou com sucesso o engajamento cognitivo e é capaz de persuadir. Todo esse processo é o que chamamos de *efeito ascendente* ou *de baixo para cima* da persuasão. Anteriormente, discutimos como a dominância do cérebro primitivo controla a via da persuasão. No entanto, agora que você aprendeu o papel dos seis estímulos, podemos explicar como cada um pode ajudá-lo progressivamente a persuadir.

O Efeito Gradual de Cada Estímulo. Visual e pessoal são estímulos fundamentais para como uma mensagem pode rapidamente CAPTURAR a atenção. Em seguida, sua mensagem deve ser capaz de compartilhar elementos memoráveis que fornecem uma estrutura para a narrativa de sua proposta de valor. No entanto, sua história deve ser tangível para ser facilmente compreendida e acreditada, e é por isso que você precisa apresentar evidências. Tornar sua mensagem memorável e tangível ajuda você a CONVENCER. Até lá, sua mensagem deve chegar a áreas cognitivas mais altas. Isso significa que a eficácia da sua mensagem agora depende da relação dinâmica entre o cérebro primitivo e o cérebro racional: o efeito ascendente. Então, usando o estímulo contrastável e encerrando com um forte coquetel emocional, você está fornecendo o catalisador e a cola para CONVERTER. Enquanto isso, o NeuroMap também pode ajudá-lo a avaliar o desempenho de suas mensagens sem ter que realizar uma extensa pesquisa de neuromarketing. Você pode usar nossas ferramentas de *NeuroScore* e conferir o quão bem está aplicando os seis estímulos em uma página inicial, um anúncio impresso ou um comercial. Veja o Apêndice A.

Análise NeuroQuadrante. Além disso, realizar uma análise NeuroQuadrante ajuda a confirmar o grau em que sua mensagem estimula o cérebro primitivo e o cérebro racional (Figura 4.17). Depois de obter seus *NeuroScores* do Apêndice A, você pode descobrir em que ponto do mapa da persuasão sua mensagem está. Cada quadrante revela a existência de quatro estados persuasivos que possuem diferentes potências de efeito emocional e cognitivo.

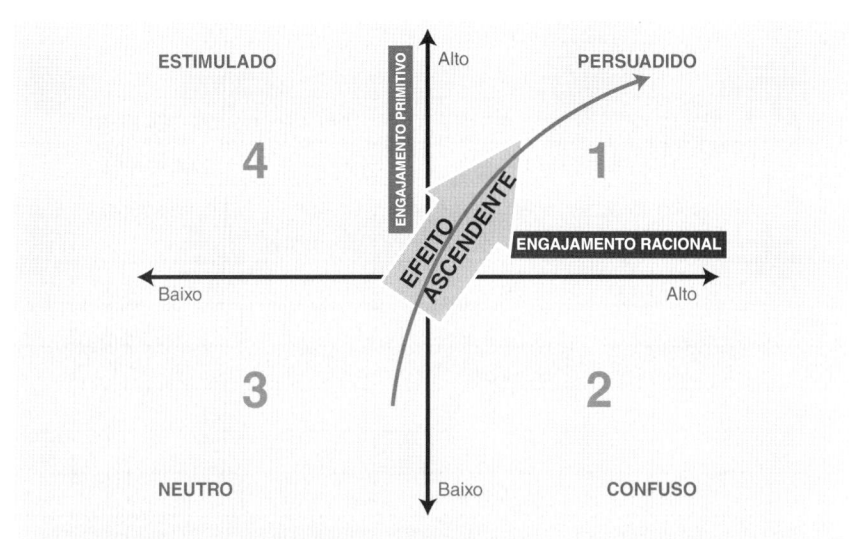

#	ESTADO DE PERSUASÃO	EFEITO DE PERSUASÃO	PREDIÇÃO DE PERSUASÃO	RECOMENDAÇÕES DE PERSUASÃO
1	PERSUADIDO	Forte apelo primitivo. Forte apelo racional. O efeito ascendente está funcionando.	Anúncios do Quadrante 1 podem ser amados ou detestados, mas criam mais retenção e ação do que de qualquer outro quadrante.	Otimize na direção do canto superior direito, maximizando o contraste e as emoções.
2	CONFUSO	Fraco apelo primitivo. Forte apelo racional. O efeito ascendente não está otimizado.	Anúncios do Quadrante 2 podem ser amados ou detestados, mas tendem a sobrecarregar, pois carecem de relevância emocional e não são memoráveis. Embora ativem o processamento cognitivo, o efeito é temporário e leva a um alto esforço cognitivo e distração.	Aumente o apelo primitivo otimizando os seis estímulos e especialmente tornando sua mensagem mais visual, mais emocional e mais relevante para uma dor específica.
3	NEUTRO	Fraco apelo primitivo. Fraco apelo racional. O efeito ascendente não está funcionando.	Anúncios do Quadrante 3 tendem a ser detestados e têm menor pontuação do que de qualquer outro quadrante.	Refaça a mensagem do zero usando os seis estímulos.
4	ESTIMULADO	Forte apelo primitivo. Fraco apelo racional. O efeito ascendente é cancelado.	Anúncios do Quadrante 4 tendem a ser amados, mas geram menos retenção e ação em comparação aos dos Quadrantes 1 e 2.	Melhore a estrutura narrativa para aumentar o engajamento cognitivo, use alto contraste e um forte encerramento emocional.

Figura 4.17 NeuroQuadrantes.
Fonte: © Copyright 2002–2018, SalesBrain.

Conclusão da Neurociência dos Seis Estímulos. O estudo neurológico que realizamos confirmou que cada estímulo pode produzir mudanças mensuráveis na neurofisiologia de um público. A Tabela 4.3 resume o impacto direto de cada estímulo nos cérebros primitivo e racional. O sinal + mostra o grau em que um estímulo provavelmente ativará funções específicas no cérebro. Por exemplo, o pessoal cria muita estimulação no cérebro primitivo, enquanto o memorável fortalece a retenção no cérebro racional.

TABELA 4.3 COMO OS ESTÍMULOS INFLUENCIAM AMBOS OS CÉREBROS

	PRIMITIVO			RACIONAL		
	Atenção	Estimulação	Valência	Carga Cognitiva	Engajamento	Retenção
Pessoal	+++	+++				
Contrastável	++		+	++	+++	
Tangível			++			
Memorável						+++
Visual		++	+++	+		+++
Emocional		+	++	++		

Os escores do NeuroMap que calculamos para cada estímulo sugerem que eles têm contribuição individual diferente para o efeito de persuasão geral. Entendendo que esse estudo neurológico tem limitações metodológicas que não nos permitem ser estatisticamente conclusivos, ainda acreditamos que os dados corroboram as previsões do NeuroMap. Por exemplo, eles confirmam a importância de usar todos os seis estímulos para alcançar o maior impacto persuasivo possível. A Tabela 4.4 mostra que o visual é o estímulo mais alto e mais potente de todos os seis, de acordo com nossos dados, enquanto o pessoal é o mais baixo. Juntos, no entanto, todos eles contribuem para três estágios críticos na via da persuasão explicada anteriormente (veja a Figura 4.16): o primeiro estágio é *capturar* a atenção do cérebro (visual e pessoal); o segundo estágio é *convencer* (tangível e memorável); e o estágio final é *fechar* o processo persuasivo (contrastável e emocional). A via da persuasão explica a lógica de usar seis estímulos e o papel que cada um desempenha para mover um público do estado neutro para o persuadido.

TABELA 4.4 CLASSIFICAÇÃO DO EFEITO DE CADA ESTÍMULO

	Classificação do Efeito no NeuroMap	Sequência Recomendada	Estágios da Persuasão
Pessoal	6	2	Capturar
Contrastável	4	5	Fechar
Tangível	3	4	Convencer
Memorável	5	3	Convencer
Visual	1	1	Capturar
Emocional	2	6	Fechar

O QUE LEMBRAR

- Para melhorar sua capacidade de persuadir, você precisa usar seis estímulos que, primeiro, falem com o cérebro primitivo e, em última análise, também envolvam o cérebro racional.

    1. A mensagem deve ser pessoal e capaz de se relacionar rapidamente com uma frustração ou dor relevante.

    2. A mensagem precisa ser contrastável, para que uma decisão possa ser acelerada pela comparação de duas situações que tornem óbvia a melhor escolha.

    3. A mensagem deve ser tangível para alcançar a fluência cognitiva e permitir que o cérebro primitivo aceite a veracidade do argumento.

    4. A mensagem deve ser memorável, para que a retenção seja feita sem esforço e projetada para codificar a parte da mensagem que acionará uma decisão.

    5. A mensagem deve ser visual, pois o cérebro primitivo é visualmente dominante no modo como a informação é considerada e integrada em nosso processo de tomada de decisão.

6. A mensagem deve produzir uma elevação emocional positiva para alcançar as áreas cognitivas superiores e desencadear uma decisão.

7. Juntos, os seis estímulos podem impulsionar sua mensagem para o sucesso, alcançando a via ideal da persuasão, conforme explicado pelo NeuroMap.

8. Aplicar o NeuroScore em sua mensagem para conferir os seis estímulos o ajudará a corrigir e melhorar o trajeto de sua mensagem na via da persuasão.

9. Os NeuroQuadrantes também fornecem uma ferramenta simples para otimizar o efeito de qualquer mensagem.

Mais uma vez, estamos fazendo uma transição crucial, que é a importância crítica de maximizar o uso de seis estímulos seguindo um PROCESSO DE PERSUASÃO de quatro etapas. Se ignorar qualquer uma delas, você não conseguirá alcançar os benefícios do NeuroMap. Essas etapas são os pilares fundamentais da sua estratégia persuasiva. Elas garantem uma articulação adequada da mensagem ao:

1. Diagnosticar os principais PAINS (dores) de seus clientes.

2. Diferenciar você da concorrência, identificando CLAIMS únicos.

3. Demonstrar o ganho de cada CLAIM.

4. Dialogue com o PRIMAL BRAIN do seu público, seguindo o plano de uma apresentação incrível, um site memorável, um anúncio deslumbrante ou um vídeo convincente.

PARTE III

DECODIFICANDO A NARRATIVA DA PERSUASÃO

CAPÍTULO 5

Diagnostique o PAIN

Diagnostique o PAIN

A maioria das pessoas quer evitar a dor, e a disciplina geralmente é dolorosa.
— John C. Maxwell, pastor

POR QUE AS DORES IMPULSIONAM O COMPORTAMENTO DE COMPRA

Primeiro, sua mensagem deve visar a eliminação de medos, de ameaças ou de riscos que o cérebro primitivo prioriza aplacar. Como seres humanos, aspiramos a reduzir ou remover a ansiedade para sobreviver e nos sentir seguros. Como aprendemos na seção sobre o estímulo pessoal, nosso cérebro evoluiu ao longo de milhões de anos. Ainda hoje, precisamos prestar atenção aos eventos que mais importam para nossa sobrevivência, a fim de prosperar como espécie. De acordo com Stanislas Dehaene, especialista em neurociência da consciência, nossa capacidade de lidar com uma complexa gama de decisões é impulsionada pelo nível de vigilância que aplicamos aos estados críticos da consciência. À medida que a vigilância aumenta (conforme as ameaças aumentam), o cérebro ativa mais áreas cerebrais em um processo ascendente (de baixo para cima) que resulta no incremento do fluxo sanguíneo cerebral.[136]

Como a vigilância é tão crítica para a forma como a energia cerebral irradia das camadas emocionais para as cognitivas (do subconsciente para o mais consciente), somos seres ansiosos, não apenas ao acordar todos os dias, mas também quando tomamos decisões de compra. Faz parte do nosso modo de processamento padrão. Nosso cérebro é como um carro que está sempre em um estado de "ansiedade" ocioso. A vigilância é o programa básico que nos ajuda a lidar com esse estado ocioso. Ter que ligar o motor não é uma opção quando você precisa agir rapidamente! Nosso estado de vigilância é central para nossa capacidade de enfrentar os desafios que a vida nos impõe. Sigmund Freud sugeriu que a ansiedade humana era responsável pela maioria dos transtornos mentais. Para Freud, a ansiedade vinha da preocupação com o futuro, sem ter uma ideia muito precisa do que poderia causar danos. Joseph Ledoux, o principal especialista em medo e ansiedade na comunidade neurocientífica, apoia essa visão.[137] Ledoux insiste que há uma diferença crítica entre ansiedade e medo, na medida em que a ansiedade é produzida principalmente por áreas subcorticais do cérebro primitivo e normalmente não envolve ou requer envolvimento das camadas conscientes, mais racionais e mais recentes de nossa maquinaria cognitiva. Ele nos lembra de que a raiz da palavra *ansiedade* é a palavra latina *ansieta*s, que, por sua vez, vem da palavra grega *angh*, que foi usada para descrever sensações físicas desagradáveis como tensão ou desconforto.

De fato, hoje os transtornos de ansiedade afetam mais de 20% da população dos EUA. Muitas das pessoas que sofrem de doenças relacionadas à ansiedade não conseguem lidar naturalmente com o impacto psicológico e, às vezes, físico da ruminação contínua das preocupações. Não estou sugerindo que comprar um produto pode produzir tanta ansiedade quanto experimentar o medo de não conseguir bancar uma moradia, encontrar um emprego ou romper um ciclo de relacionamentos ruins. Estou, no entanto, afirmando que a ansiedade é gerada em grande parte pelo domínio do nosso cérebro primitivo. Como resultado, para avaliar a relevância e o valor de uma compra, tendemos a usar as mesmas redes neurais que usamos para lidar com uma situação de risco de vida.

O iceberg na Figura 5.1 ajuda você a reconhecer a hierarquia dos impulsionadores de decisão que influenciam como e por que compramos. Por exemplo, a motivação que influencia diretamente o cérebro de um comprador geralmente surge do medo de consequências devastadoras, como o medo do arrependimento ou da decepção. O medo causa frustrações ou dores (os PAINS), que acabam afetando o que dizemos que precisamos, queremos ou até gostamos. Observe que muitas de nossas preocupações e medos podem ser completamente inconscientes, enquanto normalmente conseguimos expressar o que nos frustra (os PAINS), o que precisamos, queremos e do que gostamos.

Figura 5.1   Iceberg dos impulsionadores de decisão.

O iceberg dos impulsionadores de decisão é uma metáfora poderosa para explicar como os estados psicológicos e neurofisiológicos críticos afetam nossa resposta a estímulos persuasivos. Tradicionalmente, a pesquisa de marketing se concentra no que as pessoas dizem que gostam ou pensam que querem. No entanto, estudos de neuromarketing provaram que não se pode confiar nos clientes para expressar ou mesmo confirmar do que eles gostam ou o que eles querem.

É por isso que tanto os gostos quanto os desejos são maus preditores do comportamento de compra. Gostos e desejos são vagas interpretações conscientes do que achamos que precisamos para sermos felizes e nos sentir seguros. Eles tendem a oscilar em curtos períodos com base em mudanças de estilo de vida, tendências e até mesmo humores. Por outro lado, nossos medos e dores centrais são mais permanentes. Como tal, eles se tornam os melhores preditores de como as pessoas tomam decisões.

Desde que criamos a SalesBrain, há quase vinte anos, projetamos inúmeras pesquisas, conduzimos centenas de grupos focais e auxiliamos milhares de entrevistas em profundidade. Colhemos feedbacks autorreferidos de milhares de pessoas de mais de dez países. Coletar dados sobre o que as pessoas *querem* sistematicamente produz percepções confusas, se não enganosas. O que aprendemos ao longo de quase duas décadas de pesquisa de neuromarketing é que nada é mais poderoso do que perguntar às pessoas o que elas temem. Seus temores decorrem de nossa natureza humana de sempre estarmos ansiosos e vigilantes para sobreviver.

A Natureza do Medo

De acordo com Ledoux, o medo está associado a eventos emocionais para os quais podemos identificar uma ameaça específica. A diferença semântica entre os termos "medo" e "ansiedade" pode parecer inútil até que você perceba que a ansiedade é mais difusa e mais permanente, enquanto o medo é mais preciso e tipicamente mais iminente. Ledoux argumenta: "Experimentar o medo é saber que VOCÊ está em uma situação perigosa, e experimentar a ansiedade é se preocupar se futuras ameaças podem PREJUDICÁ-LO."[137]

A Natureza das Dores

Entendemos que, na maioria dos casos, é muito difícil, se não constrangedor, discutir ansiedade e medos diretamente com os clientes. Quando conduzimos um experimento de neuromarketing, podemos avaliar o nível de estimulação e medo que as pessoas podem experimentar assistindo a um anúncio sem exigir feedback consciente. No entanto, para muitos dos clientes da SalesBrain, é caro e desafiador identificar a base neurofisiológica dos medos associados à compra de um produto ou de uma solução.

Por outro lado, é fácil envolver-se em diálogos de DOR que podem se concentrar especificamente no que as pessoas consideram suas maiores frustrações associadas à compra de uma solução.

Diagnosticar as principais dores é um passo crucial, pois mais tarde o ajudará a selecionar alguns benefícios de sua proposta de valor que podem eliminar diretamente as principais fontes de frustrações. É como filtrar as dezenas de razões pelas quais os clientes devem comprar de você. Somente aquelas que oferecem uma solução direta, única e confiável para as dores mais intensas devem permanecer no filtro!

Muitas vezes, as dores são simplesmente correlacionadas a reclamações, irritações frequentes ou queixas que os clientes têm uma vez que compraram ou usaram um produto ou uma solução. Quando você vende algo novo, as dores podem prever reclamações futuras. Aqui estão alguns dados valiosos para ajudá-lo a entender melhor o poder de diagnosticar as principais dores para aumentar a satisfação do cliente.[138]

- 66% dos clientes mudam para outra marca por receber um serviço ruim.
- 58% dos clientes nunca mais usarão uma empresa depois de uma experiência negativa.
- 48% dos clientes com experiências negativas dirão a dez pessoas ou mais, enquanto boas experiências são compartilhadas com cinco pessoas ou menos.

Esses dados destacam algo óbvio: somos mais afetados por eventos negativos de experiências do cliente do que por eventos positivos. É por isso que, como clientes, tendemos a passar mais tempo compartilhando os pesadelos enfrentados do que as experiências agradáveis.

A Natureza das Necessidades

Os psicólogos que investigam como os traços de personalidade explicam e predizem nosso comportamento popularizaram o termo *necessidades*. As necessidades geralmente descrevem o que procuramos adquirir ou fazer para proteger e melhorar nossas vidas. O campo dos estudos da personalidade tem debatido há décadas a base psicológica (e, mais recentemente, a neurofisiológica) de nossas necessidades ou, em termos mais simples, o que nos impulsiona no dia a dia. Para nossa discussão, porém, vamos revisar um dos modelos mais importantes que explicam a relevância e a utilidade de ter necessidades: a Teoria de Maslow.[139]

A Teoria de Maslow. Abraham Maslow[140] tinha uma visão bastante otimista da natureza humana. Ele acreditava que Freud havia identificado "a metade doente da psicologia" e sugeriu que seu próprio modelo forneceria "a metade saudável". Sua visão da motivação era dualista. Ele acreditava que temos dois tipos de motivação: de *deficiência* e de *crescimento*. As motivações de deficiência são comuns a todas as pessoas e abordam necessidades fisiológicas e emocionais, como fome, segurança, amor e estima. As motivações de crescimento são específicas para alguns indivíduos e explicam a busca altruísta de conhecimento ou amor que podemos oferecer aos outros. Ele propôs que os seres humanos devem, de fato, satisfazer algumas necessidades básicas antes de satisfazerem necessidades mais elevadas, como a autorrealização. Sua famosa pirâmide das necessidades humanas (Figura 5.2), conhecida como "hierarquia de necessidades de Maslow", mostra as necessidades fisiológicas na parte inferior, seguidas pelas necessidades de segurança, de pertencimento e amor, de estima e de autorrealização.

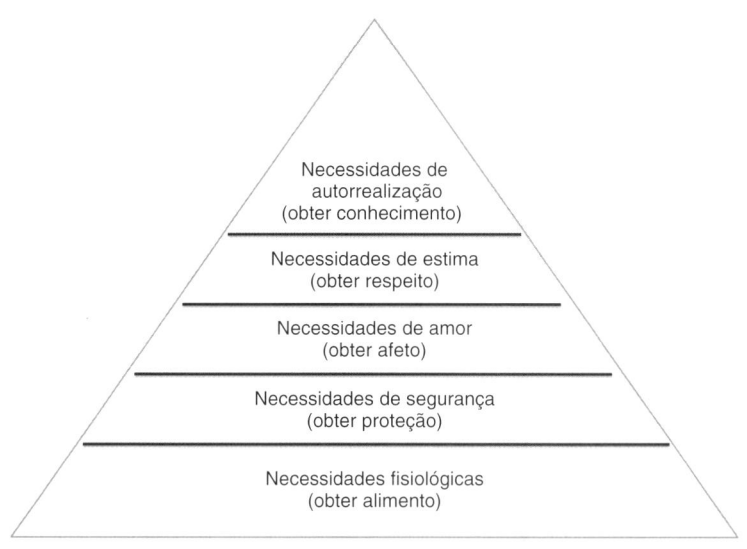

Figura 5.2 A hierarquia de necessidades de Maslow.

Além disso, Maslow acreditava que as necessidades humanas variam com a idade e mapeiam nossos estágios de desenvolvimento pessoal, conforme ilustrado pelo gráfico na Figura 5.3.

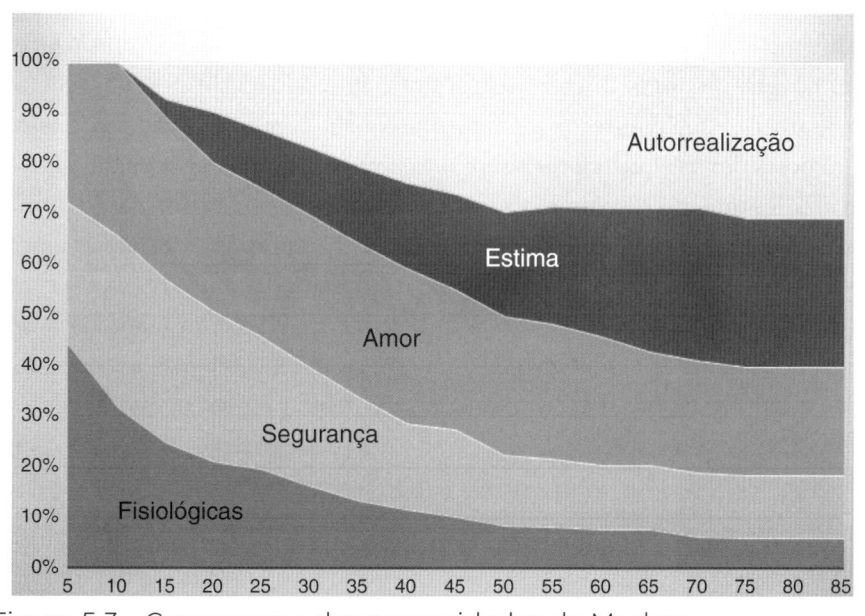

Figura 5.3 Cronograma das necessidades de Maslow.

Claramente, o cérebro primitivo está envolvido na busca das três primeiras necessidades da pirâmide, enquanto as duas últimas exigem mais influência do cérebro racional. Em um nível mais profundo, porém, a teoria das necessidades proposta por Maslow é uma teoria da motivação humana. Nessa medida, como a compra de um produto ou solução requer motivação, o modelo de Maslow é relevante e importante de entender. No entanto, o modelo não integra a complexa rotina de processos neurais que desencadeiam a expressão de todas as necessidades básicas. Além disso, o modelo postula que o desenvolvimento humano segue uma progressão bem planejada de estágios psicológicos sequenciais e lógicos, como se fossem degraus em uma escada. Obviamente, isso é simplista e não é mais apoiado pela compreensão atual da psicologia do desenvolvimento. Por fim, perguntar aos consumidores o que eles precisam não é suficiente para prever seu comportamento. É por isso que os profissionais de marketing confiaram em medir outro impulsionador de decisão para entender o comportamento do consumidor: a natureza de nossos desejos.

A Natureza dos Desejos

A natureza de nossos desejos aponta diretamente para o movimento do consumismo e a ideia bem consolidada de que nossos desejos são insaciáveis. Há, novamente, uma diferença sutil entre necessidades e desejos; estes expressam algo que pode estar além do que consideramos necessidades básicas. A maioria dos pesquisadores sobre o assunto argumenta que os desejos são resultados que nos tornam mais influentes ou mais poderosos, como dinheiro, poder ou atenção pública.[141] Francamente, há décadas a discussão teórica sobre o assunto tem sido confusa, pois se baseou por muito tempo no que as pessoas estão dispostas a dizer que querem. Felizmente, estudos recentes provenientes do campo de neuromarketing e neuroeconomia forneceram uma estrutura teórica mais confiável para entender nossas necessidades.

Em seu livro *Introduction to Consumer Neuroscience*, Thomas Ramsoy apresenta sua teoria para a base neurofisiológica de nossas necessidades. Ele afirma que o "querer" é mediado pelo núcleo accumbens (NAc), uma estrutura cerebral que já discutimos várias vezes neste livro ao falar sobre o estímulo emocional. Ela fica escondida dentro do cérebro primitivo. Ramzoy sugere que "querer é a abordagem inconsciente e a avaliação de esquiva relacionada a itens, organismos e eventos". Ele usa um estudo bem conhecido de Knutson e colegas para apoiar sua teoria.[41] Já citamos essa fonte, mas, para lembrá-lo, Knutson afirmou que, ao olhar para o aumento do fluxo sanguíneo no núcleo accumbens, seria possível prever o que as pessoas "querem" antes de decidir. Infelizmente, embora tenhamos uma melhor compreensão de quais áreas do cérebro predizem o sinal de desejo, ainda não há uma escala confiável para coletar a avaliação autorreferida das pessoas sobre o que elas querem. Em outras palavras, a menos que você coloque as pessoas em um aparelho de ressonância magnética, é muito difícil, e principalmente não confiável, avaliar o que elas querem. É por isso que sugerimos que a coleta de dados de dor é mais fácil e mais preditiva do comportamento de compra.

A Natureza dos Gostos

O conceito de gostar pode ser menos ambíguo do que o conceito de desejar. Afinal, em geral somos capazes de expressar se gostamos ou não de algo. Normalmente, para saber do que as pessoas gostam, basta pedir que classifiquem algo, fornecendo uma nota ou uma avaliação numérica do quanto gostaram de um produto ou de uma experiência. Como tal, você pensaria que as medições provenientes de gostar ou classificar algo são mais confiáveis do que as do que queremos. Pense de novo! Um famoso estudo realizado por Gregory Berns sobre a popularidade das canções revelou que os dados sobre os gostos não eram preditivos da resposta neural.[142] Por exemplo, os dados coletados a partir da atividade do núcleo accumbens, que também se correlaciona com o que as pessoas escolhem (ou compram), não se correlacionaram com os dados sobre seus gostos. Até o Facebook considerou a importância de ir além de coletar dados sobre os gostos, adicionando emoticons há alguns anos. Isso proporciona à empresa de mídia social um detalhamento mais emocional que seus cientistas de dados podem usar para analisar o sentimento expresso por milhões de usuários.

UMA VISÃO INTEGRADA DOS IMPULSIONADORES DE DECISÃO

O processo de como os consumidores avaliam, respondem e decidem após serem expostos a mensagens persuasivas é complexo e fonte de amplo debate entre estudiosos e pesquisadores. Nossa proposta para uma visão integrada dos impulsionadores de decisão considera a pesquisa neurofisiológica e a pesquisa tradicional realizadas em uma ampla gama de produtos e indústrias, bem como em mais de vinte países. Acreditamos que as decisões são influenciadas pelo domínio do cérebro primitivo e, especialmente, pelas dores que nos esforçamos para eliminar.

Os compradores normalmente iniciam sua jornada em um estado básico de ignorância ou ansiedade sobre um produto ou solução, uma situação em que o risco é potencialmente alto (o medo do arrependimento) e o envolvimento cognitivo é tipicamente baixo. No entanto, na medida em que um produto ou solução é tornado relevante, urgente e útil ao despertar dores, medos específicos são ativados. Por exemplo, se uma mensagem faz você perceber que pode morrer abruptamente e deixar seus entes queridos com dívidas enormes por não ter seguro de vida, você enfrenta vários medos que sente que precisa abordar rapidamente. Ao considerar o valor de ter seguro de vida, você passa de um estado neutro para um estado de interesse. Duas possibilidades acontecem a seguir. Se você não estiver disposto a se envolver cognitivamente com o tópico, optará por renunciar a uma decisão, o que significa não fazer nada ou avaliar outra opção. No entanto, se a mensagem ou a proposta de valor for bem-sucedida na ativação do engajamento cognitivo, você passará para um estado de "necessidade" e sentirá a motivação para comprar (antecipação), recompensada por uma boa dose de dopamina em seu cérebro. Portanto, como pode ver, diagnosticar a dor é uma etapa central do construto da persuasão que aumenta a probabilidade de você criar mensagens eficazes. Conheça as dores que precisa eliminar, e terá o roteiro de seus melhores argumentos!

Identificando as Principais Dores

Realizamos milhares de pesquisas e entrevistas cujo único objetivo era desvendar as principais dores dos clientes. Embora os produtos e serviços para os quais fizemos essas entrevistas variem muito, desde equipamentos de ressonância magnética a produtos cosméticos, temos sido consistentemente capazes de categorizar os insights de dor (o PAIN) em três categorias.

As Três Fontes da Dor. A dor sempre se enquadra em três categorias principais: financeira, estratégica ou pessoal.

1. *A dor financeira* refere-se a fatores econômicos, como perda de receita, baixa lucratividade ou um baixo retorno sobre investimento. A dor financeira costuma ser altamente visível e fácil de medir.

2. *A dor estratégica* inclui problemas que afetam os principais riscos de negócios, que podem comprometer o desenvolvimento, a fabricação, o marketing ou a entrega de produtos e serviços. Exemplos típicos de dores estratégicas são baixa qualidade do produto, ineficiências de produção, alta taxa de reclamação dos clientes e baixo reconhecimento da marca. A dor estratégica nem sempre é tão visível quanto a dor financeira e nem sempre pode ser facilmente mensurada.

3. *A dor pessoal* é composta de sentimentos e emoções negativas que afetam aqueles que estão envolvidos nas decisões de compra. Exemplos incluem níveis elevados de estresse, insegurança no trabalho ou longas horas de trabalho.

A Tabela 5.1 deve ajudá-lo a entender rapidamente como reconhecer e rotular as dores que você pode diagnosticar.

Conduzindo Diálogos sobre a Dor

Há uma maneira eficaz de identificar as dores mais críticas. Basta criar um diálogo íntimo com seus principais clientes. Os clientes, e não os clientes potenciais, são a melhor fonte para essa informação crucial. Os clientes já tiveram o benefício de um relacionamento íntimo com sua proposta de valor, de modo que podem compartilhar uma perspectiva única sobre a transformação que sua solução trouxe para suas vidas. Basta fazer as seguintes perguntas e estar preparado para praticar a escuta profunda!

TABELA 5.1 TIPOS DE DOR

Fonte da Dor	Áreas de Dor e Frustração	Métodos de Medição da Dor	Medo/Dor que Afeta o Cérebro Primitivo
Financeira	· Insuficiência de recursos · Baixo retorno sobre o investimento	· Dados · Histórias	· Medo de não ter o suficiente · Medo de perder o que temos
Estratégica	· Problemas de qualidade · Longos atrasos de entrega · Longos ciclos de desenvolvimento de produtos	· Valores de referência do mercado · Mapeamentos · Pesquisas · Análise da concorrência	· Medo de não saber o suficiente · Medo de não ter controle
Pessoal	· Atitudes ruins · Muito estresse · Falta de motivação.	· Pesquisas com funcionários · Avaliações de liderança · Estudos neurofisiológicos	· Medo da incapacidade de agir · Medo da inutilidade · Medo da extinção

1. Quais eram alguns dos principais desafios, obstáculos ou riscos que você enfrentava antes de encontrar nossa solução?
2. Quanto dinheiro você perderia se não usasse nosso produto?
3. Como nosso produto o ajudou a eliminar riscos ou incertezas? Descreva uma situação típica em que você sentiu que não tinha controle suficiente porque não tinha nossa solução.
4. Como nossa solução fez você se sentir melhor sobre si mesmo, seu trabalho ou sua família?

Você pode adaptar essas perguntas para enquadrá-las na sua situação, mas, como pode imaginar, apenas alguns pontos de discussão podem revelar áreas críticas de dores e frustrações que estão no cerne de *por que* as pessoas escolherão sua solução. Observe que, se você estiver vendendo um produto por meio de revendedores, precisará fazer esse processo duas vezes, uma para os usuários finais e outra para os revendedores. Conforme as áreas de preocupação deles variam, você descobrirá que precisa alterar a mensagem para estimular o cérebro primitivo de cada grupo-alvo.

ESTUDOS DE CASO

Notavelmente, obter clareza sobre as principais dores que sua empresa ou solução é capaz de eliminar pode ser o maior obstáculo a ser superado para encontrar o código da persuasão de suas mensagens. Vamos considerar estes exemplos.

Domino's Pizza

O negócio de entrega de pizza parece simples e altamente comoditizado. Você pensaria que, para ter sucesso nessa atividade, basta se concentrar em fazer uma boa pizza. No entanto, desde o início, a Domino's não focou seu principal CLAIM na pizza. Ela se concentrou em resolver um PAIN crítico: *a ansiedade de não saber quando a pizza chegará* (Figura 5.4).

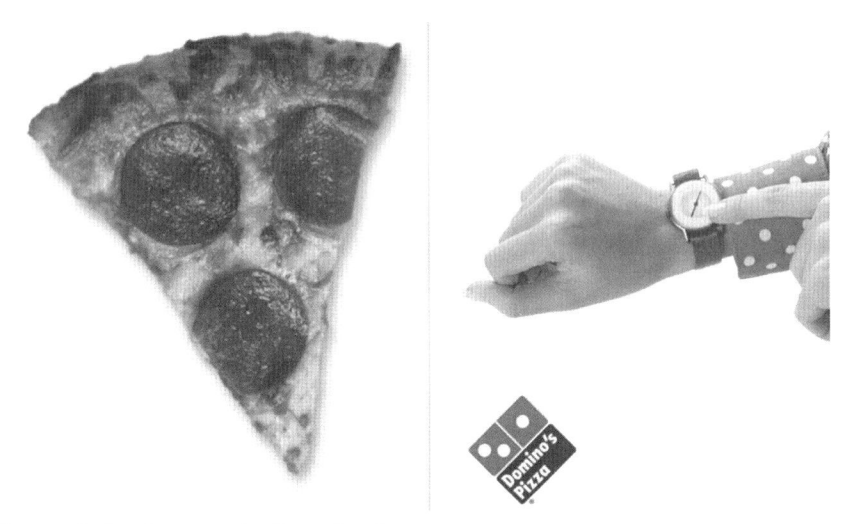

Figura 5.4   O PAIN da Domino's.

Essa decisão estratégica é o cerne do sucesso da Domino's, não apenas nos Estados Unidos, mas também no exterior. Hoje, a Domino's Pizza é a maior cadeia de pizzarias do mundo (a Pizza Hut é a segunda!), com mais de 14.400 unidades em mais de 85 mercados. Eles são como a Fedex do segmento de restaurantes: especialistas em entrega de pizza! A pizza em si é importante, mas não é o principal diferencial para a Domino's.

Por muitos anos, seu slogan foi: "Até 30 minutos ou é de graça." Observe como ele fornece uma cura perfeita para a dor!

Starbucks

Você pode pensar na Starbucks como a empresa que lhe oferece as bebidas que deseja. Porém o sucesso de sua missão é porque ela percebeu que as pessoas passam a maior parte do tempo em casa e no escritório. No entanto, elas experimentam a dor da falta de um ambiente de transição que as ajuda a mudar seu modo mental de casa para o escritório. O fundador e ex-CEO da Starbucks, Sr. Schultz, posicionou o negócio como um *terceiro lugar* ideal.

Esse "terceiro lugar" é como uma câmara de descompressão, a casa longe de casa, o local de trabalho longe do local de trabalho (Figura 5.5). Esse posicionamento tornou a Starbucks única e muito bem-sucedida, com mais de 24 mil unidades em mais de setenta países, pois resolve uma grande dor de milhões de pessoas todos os dias.

Figura 5.5   O PAIN da Starbucks.

Uber

Outra empresa, que nem sequer existia há dez anos, construiu um império visando dores que muitos de nós compartilhamos: se locomover de forma rápida e econômica sem possuir um veículo. Quantos de nós ficamos frustrados esperando um táxi sem saber exatamente quando chegaria? Você já não se perguntou quando chegaria ao seu destino e se teria dinheiro suficiente para pagar a viagem (Figura 5.6)? Hoje, a Uber opera em 84 países, tem mais de 160 mil motoristas e detém um valor de mercado de US$ 70 bilhões, embora não possua um único carro.

O CÓDIGO DA PERSUASÃO

Figura 5.6 O PAIN da Uber.

Para os exemplos anteriores, ganhar participação de mercado não era apenas uma questão de oferecer produtos ou soluções, mas de realizar um bom diagnóstico das dores subjacentes. A Tabela 5.2 ajuda você a avaliar o poder de fazer uma distinção crucial entre comercializar o que os clientes *desejam* e comercializar de acordo com suas *dores*.

TABELA 5.2 MARKETING PARA DORES

DESEJOS	Pizza	Café	Táxi
Dores	Não saber	Não ter opção entre casa e escritório	Falta de controle

Estudos de Agrupamento

O processo de diagnóstico das dores normalmente envolve duas etapas:

1. Exploração qualitativa, realizada por meio de diálogos de dor.
2. Medições quantitativas, feitas por meio de pesquisas telefônicas ou online.

A melhor maneira de organizar os dados de dor é realizar uma *análise de agrupamento*. O conceito é desafiador do ponto de vista matemático, mas o objetivo da técnica é classificar os respondentes (às vezes chamados de segmentos ou clusters) que compartilham padrões comuns de respostas nas perguntas sobre dor mais preditivas do comportamento de compra futuro. Na SalesBrain, realizamos centenas desses estudos e o que descobrimos não surpreenderá você: as perguntas sobre dor são sempre as mais poderosas para criar segmentos de clientes que têm padrões comuns de comportamento do consumidor.

O QUE LEMBRAR

- Diagnosticar dores ajuda você a desvendar os impulsionadores de decisão mais críticos dentre os muitos fatores psicológicos que podem influenciar o comportamento do seu cliente.

- Os humanos aspiram a eliminar as preocupações para sobreviver e prosperar. Nossa natureza é orientar nossa atenção para mensagens que despertem nossos medos, e é por isso que um produto ou solução que possa comunicar claramente quais dores é capaz de eliminar primeiro receberá mais consideração e criará maior urgência.

- Existem três tipos de dores que podem explicar como e por que as pessoas são atraídas por uma proposta de valor específica: dores financeiras, dores estratégicas e dores pessoais. Todas elas apontam para as necessidades materiais, emocionais e psicológicas que desejamos satisfazer.

- Após diagnosticar com sucesso as principais dores, conduzindo diálogos de dor, quantifique a importância das dores e considere a criação de segmentos ou clusters de seus principais clientes que compartilham dores comuns.

As seções seguintes foram escritas por Patrick Renvoise, cofundador da SalesBrain, o "outro hemisfério" da equipe. Antes de fundar a empresa comigo, Patrick viajou quase 5 milhões de quilômetros ao redor do mundo para vender produtos e soluções sofisticados para a Silicon Graphics (SGI) e para a Linuxcare. Como engenheiro de computação, ele é verdadeiramente apaixonado por tornar o complexo simples de entender e ajudar as pessoas a se comunicar e entregar mensagens memoráveis.

Nos capítulos anteriores, ajudei você a entender os "por quês" do neuromarketing: por que ele funciona? Por que não podemos confiar no que as pessoas dizem? Por que precisamos usar novos métodos para coletar informações valiosas a fim de decodificar as intenções das pessoas? Por que não temos mais a opção de ignorar a ciência da persuasão? Também apresentei o primeiro passo para preparar sua mensagem persuasiva com base no NeuroMap: o diagnóstico da dor.

Agora, Patrick cobrirá as três etapas restantes, começando com o Passo 2:

- Diferencie seus CLAIMS: como identificar as duas ou três principais razões pelas quais as pessoas devem escolher sua solução — ou adotar suas ideias — em vez de comprar de seus concorrentes ou não fazer nada.

CAPÍTULO 6

Diferencie Seus Claims

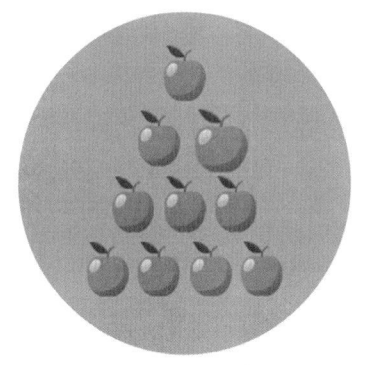

Diferencie seus Claims

Para ser insubstituível, é preciso ser sempre diferente.
— Coco Chanel, estilista

Você se lembra do segundo estímulo, o contrastável? Se você quer que seus potenciais clientes vejam a diferença entre sua solução e a de seus concorrentes, então precisa se diferenciar de forma clara, destacando seus CLAIMS. O cérebro primitivo do público busca uma variação no ambiente como sinal para ação. Se você não está vendendo algo único, está vendendo não só por si mesmo, mas também por seus concorrentes.

Muito provavelmente, você tem vários concorrentes que oferecem produtos ou serviços bem semelhantes aos seus. Olhe para a sua página inicial; você está dizendo: "Somos um fornecedor líder de..."? Agora olhe para as páginas iniciais dos seus concorrentes; eles estão afirmando a mesma coisa? Em caso afirmativo, quanto contraste isso proporciona? Como isso ajudará o cérebro primitivo do seu público a ver, entender e lembrar por que ele deve escolher sua maçã em uma pilha de maçãs idênticas, a menos que, é claro, você ofereça a maior maçã!

Para diferenciar seus CLAIMS, você precisa usar o *efeito de Von Restorff*, ou *efeito de isolamento*, a seu favor. Descoberto pela primeira vez em 1933 e posteriormente confirmado por muitos pesquisadores, esse viés cognitivo afirma que um item que se destaca tem maior probabilidade de ser lembrado. Para fazer sua solução se destacar, você precisa dizer: "Somos o primeiro/único/melhor fornecedor de CLAIM 1, CLAIM 2, CLAIM 3." A pesquisadora Erin MacDonald, da Stanford, escreveu: "Geralmente, as diferenças de produtos provam atrair mais atenção do que as semelhanças."[143] Observe também que a maioria das mensagens se concentra no *que o* fornecedor faz, em vez de *por que* os clientes devem comprar. Para se destacar e construir uma mensagem amigável ao cérebro primitivo, você precisa de um conjunto claro de CLAIMS (suas reivindicações), enfatizando *por que* eles devem escolher seu produto. Basta imaginar que você está escrevendo um livro intitulado *Por que comprar de nós?* Recomendamos que o livro não tenha mais de três capítulos (veja Figura 6.1).

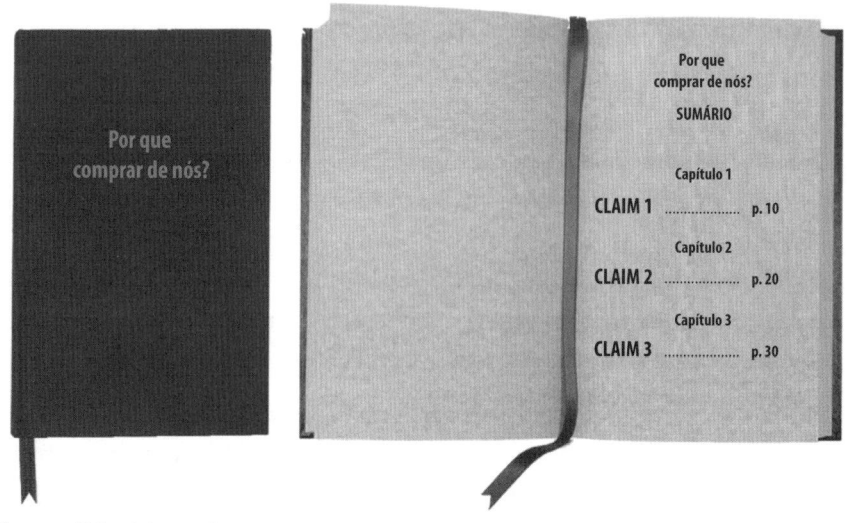

Figura 6.1   Livro de CLAIMS.

Seus CLAIMS são os títulos dos três capítulos em seu livro (três é o máximo). Conforme discutido na seção sobre o estímulo memorável, no Capítulo 4, os pesquisadores descobriram que a memória de trabalho só é capaz de reter e manipular entre três e cinco itens, daí nossa recomendação de selecionar não mais do que três claims.[144] Mais adiante, também insistiremos que você maximize a *compreensão* e a *memorização* de sua mensagem, repetindo os CLAIMS de forma consistente ao longo de sua comunicação.[145]

Os CLAIMS representam um conceito essencial do NeuroMap. Quando as empresas falam sobre *quem* são e *o que* fazem, isso gera pouco ou nenhum interesse por causa da natureza egocêntrica do cérebro primitivo. Portanto, você deve traduzir *quem* você é e *o que* você faz em uma história clara, concisa e convincente sobre *por que* seus potenciais clientes devem escolher você. A seguir, estão alguns exemplos de empresas bem conhecidas que usaram um CLAIM forte e consistente.

CLAIMS BEM CONHECIDOS

Pense na Volvo. Por que as pessoas iriam querer comprar um Volvo? A maioria das pessoas dirá "segurança" em apenas alguns segundos. Se tivéssemos que escrever um livro intitulado *"Por que comprar um Volvo?"*, haveria apenas um capítulo nesse livro — embora possamos ver três subcapítulos no capítulo principal sobre segurança.

Agora pense na Apple. A empresa foi fundada em abril de 1976 e, historicamente, usa poucos CLAIMS. Por que as pessoas escolheriam comprar um Macintosh nas décadas de 1980 e 1990? Naquela época, você poderia comprar um PC, famoso por sua complexidade, ou você poderia comprar um Apple. O CLAIM da Apple durante seus trinta primeiros anos de existência foi *"easy to use"* [fácil de usar]. Mais recentemente, à medida que a Apple se expandiu para o negócio de telefones celulares e a maioria dos computadores e telefones ficou mais fácil de usar, seu principal CLAIM se tornou *"cool to use"* [legal de usar]. A Apple não poupa esforços para tornar seus telefones estética e tecnologicamente agradáveis; desde as bordas arredondadas, a forma delgada, os recursos de detecção facial e até mesmo as embalagens, tudo se destina a comunicar um ar descolado. Isso inclui o preço do Apple X, que rompeu a barreira de US$ 1 mil, que se acreditava ser o máximo que alguém pagaria em um smartphone... exceto as pessoas que realmente querem ser descoladas! Na longa lista de possíveis smartphones para escolher, incluindo Samsung, Microsoft, Acer, Alcatel e muitos mais, observe como a Apple se destaca como a mais legal de usar!

Mais exemplos de marcas conhecidas com fortes CLAIMS incluem:

- *We're number 1 [Somos o número 1]*, da Hertz, locadora de automóveis. Ninguém mais pode ser o número 1, então de fato isso é único, e o valor sugerido é que, como eles alugam os mesmos carros, nos mesmos balcões de aeroporto, pelo mesmo preço, provavelmente você obterá um serviço melhor.

- *We try harder [Nós nos esforçamos mais]*, da Avis, locadora de automóveis. Isso significa que eles confessam ser o número 2 — o que é único —, mas também sugere que você obterá um serviço melhor, ainda melhor do que se estivesse alugando da número 1 (Hertz) porque, alimentada pela ambição de se tornar a número 1, a Avis se esforçará mais.

- *You got 30 minutes? [Você tem 30 minutos?]*, da Domino's Pizza. Em dezembro de 2007, a Domino's mudou seu CLAIM de "30 minutes or less or it's free" [Até 30 minutos ou é de graça] para "Você tem 30 minutos?". Observe que o "ou é de graça" oferecia uma grande prova, mas a Domino's a abandonou para evitar a percepção pública de que seus entregadores dirigiam de forma imprudente.

- *The ultimate driving machine [A máquina de dirigir definitiva]*, da BMW.

COMO SELECIONAR SEUS CLAIMS

Definir seus CLAIMS é um processo teórico bastante simples, mas pode ser desafiador. Aqui estão três etapas críticas:

1. Certifique-se de que cada CLAIM seja TOP, que é um acrônimo para:
    - Terapêutico: os CLAIMS devem fornecer uma cura para a dor (o PAIN), experimentada por seus clientes em potencial.

- **Original:** os CLAIMS devem fornecer diferenciação suficiente entre você e qualquer um de seus concorrentes. Para garantir que seus CLAIMS apresentem suficiente contraste, você precisa conhecer intimamente o *motivo* pelo qual seus potenciais clientes gostariam de comprar de seus concorrentes.
- **Provado:** você precisa apoiar seus CLAIMS com provas sólidas.

2. Você deve elaborar os CLAIMS (suas reivindicações) para que eles se tornem mnemônicos, ou seja, facilmente memoráveis; um dos seis estímulos!

3. Quando são reunidos em uma frase, os CLAIMS devem apoiar sua declaração de missão: "Somos a primeira/melhor/única empresa a oferecer o CLAIM 1, o CLAIM 2 e o CLAIM 3." Na SalesBrain, treinamos muitas empresas para garantir que sua declaração de missão inclua seus três CLAIMS e nada mais!

EXEMPLOS DE CLAIMS DE CLIENTES SALESBRAIN

Ao usar CLAIMS claros, você eliminará a confusão que seus clientes podem sentir quando precisam decidir se devem escolher você! Como mostrado nos exemplos anteriores, na maioria das empresas para consumidores (B2C), muitas vezes é considerado mais eficaz usar apenas um CLAIM. Antes de aprofundar a ciência dos CLAIMS, vamos examinar alguns exemplos de clientes B2B da SalesBrain.

Carothers DiSante & Freudenberger LLP (CDF) é um escritório de advocacia trabalhista com vários unidades na Califórnia. Tradicionalmente, os escritórios de advocacia têm focado sua mensagem em *quem eles são* (sua lista de associados) e *no que fazem* (o tipo de direito que praticam), sem uma indicação clara de *por que* você deve escolhê-los. Por outro lado, observe como o CDF faz três afirmações claras, concisas e consistentes:

Observe como esses três CLAIMS são:

1. Terapêuticos para a dor de ser exposto ao risco.

2. Originais para o CDF: nenhum outro escritório de advocacia faz os mesmos CLAIMS.

3. Provados e sonoros.

Ao comentar sobre seus CLAIMS (veja a Figura 6.2), Marie D. DiSante, sócia-diretora, declarou: "Desenvolver e aproveitar esse conjunto claro de reivindicações (os CLAIMS) nos ajudou a explicar por que os potenciais clientes gostariam de nos contratar. Percebemos como essas revindicações centralizadas na proteção de nossos clientes são mais eficazes para demonstrar por que somos qualificados no que fazemos. Agora temos uma plataforma para indicar aos clientes que protegemos seus melhores interesses. Isso torna muito mais fácil para nossos advogados falar sobre por que as empresas devem nos escolher!"

Figura 6.2 CLAIMS do CDF. Tradução: *Proteja Seu Tempo, Proteja Seu Dinheiro, Proteja Seu Sossego.*

A CodeBlue é líder da indústria na gestão de sinistros de reparos, trabalhando em conjunto com uma rede nacional de empreiteiras para devolver aos segurados a condição de pré-perda da maneira mais rápida, mais eficiente e menos incômoda possível (veja a Figura 6.3).

VELOCIDADE EXTRAORDINÁRIA

Nossa rede de expecialistas de elite é comprometida com a maior velocidade de atendimento do setor... em qualquer lugar dos Estados Unidos.

CIÊNCIA EXTRAORDINÁRIA

Nossos especialistas treinados utilizam nossa metodologia proprietária para restaurar aos segurados a condição de pré-perda da forma mais eficiente possível.

SERVIÇO EXTRAORDINÁRIO

Nossas técnicas de gestão ativa, e uso de tecnologias como iPads, tornam a experiência do segurado muito melhor, o que resulta em altas avaliações de satisfação do cliente.

Figura 6.3   Claims da CodeBlue.

Paul Gross, CEO da CodeBlue, afirmou: "Nove meses depois de começarmos a comunicar nossas reivindicações extraordinárias ao mercado, experimentamos um aumento de 34,87% nas receitas em comparação com os nove meses anteriores."

A CONEXÃO ENTRE A MARCA E OS CLAIMS

Muitos especialistas em marketing tentaram definir com precisão o que é uma marca, mas o conceito permanece confuso. Sugerimos a seguinte definição: "Uma marca é uma memória no cérebro que conecta o nome do produto ou serviço a um conjunto de benefícios desejáveis."

Por exemplo, quando ouviu o nome Volvo e resgatou na memória o que você pensa sobre a marca, provavelmente o conceito de *segurança* lhe veio à mente.

Essa associação entre dois conceitos, Volvo e segurança, é o resultado de uma decisão estratégica que foi tomada na sede da empresa há sessenta anos. A repetição consistente da associação da Volvo com a segurança na maioria das mensagens — se não em todas — criou uma memória forte em seu cérebro. Provavelmente demorou menos de meio segundo para fazer essa associação. Deve-se notar que essa associação é impulsionada mais pelo afeto do que pela cognição, sugerindo uma forte conexão com o cérebro primitivo.[146]

Portanto, os CLAIMS são a expressão explícita de um conjunto limitado de atributos-chave da marca, cuidadosamente redigidos para facilitar a memorização e a recuperação.

Enquanto isso, há uma diferença significativa entre as marcas B2C e B2B. Para a maioria das marcas B2C, os CLAIMS (ou razões para comprar) tendem a ser implícitos. A Volvo é de fato uma exceção. Mas, para uma marca B2B, acreditamos que é fundamental que os principais executivos gerem clareza, consenso e compromisso sobre as três principais razões explícitas pelas quais os clientes devem comprar sua solução: os CLAIMS devem ser determinados de forma definitiva e ser o ponto focal de toda a comunicação.

POR QUE SE LIMITAR A TRÊS CLAIMS CURTOS?

Por favor, memorize a frase: "Eu amo o clima na Califórnia." Repita algumas vezes.

Agora, sem olhar, tente dizê-la de trás para frente, palavra por palavra. Não foi fácil? Por quê?

Porque a memória de trabalho do seu cérebro só pode lidar com um número limitado de conceitos de cada vez — normalmente de três a cinco. Com seis palavras, a frase memorizada bloqueará sua memória de trabalho. Agora tente memorizar a frase "Amo a Califórnia" e dizê-la ao contrário. É mais fácil porque a mensagem pode ser facilmente manipulada pela memória de trabalho. Como você lembra, o cérebro primitivo precisa que sua mensagem seja memorável, e organizá-la em apenas três CLAIMS facilitará o processamento e a lembrança de informações críticas necessárias para tomar uma decisão.

A fluência de recuperação é a facilidade com que as informações podem ser acessadas da memória. Para comunicar um conceito, uma ideia ou uma mensagem completa de vendas/marketing, nossa memória de trabalho naturalmente selecionará três a quatro blocos de dados de uma grande quantidade de informações, bem como recuperará o conhecimento sobre o tópico que queremos comunicar, antes de armazenar informações relevantes para uso a longo prazo.[147, 148] Um bloco ou pacote de informações pode ser definido como um pensamento, sentimento, ideia ou conceito, que, em média, pode ser mantido na memória de trabalho por cerca de vinte segundos. Assim que a memória de trabalho exigir um novo bloco de informação, ela precisará descartar um dos blocos atuais a fim de abrir espaço para o que está chegando.[149] De acordo com Smith e Jonides,[149] quando ouvimos uma mensagem, nosso cérebro classifica automaticamente o conjunto completo de informações, dividindo-o em três ou quatro blocos. Em seguida, ele é armazenado em nossa memória de trabalho, na qual continuamos a atribuir cada um dos blocos a um rótulo ou palavra simples, mesmo que envolva um conceito ou experiência muito complexa. Assim, quando você tenta comunicar sua proposta de valor dando uma descrição detalhada de todos os benefícios de sua solução, a mensagem será mal processada e mal lembrada. Por outro lado, se organizar seus argumentos em um máximo de três capítulos, cujos títulos são os CLAIMS, você conseguirá melhor compreensão e melhor recordação.

Outros pesquisadores demonstraram que a relação entre persuasão e informação objetiva é uma função assintótica. Passado um certo ponto, se fornecermos mais informações, mesmo que sejam objetivas, a persuasão não aumenta.[150] A base neural do *efeito literal*, ou *verbatim*, o fenômeno de que a essência do que alguém disse é melhor lembrada do que a redação literal, foi demonstrada e está ligada à atividade no hipocampo — parte do cérebro primitivo.[151]

Em conclusão, selecionar um máximo de três blocos de informação (três CLAIMS) antecipadamente e simplificar sua expressão tornará sua mensagem mais eficaz para o cérebro primitivo: ela será mais facilmente processada, compreendida e codificada pelo público!

POR QUE ELABORAR SEUS CLAIMS?

A fluência de processamento descreve a facilidade com que as informações são tratadas pelo cérebro e tem sido aplicada ao marketing, a nomes comerciais e até mesmo a finanças por muitos anos. Por exemplo, os pesquisadores descobriram que, durante a semana seguinte a uma IPO, as ações que são mais fáceis de pronunciar tendem a ter um desempenho melhor do que outras. Por exemplo, quando seus tickers são fáceis de pronunciar, tal como KAG versus KHG.[152] Além disso, estudos encontraram diferenças significativas na agradabilidade, qualidade, originalidade e memorabilidade entre slogans equivalentes com e sem rimas.[153] O efeito "rima como razão" é mais um viés cognitivo, uma manifestação de como nossa percepção é dominada por nosso cérebro primitivo: não é tanto o que você diz, mas, sim, a musicalidade do que você diz que causa impacto!

A fluência de processamento também pode ser melhorada por outros meios. Por exemplo, melhorando a legibilidade da fonte. Informações fornecidas em uma fonte fácil de ler são normalmente classificadas como mais familiares e confiáveis do que as informações fornecidas em uma fonte de difícil leitura.[154] A fluência de processamento também pode ser aumentada usando cores mais visíveis em comparação com cores que são mais difíceis de ler em relação ao fundo.[155] Até mesmo informações focadas versus desfocadas afetam a fluência de processamento.[156]

O QUE LEMBRAR

Você deve lembrar que o cérebro primitivo favorecerá informações que:

- Contenham CLAIMS que ofereçam aos seus clientes em potencial a solução para as suas principais dores.
- Usem palavras curtas e simples que são fáceis de pronunciar.[157]
- Não usem mais de três CLAIMS para não sobrecarregar a memória de trabalho de seus clientes em potencial.

- Sejam fáceis de ler, usando fontes com fluência máxima de processamento e cores que ofereçam um contraste agradável com seu fundo. Verdana, Tahoma, Times são sempre boas escolhas de fontes.[158]
- Sejam agradáveis ao ouvido, então escreva seus CLAIMS usando:

    - Uma repetição da mesma palavra, como "*proteja, proteja, proteja*". Isso cria um METACLAIM, um CLAIM que se sobrepõe a todos os outros.
    - Uma aliteração (a repetição da mesma letra ou som no início das palavras adjacentes), como em "diagnosticar, diferenciar, demonstrar".
    - Uma rima como em "Protect your time, protect your dime, protect your peace of mind" [Proteja seu tempo, proteja seu dinheiro, proteja seu sossego]". No livro intitulado *Pré-Suasão,* o professor Robert Cialdini relata: "A declaração *cuidado e medida lhe trarão riquezas* é vista como mais verdadeira quando transformada em *cuidado e medida são felicidade garantida*." Há uma lição aqui para o sucesso persuasivo: "Para fazer decolar, faça rimar."[159]
    - Qualquer outra técnica que crie um som agradável na expressão de seus CLAIMS.

CAPÍTULO 7

Demonstre o GAIN

Demonstre o GAIN

Reivindicações extraordinárias requerem evidências extraordinárias.
— *Carl Sagan, astrônomo, escritor e comunicador científico*

Depois de *diagnosticar a dor* (o PAIN) dos clientes e *diferenciar suas reivindicações* (os CLAIMS), você precisará *demonstrar o ganho* (o GAIN) para ajudar a desencadear uma decisão. Lembre-se de que não é tanto o valor que você apresenta que importa, mas, sim, o valor em que as pessoas acreditam. Portanto, é preciso fazer uma demonstração de valor eficaz e convincente. Seu público deve ouvir ou ver provas altamente *tangíveis*, provas que são simples de processar cognitivamente e fáceis de acreditar. Você precisa levantar o véu do ceticismo e, para isso, precisa de uma forte demonstração do GAIN, definido como a diferença entre *valor* e *custo*.

Segundo pesquisadores de Oxford: "Quando a publicidade é persuasiva, pode-se dizer, quase de modo definitivo, que o público testou e aceitou a verdade de uma reivindicação de valor."[160]

A CIÊNCIA DO CÁLCULO CEREBRAL DO GAIN

Este tópico tem sido objeto de prolíficas pesquisas em neuroeconomia, e nós o introduzimos brevemente no início do livro. Chama-se *utilidade da decisão*. A utilidade da decisão influencia a disposição dos consumidores em pagar preços diferentes por bens diferentes. A utilidade procura explicar racionalmente por que as pessoas estão dispostas a comprar um caro SUV de tração nas quatro rodas em Los Angeles quando nunca neva lá!

Brian Knutson, professor de psicologia e neurociência na Universidade Stanford, e George Loewenstein, professor de economia e psicologia em ciências sociais e de decisão na Universidade Carnegie Mellon, investigaram o que acontece no cérebro dos consumidores quando decidem comprar alimentos e itens de entretenimento.[41] Os sujeitos do teste receberam uma soma razoável de dinheiro para as compras e os itens que tiveram que escolher ou rejeitar variaram de chocolates, um gravador de voz digital, o mais recente livro de Harry Potter e muito mais. Quando os sujeitos decidiam escolher um item, seu preço era deduzido do dinheiro das compras. Usando ressonância magnética funcional, os pesquisadores visualizaram a atividade de áreas cerebrais específicas. Eles descobriram que, quando o sujeito visualizou pela primeira vez a imagem de um item, o núcleo accumbens (NAc) foi ativado. Como discutido anteriormente, essa parte do cérebro desempenha um papel fundamental na via de recompensa da dopamina. Eles perceberam que a intensidade da ativação do NAc correlacionou-se com o desejo que um sujeito tinha por um item. Se o sujeito não experimentou um desejo ardente por um item (por exemplo, ele já poderia possuir uma cópia do último Harry Potter), seu NAc não mostrou muita atividade.

Quando os sujeitos foram expostos ao custo do item, os dados da *f*MRI (imagem por ressonância magnética funcional) mostraram que os preços excessivos ativaram a ínsula: uma área do cérebro primitivo conhecida por desempenhar um papel no processamento da dor e das experiências negativas.

Além disso, gastar dinheiro desativou o córtex pré-frontal medial (mPFC), uma região cerebral envolvida em funções cognitivas complexas e na moderação do comportamento social. Os pesquisadores demonstraram que, ao medir a atividade dessas regiões de forma independente, eles poderiam prever as decisões de compra de modo mais confiável do que as intenções de compra autorreferidas pelo sujeito. Essa pesquisa confirmou os processos neurais envolvidos na ponderação do dilema entre o prazer de receber o valor e a dor de pagá-lo, ou seja, o custo, avaliando efetivamente a resposta neural ao ganho.

AVALIAÇÃO DE MEMÓRIA E GANHO

A codificação do valor (ou preço) na memória também é objeto de intensa pesquisa devido à complexidade dos processos cerebrais envolvidos com dados numéricos. Os dados podem ser representados em diferentes formatos.

- Sete: por extenso.
- 7: em algarismos arábicos.
- VII: em algarismos romanos.
- *******: em representação simbólica.

No entanto, essa não é a maneira como as pessoas normalmente memorizam o valor de um número. Em vez disso, elas codificam uma aproximação do número:[161]

- 7 é "jovem" quando se refere à idade de uma criança.
- 7 é "frio" quando se refere à temperatura de um dia.
- 7 é "barato" quando se refere ao preço de uma garrafa de vinho.

Além disso, vários vieses perceptuais afetam a capacidade das pessoas de processar e comparar números. Por exemplo, um viés chamado *efeito de distância* mostra que leva mais tempo para decidir que 7 é maior que 2 do que 7 é maior que 6. Outro, chamado *efeito de magnitude*, torna os números com distância igual mais fáceis de discriminar quando são menores, como 2 versus 3, em vez de quando são maiores, como 7 versus 8.[162] A partir dessa pesquisa, podemos concluir que um persuasor eficaz deve ajudar o comprador a fazer uma comparação simples e direta do *valor* versus o *custo*.

Deve-se notar que, na maioria das situações entre empresas e consumidores (B2C), os fornecedores mostram ou discutem o preço somente após a apresentação do valor. Na maioria das grandes transações (B2B), o comprador é informado do custo apenas no final do ciclo de vendas. Mesmo para transações de baixo custo, feitas na Amazon ou no eBay, observe como a imagem do produto está à esquerda e o preço está mais à direita, certificando-se de que primeiro vemos o produto (estímulo positivo) e em segundo lugar o preço (estímulo negativo). Na verdade, os pesquisadores da Stanford estudaram o impacto da primazia do preço. Eles analisaram as diferenças na resposta cerebral quando o consumidor é informado do preço antes de ser informado sobre o produto.[163] Eles demonstraram que exibir o preço primeiro promoveu avaliações ligadas ao valor financeiro do produto, enquanto mostrar o produto primeiro promoveu avaliações relacionadas à atratividade ou desejabilidade dos produtos. A conclusão é que, se você não está vendendo a solução mais barata, deve realmente apresentar o produto primeiro e depois o preço.

PROPOSTA DE VALOR

Valor (muitas vezes chamado de proposta de valor) é um tópico favorito no mundo do marketing. Dos cerca de 200 mil livros escritos sobre marketing, cerca de mil se concentram especificamente no assunto da proposta de valor. Em comparação, menos de sessenta livros foram escritos sobre neuromarketing até o momento, e mais de 1 milhão tratam de vendas!

Fundamentalmente, quando você está tentando vender ou comercializar um produto ou um serviço (ou mesmo uma ideia), seu objetivo em qualquer ponto de preço deve sempre ser maximizar o valor que os clientes potenciais percebem. Em outras palavras, independentemente do seu preço, você deve tentar maximizar o valor que apresenta e, ao fazer isso, maximizará o GAIN definido como valor menos custo. Imagine que você está vendendo um carro por R$50 mil. Se conseguir criar a percepção no cérebro de seus potenciais clientes de que o valor do carro é comparável ao de um Bentley, uma Ferrari ou um Tesla, ele se tornará mais fácil de vender do que se o valor percebido for comparável a um Fiat ou um Hyundai. A percepção de valor é fundamental!

Ao revisar os modelos mais populares sobre valor, identificamos três tipos: financeiro, estratégico e pessoal. Você deve se lembrar que usamos as mesmas categorias para diagnosticar o PAIN (a dor). Acreditamos ainda que o valor pode ser comprovado com quatro provas: social (depoimento/caso de cliente), observável (demonstração), analítica (dados) e aspiracional (visão). Portanto, o valor pode ser apresentado como uma matriz, mostrada na Tabela 7.1.

TABELA 7.1 MATRIZ DE VALORES

VALOR \ Prova	Social Depoimento/Caso de Cliente	Observável Demonstração	Analítica Dados	Aspiracional Visão
Financeiro				
Estratégico				
Pessoal				

OS TRÊS TIPOS DE VALOR

Valor Financeiro

O *valor financeiro* refere-se à criação de riqueza mensurável, seja aumentando a poupança ou trazendo receitas adicionais. Tenha em mente que, devido ao viés de aversão à perda, ajudar seus clientes a economizar R$1 tem um valor psicológico maior — em média, cerca de 2,3 vezes mais — do que ajudá-los a ganhar R$1.[164, 165]

Em um contexto B2B, o valor financeiro é frequentemente rotulado como ROI (retorno sobre o investimento) ou TCO (custo total de propriedade) e deve ser cuidadosamente quantificado. Por exemplo, em vez de dizer "Minha solução economizará dinheiro", você deve dizer "Você economizará 12% de seu custo de fabricação com minha solução". Ou, melhor ainda, "Você economizará R$58 mil por ano com minha solução". Observe como uma quantificação precisa do valor o torna mais tangível do que uma declaração vaga e menos convincente tal como "você vai economizar dinheiro".[166] Além disso, quantificar o valor em reais em vez de em porcentagem reduzirá o esforço cognitivo do cliente em potencial. Isso simplifica a comparação do valor com o custo. Se sua solução tiver um preço de R$50 mil, os clientes em potencial entenderão instantaneamente que conseguirão recuperar o investimento em menos de um ano. O cálculo do ganho se torna óbvio, até mesmo para o cérebro primitivo!

Valor Estratégico

O *valor estratégico* refere-se a um valor de negócios que seu cliente em potencial experimentaria com o entendimento de que esse valor não pode ser traduzido em uma quantificação financeira crível, mas oferece benefícios tangíveis. Por exemplo, imagine que você está vendendo um novo tipo de cinto de segurança para a Volvo que oferece uma classificação de segurança mais alta do que a usada atualmente. Como a segurança é central para a proposta de valor da Volvo (esta é, na verdade, sua principal reivindicação!), o aumento da segurança proporcionado pela sua solução representa um valor estratégico. Observe que traduzir isso em um valor financeiro seria desafiador. Embora um aumento global na segurança dos carros Volvo seja valioso, alegar que ajudaria a empresa a vender mais carros seria um exagero, pois seria difícil, se não impossível, fazer uma ligação direta entre maior segurança e vendas adicionais.

Semelhante ao valor financeiro, o valor estratégico deve ser quantificado com um número exato. No exemplo da Volvo, em vez de dizer "Os nossos novos cintos de segurança tornarão os seus carros mais seguros", diga "O índice de segurança de seu automóvel aumentará de 88% para 91% graças aos nossos novos cintos de segurança". Observe que, nesse caso, quantificar o valor o torna mais tangível e, portanto, mais atraente para o cérebro primitivo.

Outros exemplos de valor estratégico incluem menos risco de negócios, oportunidade de diversificar, maior qualidade, melhor diferenciação e assim por diante. Todos esses exemplos apontam para uma redução do risco e da incerteza, que são fatores cruciais para o cérebro primitivo.

Valor Pessoal

O *valor pessoal* refere-se aos benefícios psicológicos ou físicos que os clientes experimentariam por causa de sua solução. O valor pessoal inclui menos estresse, orgulho de propriedade, redução da carga de trabalho, ser promovido, tornar-se um herói, sentir-se mais seguro ou mais capacitado no trabalho, receber um bônus, receber reconhecimento da empresa ou externo etc. Ao contrário dos valores financeiro e estratégico, o valor pessoal é difícil de quantificar se não com construtos psicológicos. No entanto, se sua solução permite que os clientes trabalhem menos, você deve tentar quantificar quanto: são apenas cinco minutos por semana ou uma hora por dia? Observe que, se o benefício de trabalhar menos implica que os clientes poderiam, por sua vez, diminuir o custo de sua solução, seria sábio quantificar esse componente financeiro do valor. Em vez de dizer "Nossa solução economizará tempo", diga "Você economizará cinco minutos no tempo de montagem de cada uma de suas máquinas, o que significa que não precisará mais fazer horas extras às sextas-feiras (valor pessoal) e isso resultará em uma economia de custo de produção de R$27 por máquina (valor financeiro)". Mesmo em grandes transações B2B, o valor pessoal não deve ser subestimado. Por exemplo, durante anos, quando a IBM estava vendendo grandes computadores, seu lema era "Ninguém nunca foi demitido por escolher a IBM".

O objetivo de um persuasor eficaz deve ser sempre maximizar a quantidade de valor apresentada, e não deixá-la aberta à imaginação do público.

AS QUATRO PROVAS

Observe que a matriz de valor apresenta as provas em ordem decrescente de força: a primeira, um depoimento de cliente, representa a prova mais forte possível, enquanto uma prova aspiracional, uma visão, é a mais fraca, pois requer um ato de fé de seu público: as pessoas têm que acreditar em sua palavra.

Prova Social: Depoimento/Caso de Cliente

Em seu livro *Influência: A Psicologia da Persuasão*, Robert Cialdini identifica seis leis de influência:[167]

- Validação social: quanto mais as pessoas se comportarem de uma maneira, mais incitará os outros a imitarem esse comportamento.
- Consistência e compromisso: uma vez que as pessoas fizerem uma declaração em uma direção, elas estarão psicologicamente motivadas a permanecer consistentes com a declaração original.
- Reciprocidade: quando você faz algo bom para as pessoas, elas vão querer retribuir.
- Amizade: quanto mais você tem um relacionamento positivo com as pessoas, mais chances tem de influenciá-las.
- Autoridade: as pessoas percebidas como especialistas ou responsáveis são mais influentes.
- Escassez: quanto mais raro um item, mais valioso ele se torna.

Um exemplo simples do impacto da validação social — que queremos usar aqui para demonstrar fortemente seu valor — é a "trilha de risadas", que provou fazer o público rir com mais intensidade e frequência e classificar a comédia como mais engraçada.[168] Cialdini afirma que definimos como comportamento correto o que vemos outras pessoas fazerem. Outras manifestações desse fenômeno podem ser vistas quando os bartenders colocam algumas notas em seu pote de gorjetas, quando os fabricantes de automóveis reivindicam "o caminhão número 1 de vendas no país" ou quando as empresas estão ansiosas para comunicar a longa lista de clientes que usam sua solução. Lembre-se, nosso cérebro primitivo nos fará agirmos como ovelhas. Quanto mais acreditamos que as pessoas se comportam de uma maneira, mais queremos nos encaixar. Em um ambiente de negócios, como você pode usar essa lei a seu favor? A resposta é usando um ou mais depoimentos de clientes.

Os depoimentos de clientes ou as histórias de clientes representam a melhor prova, pois não apenas vêm de terceiros, em vez de virem do próprio fornecedor, mas também dão um exemplo de qual poderia ser a norma social.

Além disso, quando cuidadosamente roteirizados e devidamente entregues, depoimentos de clientes podem transportar os espectadores para um mundo diferente, um fenômeno descrito em detalhes na seção do Capítulo 8 sobre catalisadores de persuasão: histórias. Imagine que você já vendeu seus produtos para a Volvo e agora está tentando vender cintos de segurança para a BMW. Você pode usar o seguinte depoimento:

> Ao usar os cintos de segurança de nosso novo fornecedor, economizamos R$7 por carro, resultando em uma economia anual de R$3,5 milhões (valor financeiro); ao mesmo tempo, aumentamos o índice de segurança de nossos carros em três pontos (valor estratégico). Como resultado, todo o nosso departamento de compras recebeu o prêmio de Melhor Contribuição do Departamento diretamente do nosso CEO (valor pessoal). — Johann Swenson, diretor de compras, Volvo

Observe como seria difícil para os potenciais clientes da BMW argumentarem com tal prova. Sabendo das semelhanças entre o caso de negócios da BMW e da Volvo, provavelmente os compradores na BMW começarão a imaginar que eles também experimentariam os mesmos benefícios!

Cialdini insistiu que a lei da validação social funciona ainda melhor quando estamos observando o comportamento de pessoas com alto grau de semelhança conosco.[169] Na história, a semelhança óbvia entre BMW e Volvo tornaria o trabalho de validação social mais forte do que se o potencial cliente fosse um fabricante de tratores, como a John Deer, ou um fabricante de aviões, como a Boeing. Aqui, novamente, observe a ligação com o cérebro primitivo e a importância da semelhança!

Finalmente, um depoimento de cliente representa o passado. Não há nada de especulativo nisso. É factual, e é por isso que tem tanto impacto no cérebro primitivo!

Exemplo do uso de um depoimento de cliente para apoiar o valor de uma reivindicação. A Tovar é a maior empresa de remoção de neve nos Estados Unidos, e seus clientes incluem grandes instituições como bancos, hospitais e grandes centros comerciais. A dor dos clientes envolve velocidade: após uma grande tempestade de neve, quanto tempo levará para seus estacionamentos se tornarem acessíveis novamente? Para um hospital, vidas estão em jogo quando as ambulâncias não conseguem chegar às suas instalações; e, para shoppings, a perda de receita é imediata quando os compradores não conseguem entrar no estacionamento. Guiada pela SalesBrain, a Tovar endossou um conjunto de reivindicações centradas na rapidez de sua intervenção: Comunicação Instantânea, Ação Instantânea e Tranquilidade Instantânea. Eles também pediram à SalesBrain para desenvolver um conjunto de slides para ajudar a vender seus serviços. Para comprovar o valor da tranquilidade instantânea, recomendamos que eles usassem depoimentos de clientes como o apresentado na Figura 7.1. Neste exemplo, observe que o cliente usa a palavra "tranquilidade" para apoiar um dos CLAIMS.

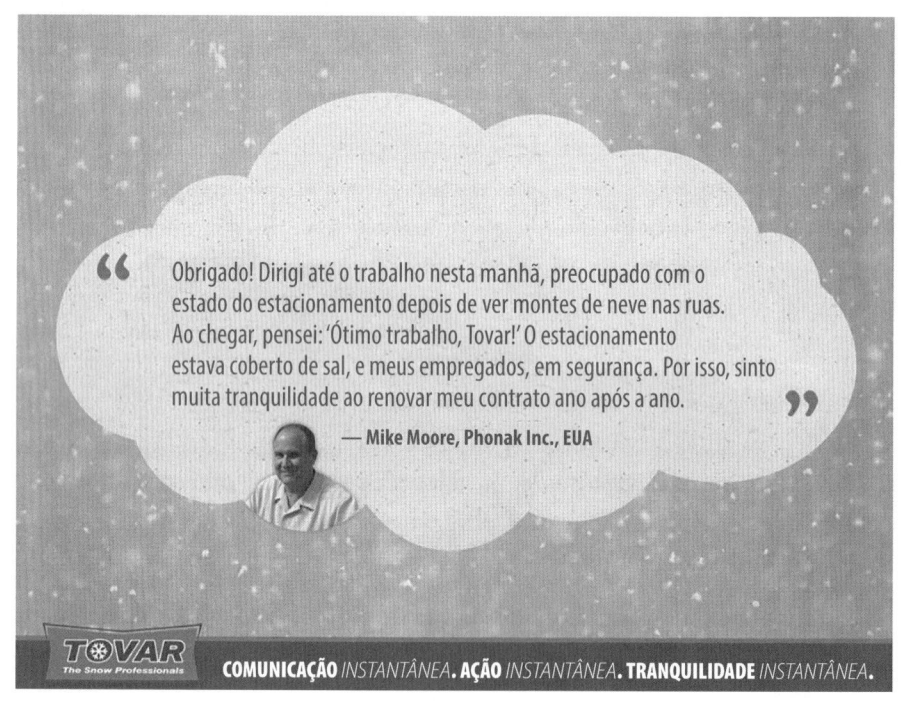

Figura 7.1 Depoimento da Tovar.

Em conclusão, a melhor maneira de provar seu valor é usar as histórias certas de clientes. Depoimentos são provas sociais que têm um forte efeito persuasivo no cérebro primitivo do seu público. Transforme-os em vídeos para aumentar seu impacto visual e emocional.

DEMONSTRE O GAIN

Prova Observável: Demonstração

Uma demonstração (ou demo) usa um objeto cênico, um visual ou uma sequência de etapas lógicas para provar uma declaração de valor no presente. Pense no slogan da Domino's Pizza: "Até 30 minutos ou é de graça." O "ou é de graça" é uma forte demonstração de que a pizza chegará a tempo.

TABELA 7.2   MATRIZ DE VALORES DA DOMINO'S

Prova VALOR	Social *Depoimento/* *Caso de* *Cliente*	Observável *Demonstração*	Analítica *Dados*	Aspiracional *Visão*
Financeiro				
Estratégico				
Pessoal		☑		

Na Figura 7.2, observe como a Sony destacou o valor pessoal de um pequeno projetor: é difícil dizer qual é o laptop e qual é o projetor! Na época em que este anúncio foi usado, há quase vinte anos, a maioria dos projetores eram volumosos e pesados.

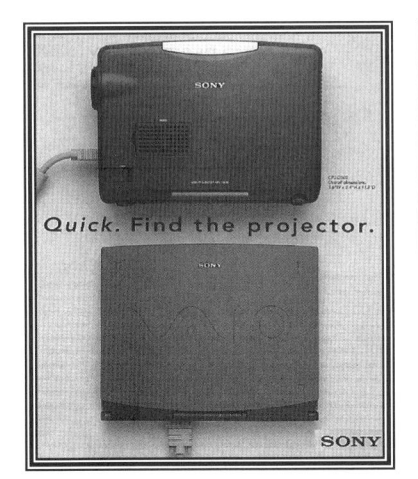

Figura 7.2   Matriz de valores da Sony. Tradução: *Rápido. Encontre o projetor.*

A Figura 7.3 mostra outro exemplo de uma grande demonstração, que usa a curiosidade natural dos leitores para entregar sua proposta de valor!

Figura 7.3   Anúncio da 3M. Tradução: *Você precisa de um filtro de privacidade 3M, pois ler a tela de um notebook é irresistível. Viu?*

Embora o valor não seja claramente declarado ou quantificado, observe que o valor da privacidade é comunicado em três tipos de valor (veja a Tabela 7.3):

- Financeiro: você pode perder uma quantia significativa de dinheiro se suas informações confidenciais forem vistas pelos olhos errados.

- Estratégico: perder informações confidenciais pode ser prejudicial para o seu negócio.

- Pessoal: ter que lidar com o roubo de identidade ou a perda do seu cartão de crédito e outras informações financeiras ou de saúde sensíveis pode trazer estresse por anos.

TABELA 7.3   MATRIZ DE VALORES DA 3M

VALOR \ Prova	Social *Depoimento/ Caso de Cliente*	Observável *Demonstração*	Analítica *Dados*	Aspiracional *Visão*
Financeiro		☑		
Estratégico		☑		
Pessoal		☑		

Embora cada um desses exemplos fale de pontos de valor radicalmente diferentes, observe o espaço que a demonstração do valor ocupa: por exemplo, no caso da 3M, o destaque visual da proposta de valor (*por que* você deve comprar) é cinco a dez vezes maior do que a série de cinco imagens na parte inferior que explica *o que* o produto faz. Agora, contraste isso com o que a maioria dos anunciantes faz. Eles dão uma longa explicação do *que*, com pouca ou nenhuma ênfase no *porquê*!

Depois do depoimento de cliente, a prova observável, como uma demonstração, é a segunda melhor, pois fornece um tipo irrefutável de prova.

Prova Analítica: Dados

"Em Deus, confiamos... todos os demais, por favor, apresentem dados!" é o lema dos céticos. Apesar dessa opinião cética, os dados são abstratos e fornecem uma prova mais fraca do que um depoimento de cliente ou uma demonstração. No entanto, você ainda pode provar seu *valor* usando dados.

Ao usar os dados como prova, pesquisas mostram que a credibilidade da fonte dos dados afeta o efeito persuasivo.[170] Além disso, estudos têm mostrado que a quantificação dos dados sempre traz algum benefício de persuasão. A exceção a essa regra afirma que a quantificação pode reforçar o fato de que a fonte de informação precisa ser percebida como especializada para que o efeito persuasivo ocorra.[171] Observe que a fase de diagnóstico do NeuroMap serve para revelar a dor de seus clientes e oferece uma oportunidade para estabelecer sua expertise na área.

Imagine que você está vendendo equipamentos de manufatura. Para provar seu valor, poderia dizer: "Nossas novas máquinas economizariam R$240 mil por ano em seus custos de fabricação." Observe que tal afirmação não está usando dados para provar o valor; ela apresenta apenas uma quantificação do valor, mas a prova é aspiracional — você espera conseguir economizar esse valor.

Agora imagine se você dissesse: "Nossas máquinas reduzirão seu tempo de fabricação em 10%. Sua fábrica funciona 2.400 horas por ano, portanto, você economizará 240 horas por ano. Como você mencionou que seu custo de produção é de R$1 mil por hora, você economizará R$240 mil."

Observe que, embora a economia apresentada nos dois exemplos seja idêntica, o primeiro requer um ato total de fé no que o fornecedor diz (os R$240 mil), enquanto o segundo requer duas suposições:

1. Seu cliente em potencial acredita que você reduzirá o tempo de fabricação em 10%. O resto dos números será facilmente aceito porque é baseado na porcentagem.

2. Seu cliente em potencial entende a lógica do seu argumento. Para isso, ele precisa compreender como você chegou ao valor de R$240 mil.

O exemplo atual é óbvio, mas na maioria das situações B2B esses cálculos podem ser muito complexos, e eles inevitavelmente requerem uma grande carga cognitiva no cérebro do seu público, uma tarefa que é energeticamente exigente e muitas vezes propícia à confusão, não à persuasão.

Portanto, seu objetivo é chegar à quantificação do valor — financeiro, estratégico ou pessoal — usando a fórmula mais simples e compatível com o nível de compreensão do seu público sobre conceitos matemáticos ou abstratos. Por exemplo, se você vende uma solução complexa que será analisada por um CFO, seria relevante usar um modelo de ROI sofisticado. Mas, se está em uma situação B2C, o uso de dados para construir sua prova deve ser simples de entender. Lembre-se: mesmo os dados mais simples não são atraentes para o cérebro primitivo!

A Figura 7.4 e a Tabela 7.4 são ótimos exemplos de dados para comprovar o valor.

DEMONSTRE O GAIN

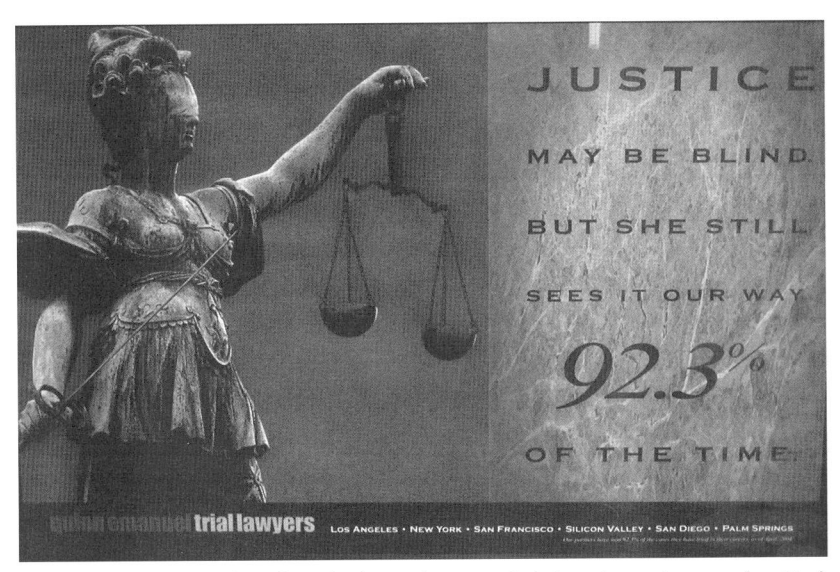

Figura 7.4 Exemplo de dados do escritório de advocacia Quinn. Tradução: *A Justiça pode ser cega, mas, ainda assim, ela enxerga que temos razão em 92,3% das vezes.*

TABELA 7.4 MATRIZ DE VALORES DO ESCRITÓRIO QUINN

Prova / VALOR	Social *Depoimento/ Caso de Cliente*	Observável *Demonstração*	Analítica *Dados*	Aspiracional *Visão*
Financeiro			☑	
Estratégico				
Pessoal				

Observe como o anúncio na Figura 7.4 usa os dados: a porcentagem de vezes que os juízes concordaram com o escritório de advocacia. No entanto, eles forneceram a prova, mas não a traduziram — provavelmente uma tarefa difícil — em um valor financeiro (quanto dinheiro você economizaria em média ganhando seu processo) e/ou em um valor pessoal (não passar muitas noites sem dormir sob o estresse de um processo).

O CÓDIGO DA PERSUASÃO

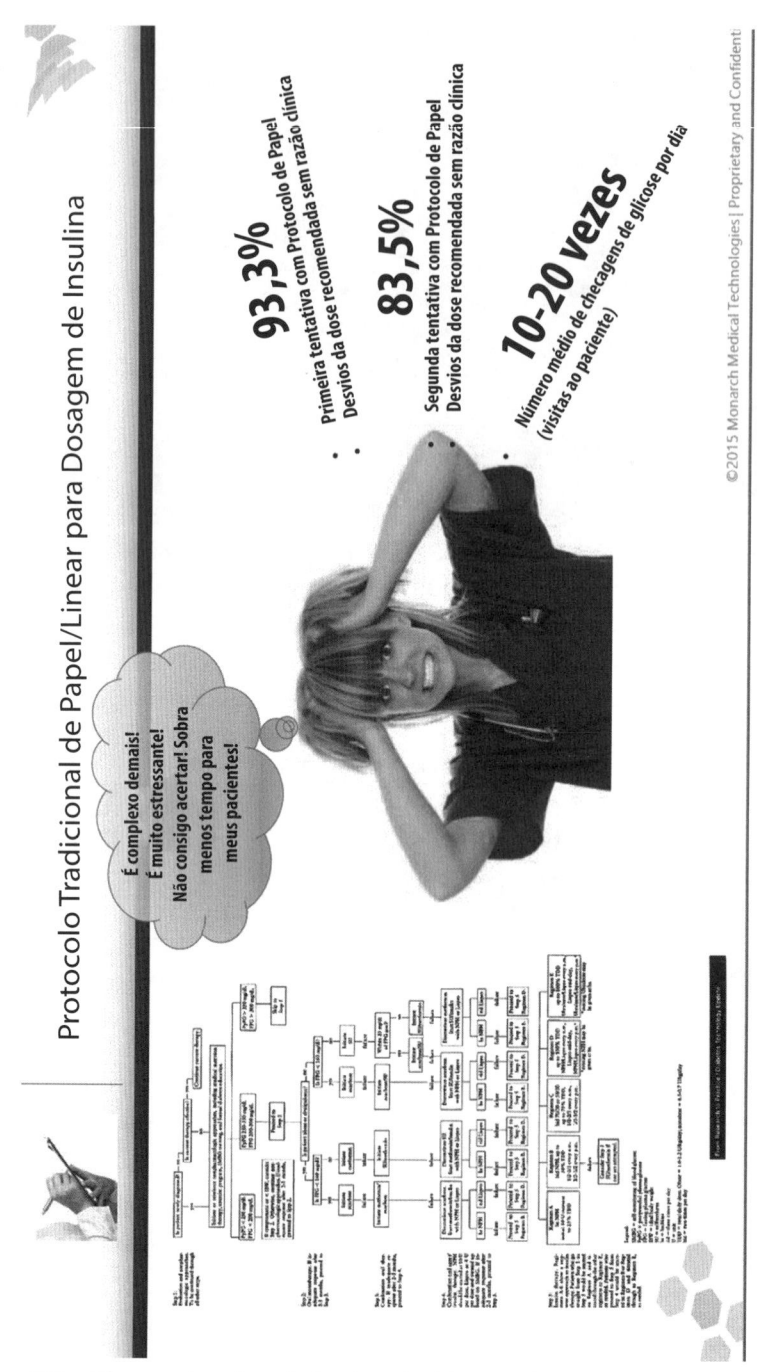

Figura 7.5 Elemento visual da dor da Monarch.

DEMONSTRE O GAIN

Algoritmo EndoToll da Monarch

Nada de adivinhação! Menos estresse! Mais tempo com meus pacientes!

0,7%
Desvios da dose recomendada sem razão clínica

46%
Redução nas checagens de glicose sanguínea (visitas ao paciente e custos de suprimento relacionados)

75%
Aumento da satisfação dos enfermeiros

Mais de 60 algoritmos de controle

- Algoritmos de calibração
- Algoritmos de dosagem
- Algoritmos de dosagem de bolus
- Cálculo de D50
- Algoritmos de frequência
- Algoritmos de feedback positivo na regulação para cima
- Algoritmos de feedback negativo na regulação para baixo

©2015 Monarch Medical Technologies | Proprietary

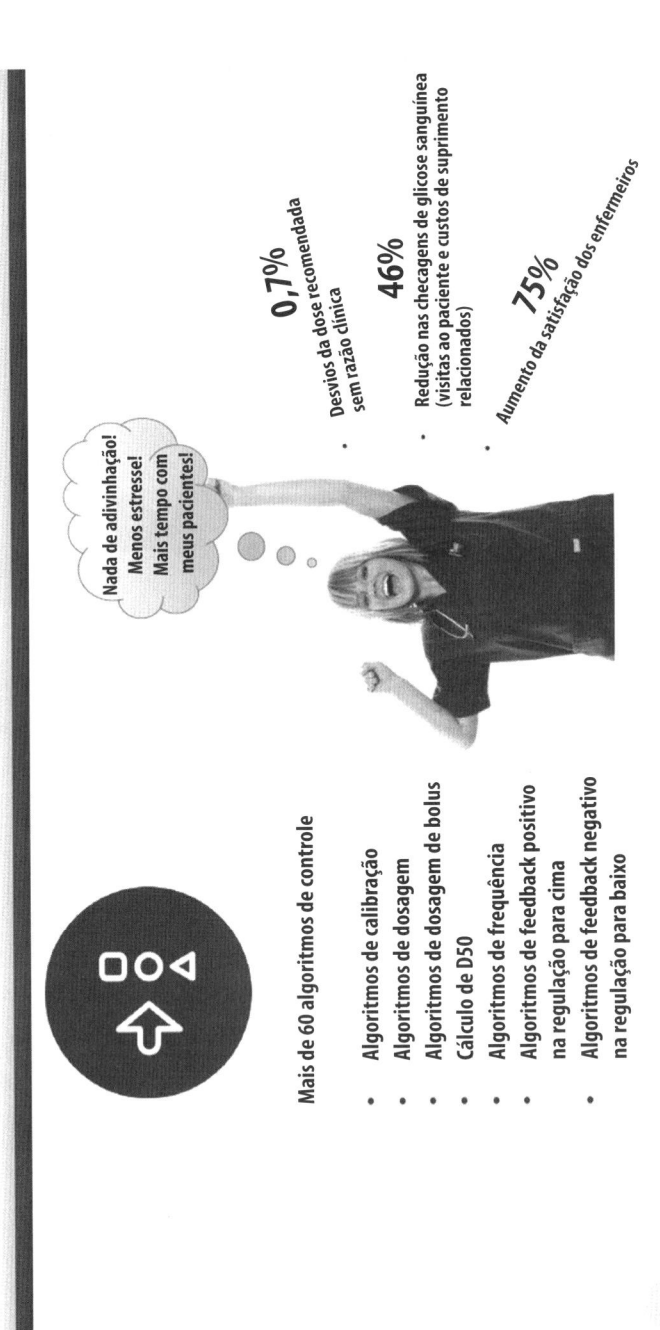

Figura 7.6 Elemento visual do ganho da Monarch.

A Monarch Medical Technologies desenvolveu um software inovador para gerenciar melhor a glicose em pacientes diabéticos. No primeiro slide, mostrado na Figura 7.5, observe como eles usaram os dados para enfatizar a dor do enfermeiro que está cuidando dos pacientes.

No slide seguinte (Figura 7.6), veja como eles usaram os dados para provar o valor da solução e como esses números contrastam com os números associados à dor.

Para fortalecer ainda mais a prova, observe que eles poderiam apresentar os dados originais que usaram para criar os números:

- 0,7% de desvio versus 93,3%.
- 46% de redução de verificações.
- Aumento de 75% na satisfação do enfermeiro.

Em conclusão, os dados podem ser usados quando provas mais fortes (social ou observável) não estão disponíveis. Um persuasor eficaz deve tornar os dados fáceis de processar e acreditar.

Prova Aspiracional: Visão

Quando nenhuma outra prova está disponível, ainda há uma maneira de persuadir: usando o poder de sua visão ou crença. Você certamente já ouviu essa prova quando um vendedor disse: "Confie em mim, vamos economizar R$1 mil!" Devido à ausência de provas reais, o vendedor precisa tornar a visão ousada e impressionante. Tal prova aspiracional normalmente requer contar uma história, uma analogia ou usar uma metáfora para fazer com que os clientes em potencial confiem no valor que receberão.

O anúncio mostrado na Figura 7.7 recebeu vários prêmios de publicidade.

Figura 7.7   Anúncio da Sanders. Placa: *ERA - DELE*

Note que não é um caso de cliente porque a maioria dos leitores não são ingênuos o suficiente para acreditar que a placa do automóvel realmente existe e não foi criada pela agência de publicidade. Teria sido um caso de cliente se uma mulher divorciada famosa, como Ivana Trump (divorciada de Donald Trump em 1991) ou Angelina Jolie (divorciada de Billy Bob Thornton em 2003), estivesse parada ao lado do carro. Também não é uma demonstração, pois o anúncio não prova que, de fato, a mulher seria capaz de conseguir o carro em um acordo de divórcio. Portanto, isso significa usar uma visão: "Confie em nós, poderemos conseguir o carro para você." O valor tem um componente financeiro: o valor desse veículo, digamos US$50 mil, e também tem um componente pessoal: vingança! A matriz de valores para esse anúncio é mostrada na Tabela 7.5.

O CÓDIGO DA PERSUASÃO

TABELA 7.5 MATRIZ DE VALORES DA SANDERS

VALOR / Prova	Social Depoimento/ Caso de Cliente	Observável Demonstração	Analítica Dados	Aspiracional Visão
Financeiro				US$50 mil
Estratégico				
Pessoal				Vingança

Deve-se notar que, embora a prova usada seja bastante fraca, o anúncio ainda tem um grande impacto, pois a mensagem dialoga emocionalmente com o cérebro primitivo!

Outro exemplo esplêndido do uso de uma visão para fechar um negócio, e revolucionar o mundo, é a história de como Jim Clark começou a Netscape. Jim, o único empreendedor que já criou três empresas que valiam mais de US$1 bilhão, fundou a SGI (Silicon Graphics Inc). Conheci Jim quando abri a primeira filial da Silicon Graphics em Toulouse, França, e o reencontrei mais tarde, quando a SGI me ofereceu um emprego em sua sede em Mountain View, Califórnia. Jim deixou a SGI em 1993 e investiu US$3 milhões de seu próprio dinheiro para iniciar a Netscape, a empresa que inventou o primeiro navegador e liderou a revolução que ficou conhecida como a era da internet. Em 1994, e antes de sua IPO (oferta pública inicial) — recorde mundial em agosto de 1995 —, Jim tentava desesperadamente levantar dinheiro, então ele apresentou suas ideias para as principais empresas de capital de risco no Vale do Silício. O valor de um navegador, que facilitava o acesso à web por meio de sua interface gráfica, não poderia ser comprovado com nenhuma outra prova além da visão de Jim Clark, pois ele não poderia usar:

- Um caso de cliente dizendo que Bill Gates ganhou uma fortuna com o Microsoft Internet Explorer. A Microsoft só desenvolveu seu primeiro navegador vários anos após a Netscape.

- Uma demonstração. Na verdade, grande parte do dinheiro que Jim precisava era para desenvolver uma primeira demo executável do Navigator, o primeiro navegador da Netscape.

- Dados, pois não havia dados confiáveis que pudessem prever quantas pessoas usariam um navegador para acessar a internet. Não havia consenso sobre o que as pessoas fariam com a internet além do que a comunidade de pesquisa já fazia — ou seja, trocar dados científicos!

Entre 1993 e 1995, Jim estava tentando manter a Netscape viva porque a empresa estava perdendo muito dinheiro. No entanto, no dia da IPO de 15 de agosto de 1995, muitas pessoas começaram a comprar a visão de Jim; a IPO arrecadou mais de US$300 milhões em uma avaliação de US$2 bilhões, com receitas de apenas US$16 milhões nos seis meses anteriores à IPO e sem perspectiva de obter lucro por pelo menos dois anos. Esse é o valor de uma boa visão!

Entretanto, antes desse incrível sucesso, Jim teve dificuldade em vender sua visão. Na verdade, a New Enterprise Associates, uma das empresas de capital de risco de primeiro nível no Vale do Silício, recusou a oferta de Jim para ingressar como investidor inicial. Não era óbvio, então, que um navegador valeria alguma coisa. E apostar dinheiro de investimento na visão de um empreendedor é uma proposta arriscada.

A moral dessa história é que, mesmo que você seja Jim Clark e mesmo que tenha em mãos um software que mudará o mundo, deve tentar apresentar uma prova de valor melhor do que sua visão para influenciar o cérebro primitivo de seu público. Sim, é possível persuadir usando uma visão, mas ela representa a prova mais fraca!

Observe que a fronteira entre as quatro provas que estamos sugerindo não é definitiva. Por exemplo, se você estivesse vendendo escovas de dentes, poderia usar a seguinte declaração: "Nossa nova escova de dentes é recomendada por 80% dos dentistas." Observe que essa prova é uma combinação de dados e validação social, portanto sua força deve ser considerada maior do que uma prova que usa apenas dados como no exemplo de manufatura anterior.

O CUSTO

Assim como o valor, o custo pode ser categorizado em três componentes, discutidos a seguir.

Custo Financeiro:

O custo financeiro é sempre o elemento de custo mais bem definido. No B2C, o preço geralmente está na etiqueta anexada ao item. E, no B2B, o custo normalmente aparece com destaque na primeira ou última página da proposta.

Custo Estratégico

O custo estratégico é mais relevante ao vender uma solução B2B. Isso inclui o custo comercial de adquirir a solução, como aumento de risco, menos flexibilidade, desvio de recursos críticos para a implantação da solução e assim por diante.

Custo Pessoal

Abrange como sua solução pode impactar negativamente a vida pessoal dos compradores. Isso pode incluir o risco de uma mudança para um novo fornecedor, a dor de aprender um novo sistema, como trocar um celular Google por um iPhone ou vice-versa, de ter que fazer horas extras, de lidar com um processo novo e estressante e assim por diante. O custo também pode ser representado na forma da seguinte matriz.

TABELA 7.6 MATRIZ DE CUSTOS

Matriz de custos	Custo
Financeiro	
Estratégico	
Pessoal	

A EQUAÇÃO DE GANHO

A equação de ganho pode ser representada por:

$$\boxed{\text{Ganho}} = \boxed{\begin{array}{c}\text{Reivindicação}\\\text{de valor 1}\end{array}} + \boxed{\begin{array}{c}\text{Reivindicação}\\\text{de valor 2}\end{array}} + \boxed{\begin{array}{c}\text{Reivindicação}\\\text{de valor 3}\end{array}} - \boxed{\text{Custo}}$$

Recomendamos que você calcule o valor total adicionando apenas o valor dos benefícios exclusivos proporcionados por sua solução — aqueles oferecidos em seus CLAIMS (reivindicações) —, em vez de simplesmente adicionar o valor apresentado pela diferença entre a solução existente versus a nova solução. Isso é para enfatizar que, a fim de comparar e contrastar, o cérebro primitivo precisa, em primeiro lugar, entender o valor único oferecido por sua solução. Nesse caso, o ganho calculado não representa a diferença que o cliente experimentaria entre a solução existente e sua solução, mas a diferença entre o que ele obteria com você ou de qualquer uma das soluções de seus concorrentes. Para explicar o viés de aversão à perda, uma representação mais psicologicamente precisa da equação de ganho é:

$$\boxed{\text{Ganho}} = \boxed{\begin{array}{c}\text{Reivindicação}\\\text{de valor 1}\end{array}} + \boxed{\begin{array}{c}\text{Reivindicação}\\\text{de valor 2}\end{array}} + \boxed{\begin{array}{c}\text{Reivindicação}\\\text{de valor 3}\end{array}} = -2{,}3^* \boxed{\text{Custo}}$$

Além disso, deve-se notar que o cérebro dos clientes experimentará a dor do custo imediatamente após a decisão de compra. E espera-se que isso seja compensado pela esperança de receber o valor em um ponto incerto no futuro. Assim, a equação passa a ser:

$$\boxed{\text{Ganho}} = -2{,}3^* \boxed{\text{Custo}}$$

[Experimentado imediatamente no momento da compra, com 100% de probabilidade.]

$$+ \boxed{\begin{array}{c}\text{Reivindicação de}\\\text{valor 1}\end{array}} + \boxed{\begin{array}{c}\text{Reivindicação de}\\\text{valor 2}\end{array}} + \boxed{\begin{array}{c}\text{Reivindicação de}\\\text{valor 3}\end{array}}$$

[Experimentado em um momento futuro desconhecido, com uma probabilidade ligada à força da prova.]

Como você agora entende, apresentar essa equação complexa para as não menos complexas particularidades do cérebro continua sendo um desafio. Na SalesBrain, acreditamos que o fornecedor é responsável por tornar essa demonstração amigável ao cérebro. Isso significa alcançar a fluência cognitiva com uma demonstração de ganho bem delineada, para que possa ser facilmente compreendida e lembrada.

O QUE LEMBRAR

- Ganho (o GAIN) é a diferença entre valor e custo.
- A prova de ganho é fundamental para garantir que sua proposta de valor não seja apenas clara, mas também verossímil.
- É seu ônus provar que o ganho é crível.
- Divida seu ganho em termos de valor financeiro, valor estratégico e valor pessoal.
- Existem quatro maneiras de provar o ganho. A maneira mais eficaz é depoimento de cliente, seguido de demonstração, dados e, por fim, visão.

A essa altura, você já:

- Diagnosticou o PAIN.
- Diferenciou seus CLAIMS.
- Demonstrou o GAIN.

Agora que o conteúdo da sua mensagem está definido, é hora de trabalhar na entrega da sua mensagem, e você precisa:

- Dialogar com o PRIMAL BRAIN.

CAPÍTULO 8

Dialogue com o Primal Brain

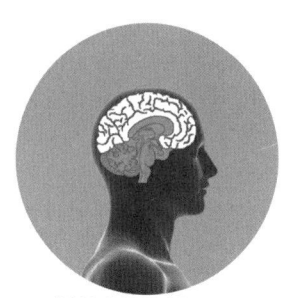

**DIALOGUE COM O
PRIMAL BRAIN**

As respostas para os três primeiros passos — PAIN (dor), CLAIMS (reivindicações) e GAINS (ganhos) — definirão o conteúdo da sua mensagem, ou seja, *o que* você deve comunicar para maximizar a probabilidade de que os cérebros do seu público-alvo, tanto o racional quanto, o mais importante, o primitivo, apoiem uma decisão *positiva*. Agora você precisa trabalhar em *como* comunicar esses conceitos de PAIN, CLAIMS e GAINS, para que seus cérebros realmente entendam, acreditem e se lembrem do que você está dizendo. Você precisa entregar sua mensagem de um jeito amigável para o cérebro primitivo! O NeuroMap fornece o modelo da melhor entrega para alcançar o máximo efeito persuasivo. Existem dois conceitos críticos que discutiremos a seguir: elementos de persuasão e catalisadores de persuasão. Recomendamos que você olhe a ilustração do NeuroMap no interior da capa!

O CÓDIGO DA PERSUASÃO

SEIS ELEMENTOS DE PERSUASÃO

Os elementos de persuasão são os blocos de construção ou ingredientes fundamentais do conteúdo que você precisa comunicar aos seus clientes (Figura 8.1).

| CAPTADORES DE MENSAGEM | CLAIMS | BIG PICTURE | PROVA DE GANHO | REENQUADRANDO AS OBJEÇÕES | FECHAMENTO |

Figura 8.1 Seis elementos de persuasão.

Para usar uma analogia química, se os elementos de persuasão são os vários componentes de suas mensagens, os catalisadores de persuasão (Figura 8.2) representam os bicos de Bunsen, que aumentarão o calor em seus elementos e acelerarão e amplificarão o efeito persuasivo.

| USE "VOCÊ" | MOSTRE CONTRASTE | VARIE OS ESTILOS DE APRENDIZAGEM |
| DEMONSTRE CREDIBILIDADE | DISPARE EMOÇÃO | CONTE HISTÓRIAS | BUSQUE POR MENOS |

Figura 8.2 Sete catalisadores de persuasão.

Vamos agora analisar o captador de mensagem, o primeiro elemento de persuasão que despertará o desejo do público de saber mais sobre você e sua proposta de valor.

CAPTADORES DE MENSAGEM

"Se você capturar atenção com um elemento visual logo no início de sua mensagem, terá uma chance melhor de prender seu público."
— David Ogilvy, especialista em publicidade

A maioria das pessoas não consegue capturar a atenção do público facilmente. Sejamos francos, normalmente, seus clientes em potencial não estão ansiosos para receber mais uma mensagem de vendas por meio de uma peça de publicidade, e-mail, correio de voz, apresentação, site ou folheto. Sem dúvida, eles estão focados em outra coisa, e seu objetivo é desviar a atenção deles para que possam começar a direcionar sua energia mental para processar a sua mensagem.

Como nossa discussão sobre a neurociência da atenção mostrou, a atenção é um processo neurológico complicado, que os neurocientistas cognitivos estudaram por muitos anos. O corpo humano envia cerca de 11 milhões de bits de informação por segundo para o cérebro, mas a mente consciente só consegue processar cerca de 50 bits por segundo.[172] Então, como decidimos focar nossa atenção ou como nosso cérebro decide selecionar 50 bits por segundo dentre 11 milhões?

Considere o experimento conduzido por Darren Brown, um mentalista e ilusionista britânico. Quanta atenção você acha que uma carteira com trezentas libras em dinheiro receberia quando deixada em uma calçada movimentada em Londres? Quanto tempo levaria para as pessoas notarem e a pegarem? Veja o vídeo em https://tinyurl.com/kku4raj.

Surpreendentemente, se um círculo amarelo é desenhado em torno dela, a carteira passa despercebida por horas e muitos transeuntes simplesmente não a veem. Mas, sem o círculo, a carteira é recolhida em segundos. Esse experimento sugere que o círculo sinaliza ao nosso cérebro primitivo algo anormal e, portanto, a presença da carteira é ignorada por nossa consciência. O experimento foi mais tarde repetido em outras cidades ao redor do mundo e gerou resultados idênticos: não se trata de algo restrito ao funcionamento das mentes dos britânicos!

Da mesma forma, Chabris (Universidade Harvard) e Simons (Universidade de Illinois), psicólogos e cientistas cognitivos, revelaram o efeito surpreendente da cegueira à mudança e da cegueira por desatenção.[173] Em um famoso experimento, que ganhou o Prêmio IgNobel — um prêmio semelhante ao Prêmio Nobel para recompensar dez realizações incomuns na pesquisa científica —, Chabris e Simons demonstraram que os humanos muitas vezes não conseguem reconhecer um estímulo inesperado à vista. Veja por si mesmo em https://tinyurl.com/8fuake8.

Pense no que isso significa para um estímulo como seu site, suas campanhas de marketing, seus folhetos, seu estande de exposição ou suas apresentações em PowerPoint. Como você pode captar a atenção do público toda vez que precisa entregar uma mensagem? Talvez você pense que está oferecendo aos seus clientes uma carteira cheia de dinheiro. Mas como garantir que sua mensagem seja perceptível? Como garantir que sua complexidade ou falta de autorrelevância não desencadeie cegueira atencional? O tamanho da mensagem, o uso de muito texto ou simplesmente a falta de um coquetel emocional são condições que a fariam ser ignorada. Muitas vezes, as mensagens não capturam a atenção do público simplesmente porque não são amigáveis ao cérebro!

Além disso, considere a afirmação de Wolf Singer, neurobiólogo e diretor do Max Planck Institute for Brain Research: "A atenção preliminar garante um tratamento rápido da informação e uma boa transmissão dos resultados computacionais, o que significa uma programação eficaz em toda a rede cortical."[174, 175] É isto o que um captador faz: gera a atenção preliminar que tornará o resto da sua mensagem mais fácil de entender.

Mesmo que você seja capaz de inicialmente captar a atenção de seu público, será que consegue retê-la por tempo suficiente? Pesquisadores descobriram neurônios específicos no núcleo accumbens — uma parte do cérebro associada à motivação, ao prazer e ao reforço positivo — que desencadeiam o sono quando o sujeito está entediado.[176]

Além disso, os pesquisadores Richard Anderson e James Pichert demonstraram que aquilo que é lembrado depende de informações prévias recebidas. Em um experimento clássico, os sujeitos foram convidados a ler uma história sobre uma casa da perspectiva de um ladrão ou de um potencial comprador. As memórias sobre a história não eram um registro preciso. Em vez disso, eram uma versão filtrada impactada pelas instruções que haviam recebido.[177, 178]

Antes que seu público-alvo decida abrir seu e-mail, ler seu folheto ou prestar atenção à sua apresentação de PowerPoint, você precisa motivá-lo a mudar o objeto de sua atenção. Também precisa preparar a mente deles para lembrar o que é importante em sua mensagem. Pense em um captador como uma maneira breve, altamente condensada e empolgante de dizer ao público por que ele deve parar de fazer o que está fazendo, de pensar no que está pensando e concentrar sua energia mental em sua mensagem imediatamente.

Imagine que você está vendendo uma mina de ouro. Um excelente captador poderia ser dispor suas maiores pepitas em um expositor bem diante dos olhos de seu público-alvo. O efeito de seu captador seria criar uma compreensão instantânea de sua proposta de valor, capturando a atenção na experiência imediata ou no eterno presente em que o cérebro primitivo vive.

Muitas vezes, os anúncios impressos são apenas captadores. O anunciante tenta fazer com que você pare de virar as páginas e invista alguns segundos de sua preciosa atenção para notá-lo. É o visual, não o texto, que fará você parar e prestar atenção. Para explorar o conceito de um captador, considere o exercício familiar de fazer uma apresentação usando PowerPoint, Keynote ou ferramentas semelhantes. Mas tenha em mente que o conceito de captador se aplica a qualquer forma de comunicação.

Pense na última vez que você fez uma apresentação de vendas usando slides. Você começou com:

1. Sua visão geral corporativa?
2. Sua pauta?
3. Seu histórico pessoal?
4. Uma descrição do seu produto ou serviço?

Você acha que essa informação foi convincente o bastante para interromper a atual linha de raciocínio do cérebro do seu público e obter atenção total? Você percebe agora que estava desenhando um círculo em torno de uma carteira cheia de dinheiro? Em vez disso, aprenda a jogar uma pepita de ouro bem na frente deles!

Como criar uma primeira impressão poderosa? Como captar imediatamente a atenção e oferecer ao seu público uma compreensão instantânea do que sua solução, produto ou ideia pode fazer por ele? Lembre-se do estímulo memorável, que mostrou como é importante captar a atenção no início: o efeito de primazia. Os primeiros minutos de sua apresentação, a primeira linha de seu e-mail — a linha de assunto —, a página de destino de seu site ou as primeiras palavras de suas mensagens de voz exigem atenção especial. É por isso que você precisa de um captador! Com ele, você desperta a atenção e faz com que o público concentre a percepção limitada dele — 50 bits por segundo — em *sua mensagem*.

Discutiremos cinco tipos diferentes de captadores. Observe que, combinando-os e usando sua criatividade, você certamente pode ter mais ideias. Perceba que todos os captadores podem ser usados em apresentações presenciais, e alguns deles também podem ser usados em vídeos, sites, e-mails, mensagens de voz, anúncios impressos e até mesmo em mala direta.

1. Objetos cênicos: use um objeto real como um símbolo metafórico da sua proposta de valor.
2. Minidramas: faça com que os cérebros de seus clientes em potencial vivenciem os PAINS — as dores ou as frustrações — de não usar seu produto, solução ou ideia. Então, contraste essa experiência negativa mostrando como a vida deles seria indolor se pudessem usar seu produto ou solução.
3. Jogos de palavras: encontre as palavras certas para expressar sua proposta de valor de forma convincente e surpreendente.
4. Perguntas retóricas: faça perguntas que forçarão o cérebro do público a imaginar quais benefícios você pode fornecer com seu produto ou solução.
5. Histórias: dê vida à sua proposta de valor transformando um ou vários de seus benefícios em uma narrativa em que o cérebro do público acredite.

Objetos Cênicos

Conheça a Health and Safety Institute (HSI), uma empresa com sede em Eugene, Oregon. A HSI oferece materiais de treinamento, cursos e programas de alta qualidade em RCP, primeiros socorros e atendimento de emergência avançado para profissionais de saúde, socorristas e funcionários (Figura 8.3). Em 2011, Bill Clendenen, CEO e presidente da HSI, pediu à SalesBrain para consolidar seus CLAIMS (reivindicações). Durante um workshop de dois dias sobre o NeuroMap, a equipe executiva foi capaz de identificar rapidamente os melhores CLAIMS que atrairiam os milhares de instrutores que compram seus produtos. Os verdadeiros benefícios eram facilitar a vida dos clientes. Bill e seus doze principais gerentes concordaram com a seguinte redação para seus CLAIMS: fácil para sua equipe, fácil para seu negócio, fácil para você.

FÁCIL PARA SUA EQUIPE   FÁCIL PARA SEU NEGÓCIO   FÁCIL PARA VOCÊ

Figura 8.3   CLAIMS da HSI.

Então, em 2015, durante a conferência anual de dois dias chamada Summit Connect, Bill fez o discurso de abertura para uma multidão de mais de trezentos instrutores, todos ansiosos para saber mais sobre a HSI. Um excelente orador, Bill primeiro agradeceu ao público por reservar um tempo em suas agendas ocupadas, depois mergulhou no tópico. Bill disse: *"Nos próximos dois dias, vocês verão como sua vida será mais fácil usando nossos cursos. Nosso objetivo será demonstrar como é fácil para sua equipe, fácil para seu negócio e fácil para você trabalhar com a HSI. Como agora já sabem, nosso objetivo é realmente facilitar a vida para vocês. Preparem-se para ouvir a palavra* fácil *1 milhão de vezes nas próximas 48 horas."* Então Bill continuou: *"Na verdade, eu gostaria que vocês colocassem a mão debaixo dos seus assentos."* Confusos, os participantes se inclinaram e descobriram um curioso objeto colado sob seus assentos. Enquanto as pessoas abriam os pacotes, a grande sala de conferências se inundou com uma voz metálica que dizia: "Isso foi fácil!" Todos haviam recebido o famoso "botão fácil" da Staples (veja a Figura 8.4), e trezentas pessoas o apertavam freneticamente!

Figura 8.4   Botão Fácil.

Como você pode imaginar, o botão fácil se tornou o sucesso da conferência, e todos os participantes ouviram a mensagem fácil mil vezes!

Mais tarde, Bill relatou: *"Alinhar nossa equipe executiva em um conjunto de reivindicações consistentes e FÁCEIS foi um momento decisivo na história da nossa empresa. Isso nos trouxe visão e clareza de propósito. Depois de endossar essas reivindicações e torná-las mais tangíveis com a ajuda do botão Fácil, crescemos consistentemente em mais de 21% ao ano nos últimos quatro anos. Em uma indústria normalmente estável, ganhar participação de mercado é motivo de grande felicidade!"*

Claramente, os resultados de Bill não são apenas atribuíveis ao uso desse objeto cênico, mas ele certamente contribuiu para o crescimento da HSI e para o sucesso dessa conferência.

Outros exemplos do uso poderoso de um objeto cênico incluem quando Bill Gates liberou uma nuvem de mosquitos no auditório onde estava dando uma palestra TED sobre a erradicação da malária.[179]

Ou quando Steve Jobs apresentou o MacBook Air. Seu objetivo era demonstrar o CLAIM de que o novo computador era superfino e Jobs usou um envelope como objeto cênico ao revelar o MacBook Air (https://tinyurl.com/y9dw2q5w em 1:20).

Como os objetos cênicos conseguem produzir tamanho efeito? Por que eles têm um impacto tão positivo, forte e memorável no cérebro primitivo de seu público? O NeuroMap prevê que é porque eles acionam os estímulos visual e tangível. No entanto, há mais evidências provando o notável poder dos objetos cênicos.

A Ciência dos Objetos Cênicos. Todd Rogers, um cientista comportamental da Harvard School of Development, realizou uma série de experimentos para testar o que faz as pessoas se lembrarem com mais facilidade. Rogers mostrou que um objeto físico é uma maneira mais eficaz de despertar sua memória do que lembretes escritos ou eletrônicos. Por exemplo, dar um nó no seu lenço será mais eficaz do que escrever uma nota no seu smartphone.[180] Marie Stadler, da Universidade de Wisconsin, também demonstrou os efeitos dos objetos cênicos sobre o quão bem as crianças se lembram de uma história.[181] Seus achados sugerem que a manipulação de objetos auxiliou as crianças a se lembrarem melhor da história, levando à inclusão de mais descritores ao recontar a narrativa.

O Dr. Todd C. Handy, neurocientista da Universidade de Dartmouth, declarou: "Chaves de fenda, volantes e canecas de café podem em breve se juntar a alimentos, luzes piscantes e corpos sensuais como *captadores de atenção* neurológica. Eles são tão importantes que podem chamar nossa atenção instantaneamente."[182] A equipe de Handy conectou grupos de estudantes universitários a eletroencefalogramas (EEGs) para medir a atividade cerebral em áreas neurológicas responsáveis pela atenção. Eles pediram aos alunos que olhassem rapidamente para fotos que exibiam um objeto tangível (como uma chave de fenda ou caneca) e um objeto menos tangível (o sol, um veleiro), dispostos lado a lado. Após uma fração de segundo, luzes piscantes apareceriam sobre um dos dois objetos apresentados. A partir das leituras do EEG, a equipe de Handy descobriu que a atividade cerebral era sempre maior quando as luzes surgiam sobre a ferramenta versus a não ferramenta, sugerindo que o espectador estava automaticamente focando a ferramenta, mesmo antes das luzes. Em outras palavras, a chave de fenda ou a caneca já estava no "centro da atenção", disse Handy. Ele propôs que as descobertas nos mostram "que objetos tangíveis podem, de fato, chamar nossa atenção de maneiras que imitam a resposta do nosso cérebro a gatilhos sexuais, sinais de perigo, alimentos e outros estímulos importantes".

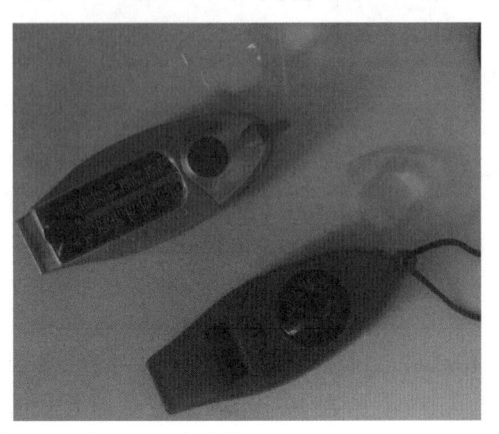

Figura 8.5   Objetos cênicos da Vistage.

Exemplos do Uso de Objetos Cênicos. Com mais de 20 mil membros, a Vistage é a maior associação de CEOs do mundo. Desde 2003, Christophe e eu realizamos mais de mil palestras sobre o tema de neuromarketing para membros da Vistage em todo o mundo. Devido ao entusiasmo pelo nosso tópico e ao valor que os CEOs obtêm com o NeuroMap, ambos recebemos o prêmio de palestrante "Above and Beyond" de 2008. Os CEOs da Vistage se reúnem mensalmente em grupos de cerca de quinze membros com a participação de um coordenador (normalmente um ex-CEO ou executivo sênior). O papel dos coordenadores da Vistage é ajudar os CEOs a se tornarem *Líderes Melhores* que tomam *Decisões Melhores* e alcançam *Resultados Melhores* – CLAIMS que a SalesBrain ajudou a desenvolver. Você também notou a sigla de LDR para *Líderes, Decisões, Resultados*? A Vistage é de fato uma organização de líderes ajudando outros líderes. Os potenciais membros nem sempre entendem o valor de ingressar na Vistage, então recomendamos que os coordenadores usem objetos cênicos para descrever a proposta de valor. Entre esses objetos, há vários instrumentos cruciais: um apito, que simboliza a natureza de seu papel único como coaches executivos e facilitadores estratégicos; além de um pequeno termômetro, uma bússola, uma lupa e um espelho. Eles facilitam para os coordenadores explicar que, uma vez que um CEO estabeleceu sua direção (bússola), seu grupo de colegas pode ajudá-lo a encontrar quais táticas ele deve focar (lupa) e o que poderia impedi-lo de atingir seus objetivos (espelho). O termômetro representa as métricas que o CEO compartilharia com o grupo a cada mês para rastrear seus negócios, e o apito é usado pelo coordenador para lembrar o CEO de sua responsabilidade pelos compromissos assumidos consigo mesmo e com os membros do grupo.

Dan Barnett, COO da Vistage na época, declarou: *"Usar um conjunto comum, claro e consistente de reivindicações realmente ajudou nossa grande comunidade de coordenadores, palestrantes e membros a entender a proposta de valor única da Vistage. Então, quando começamos a usar objetos cênicos, os conceitos de líderes melhores, decisões melhores, resultados melhores ganharam vida. Aspirantes a coordenadores e potenciais membros rapidamente entenderam por que eles deveriam investir algum tempo, dinheiro e energia em nossa organização e vimos um crescimento significativo."*

Caso sua proposta de valor esteja vinculada a dinheiro, demonstrar um ganho financeiro usando dinheiro real (ou dinheiro de mentira) pode ser muito eficaz. Após participar de um de nossos workshops da Vistage e aprender sobre o impacto de um objeto cênico, Mary C. (membro da Vistage e CEO de uma agência de cobranças) enviou este e-mail para os colegas do grupo:

De: Mary C.

Enviado em: Quarta-feira, 02 de novembro de 2005

Assunto: Vocês vão pensar que eu sou louca — mas funcionou!

Esta manhã, eu tive uma reunião com um cliente que perdi para um concorrente cerca de dois anos atrás, quando o CFO mudou. Era um cliente muito lucrativo para o qual fizemos um ótimo trabalho e só o perdemos porque não tínhamos um relacionamento com o novo CFO. Após insistir por mais de dezoito meses, finalmente conseguimos uma reunião. Tínhamos apenas uma chance, pois o cara estava cansado de nossos contatos, então decidi usar o método de Patrick Renvoise e levei US$111.476 em dinheiro comigo — esse foi o valor em dólares que lucramos para ele em 2004. (Eu não estava 100% certa de que mostraria o dinheiro, pois, pessoalmente, achava essa abordagem um pouco direta demais — possivelmente até desagradável.) O início da reunião correu bem, mas eu não ia sair de lá com nada além de um obrigado, então, quando chegou a hora de dizer a ele o quão importante sua conta era para nós, abri a pasta... seus olhos se arregalaram (me senti uma traficante de drogas). O contrato foi assinado quinze minutos depois e teremos contas dele em duas semanas. "Ninguém nunca fez algo assim para chamar minha *atenção." Ele acredita que é muito importante para nós, pois fizemos o esforço de literalmente "mostrar o dinheiro". Não fui assaltada e o dinheiro voltou ao banco.*

Inacreditável!

Eu tive que compartilhar isso com vocês porque nunca pensei que funcionaria!

Mary

Você se lembra da CodeBlue, apresentada na seção sobre CLAIMS no Capítulo 6? A empresa usa as seguintes reivindicações:

- Velocidade extraordinária.
- Ciência extraordinária.
- Serviço extraordinário.

Trabalhando com a SalesBrain, Paul Gross, CEO, ficou convencido de que um objeto cênico seria um captador eficaz. Mais tarde, Paul relatou: *"Uma das campanhas mais eficazes que já implantamos usou um objeto cênico: uma caixa de lixo! Ela foi enviada para o principal executivo de seguros dos Estados Unidos, mostrando materiais de construção danificados pela água, como pedaços de drywall, carpete e madeira. Isso chamou a atenção de muitos dos altos funcionários de sinistros e, como resultado, nosso negócio prosperou."* (Veja a Figura 8.6).

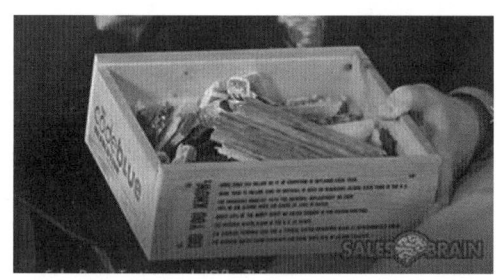

Figura 8.6   Objeto cênico da CodeBlue.

O que Lembrar sobre o Uso de Objetos Cênicos

- Seu público pode não se lembrar muito do que você diz a ele, mas se lembrará do seu objeto cênico. Usar uma garrafa de vinho em uma conferência sobre vício pode lhe trazer vaias ou aplausos de pé. Tudo depende da dor do público e da relevância e originalidade do objeto cênico. Teste-o antes de usá-lo!

- Você deve aprender a manipular o objeto cênico. Não o segure sem um propósito. Aprenda a contar uma história em que o personagem principal é o objeto. Observe como Steve Jobs segurou cuidadosamente o envelope e lentamente retirou o notebook de dentro dele!

- Os melhores objetos cênicos são aqueles que se tornam uma metáfora para sua proposta de valor. Para Steve Jobs, o envelope simbolizava algo superfino.

Minidramas

"Se estiver vendendo extintores de incêndio, comece com o fogo!"
— David Ogilvy, especialista em publicidade

Em 2003, quando a Stratex (agora parte da Aviat Networks), uma empresa de telecomunicações no Vale do Silício, entrou em contato com a SalesBrain, ela era uma fornecedora global para uma das maiores operadoras de telecomunicações do mundo. Mas, naquele ano, essa operadora decidiu criar um centro de compras único e lançou um processo mundial para diminuir o número de fornecedores de hardware de doze para três, com o objetivo final de obter melhores preços para 25 de suas subsidiárias. Naquela época, a Aviat era um player relativamente pequeno nesse setor, e essa oportunidade era empolgante — porque a empresa poderia ganhar mais vendas —, mas também arriscada — porque poderia perder a receita que já estava obtendo com algumas subsidiárias internacionais. Além disso, a Stratex precisaria investir uma grande quantidade de tempo, dinheiro, energia e recursos para responder a uma complexa solicitação de proposta e, dado o seu tamanho em comparação com outros licitantes, ela acreditava que tinha uma probabilidade muito baixa de ganhar uma das três vagas de fornecedor. A concorrência envolvia grandes empresas generalistas de telecomunicações como Ericsson, Alcatel, NEC, Siemens, Lucent, Marconi e muitas outras.

Patrick Martini, diretor de negócios europeus, conta a história de como a SalesBrain ajudou a Stratex a usar minidramas para impactar o cérebro primitivo do público e se colocar no centro das atenções.

A primeira coisa que fizemos foi reunir uma enorme quantidade de informações sobre as dores de todos os influenciadores de decisão. Depois de enviar nossa resposta a uma avaliação preliminar, soubemos que nos classificamos em 8º lugar entre doze fornecedores – ainda muito longe de estar no top 3 para receber um dos cobiçados contratos globais de aquisição! Nesse ponto, avaliamos nossa probabilidade de ganhar em cerca de 5%. Como um evento crítico no processo de seleção era fazer uma apresentação formal na frente do comitê de compras – trinta competentes membros de 24 nacionalidades diferentes –, decidimos que nossa melhor chance de chamar a atenção e nos favorecer era entregar um minidrama. O comitê de compras reservou dois dias completos em sua sede, e cada um dos oito fornecedores pré-selecionados teria duas horas para apresentar sua proposta. Nossa apresentação foi agendada para o segundo dia, logo após o almoço, quando os membros do comitê já tinham ouvido os seis fornecedores anteriores. Desnecessário dizer que eles estavam cansados e entediados de ouvir algumas apresentações muito técnicas e não tão emocionantes. Nós realmente precisávamos recapturar sua atenção, e uma série de minidramas curtos alinhados com suas principais dores era a melhor opção. Aqui está o que fizemos: nos primeiros dois minutos, começamos com o que prometia ser uma apresentação longa, chata e muito técnica. Vários dos membros do comitê estavam tão desconectados que bocejaram incontrolavelmente. Em seguida, nosso vice-presidente de marketing interrompeu a apresentação abruptamente e em voz alta. Isso criou um momento desconfortável que nos ajudou a recuperar sua atenção e prepará-los para receber nossa mensagem bem elaborada. Foi quando recapitulamos suas principais dores (PAINS), baseadas no diagnóstico que realizamos nos meses anteriores, e pedimos que confirmassem que:

1. *Eles não podiam escolher um parceiro que não estivesse focado em fornecer atendimento ao cliente de primeira linha no setor sem fio.*
2. *Eles não podiam correr nenhum risco com um fornecedor que não estivesse 100% focado em atender ao mercado de tecnologia sem fio.*
3. *Eles precisavam reduzir custos sem comprometer a tecnologia e o atendimento ao cliente.*

Nosso desfecho inusitado foi perguntar se eles queriam saber como a Aviat estava melhor posicionada do que qualquer um dos outros fornecedores para ajudá-los a: Encantar (na satisfação do cliente; Eliminar riscos; e Eliminar custos do operador de rede. Esses foram nossos CLAIMS *cuidadosamente elaborados para os quais até criamos ícones* [veja a Figura 8.7].

Figura 8.7   CLAIMS da Stratex.

Nossa apresentação sobre esses três capítulos durou apenas 1 hora e 15 minutos e um dos nossos minidramas serviu para ilustrar que oferecemos a melhor opção para mitigar todos os seus riscos: solidez financeira, inovação constante, múltiplos locais de produção, excelentes serviços de instalação, mesmo nos países mais perigosos. Para chamar ainda mais a atenção deles e demonstrar que éramos seu único parceiro livre de riscos, decidimos usar as habilidades de Heinz Stumpe, nosso vice-presidente de vendas. Heinz foi um ex-campeão de karatê e competiu com a equipe alemã no Campeonato Mundial! Heinz contou a seguinte história ao comitê de compras:

"Alguns anos atrás, fui convidado por uma escola de karatê muito famosa nos EUA para a consagração de faixas pretas. Após a cerimônia, um dos novos faixas pretas disse: 'Somos faixas pretas, como você... então estamos no mesmo nível!' Sentindo-me um pouco provocado, pedi-lhe para quebrar um tijolo, pois é uma prática padrão quando você atinge o nível de faixa preta no karatê... mas eu adicionei um pequeno toque: pedi para fazê-lo com um 'soco de cinco centímetros', ou seja, ele teria que posicionar a mão apenas cinco centímetros acima do tijolo. O jovem faixa preta tentou quebrar o tijolo dessa maneira, mas machucou o punho. No final, ele protestou que era impossível."

Então, Heinz tirou um tijolo real de sua pasta, colocou-o na mesa em frente ao comitê de compras e, com um alto estrondo, quebrou o tijolo com um soco a cinco centímetros de distância. O soco fez um barulho tão grande que todos os participantes da reunião saltaram de seu assento. Heinz obteve a atenção deles e entregou o desfecho inusitado: "Não é porque você tem uma faixa preta que vai ter um desempenho igual ao de um faixa preta campeão. É preciso foco total para não se machucar neste exercício. Da mesma forma, nosso foco 100% em rádio de micro-ondas é a melhor garantia para o seu negócio. Somos sua melhor opção para: Encantar, Eliminar riscos e Eliminar custos."

Quando terminamos, os membros do comitê concluíram que entendíamos sua dor ainda melhor do que eles e que, de todas as apresentações que tinham visto, a nossa foi a única que desejavam ter durado mais tempo! Conclusão: depois de mais alguns meses de negociações árduas, a operadora anunciou que havíamos conquistado um dos três contratos, que gerou US$150 milhões em receita para nossa empresa nos cinco anos seguintes. Eles ainda se lembram da nossa apresentação, e esses minidramas nos ajudaram a fechar o negócio!"

A maioria das pessoas acha que uma mensagem de vendas B2B *deve* ser entregue em um formato PowerPoint racional e tradicional. Então, o elemento básico de uma apresentação é um slide. No entanto, a maioria dos slides de PowerPoint não consegue capturar a atenção de um público. Por quê? Porque eles raramente abordam as dores mais relevantes para o público. Eles não fazem reivindicações claras e normalmente não provam ganho suficiente. Em contraste, os pesquisadores mostraram: "Quando uma reivindicação é bem-sucedida, o público pesa as evidências e depois se rende a ela. Quando um drama é bem-sucedido, o público mergulha na história e experimenta as preocupações e os sentimentos do personagem."[160]

Outros Exemplos de Minidramas. Em 29 de junho de 2007, quando Steve Jobs apresentou o primeiro iPhone, ele usou um minidrama para demonstrar como o dispositivo poderia executar ações que, antes, seriam complexas e exigiriam vários passos e muitos cliques. Jobs mostrou com que facilidade o novo iPhone poderia realizar essas tarefas complicadas, incluindo fazer uma teleconferência com três pessoas com apenas um simples clique.

Para ver o vídeo, acesse https://tinyurl.com/lhtbg66. No minuto 26:47, observe como Steve Jobs fingiu ser surpreendido por um segundo chamador quando, é claro, estava tudo roteirizado! Observe também a reação do público: as pessoas adoraram!

Deixe-me contar a história dos minidramas feitos em 2001, quando fui convidado para dar uma palestra na conferência de usuários do Linux em Seul, na Coreia do Sul.

Com mais de 3 mil participantes executivos de TI, o objetivo do evento era mostrar os benefícios do Linux e sua abordagem de código aberto para o desenvolvimento de software. Em um mundo dominado pela Microsoft, o Linux prometeu oferecer a libertação das algemas de depender de um único fornecedor. Em um incomum estilo de show, a conferência começou em completa escuridão tocando a música "The Wall", do Pink Floyd, em alto volume. Quando as luzes se acenderam, o público descobriu que um enorme muro ocupava a maior parte do palco. O muro era feito de tijolos de madeira, e o meio havia sido pintado com quatro grandes quadrados nas cores laranja, verde, amarelo e azul. Embora o nome da Microsoft não tenha sido impresso ou mesmo mencionado, a referência ao seu logotipo era óbvia para todos os participantes.

Foi quando ocorreu o primeiro minidrama!

U-Jin Kim, o CEO da Linux One, subiu ao palco com cerca de vinte funcionários. Todos eles estavam vestindo um uniforme e marchavam em uníssono com a música, estranhamente nos lembrando do videoclipe de "The Wall". Eles empunhavam um grande martelo em seus ombros e, de repente, U-Jin começou a bater no muro. Instantaneamente, sua equipe se juntou a ele, destruindo alegremente o muro. O desfecho inusitado desse ato introdutório veio quando as vinte pessoas no palco removeram a jaqueta para revelar uma camiseta que dizia: "Linux: Quebre o muro"... da dependência da Microsoft.

Cerca de quinze minutos após a apresentação de boas-vindas de U-Jin, fui convidado a subir ao palco para fazer um discurso em nome da LinuxCare. Usando slides, comecei a apresentar de uma forma tradicional, o que não conseguiria chamar a atenção dos milhares de potenciais clientes no auditório. De repente, quando cliquei para o próximo slide, a terrível tela azul apareceu: meu notebook travou exibindo a mensagem "Fatal Error Detected". Foi duplamente embaraçoso porque não só a minha apresentação ia ser interrompida por esse problema de computador, mas a situação revelou que eu estava usando o PowerPoint, rodando em um sistema operacional Windows: um pecado mortal em uma conferência Linux!

Parecendo envergonhado e em pânico, passei alguns segundos conversando com um assistente que tentava consertar meu notebook. Esses segundos pareciam uma eternidade e, finalmente, pedi: "Próximo slide." Mas como meu computador poderia exibir o próximo slide quando tinha acabado de travar? Todos sabiam que precisaria de vários minutos para reiniciar. Para a total surpresa do público, o notebook exibiu instantaneamente o slide seguinte, que dizia: "Não travou: eu uso Linux em meu computador." Eu tinha criado um slide falso que exibiu a famosa mensagem de erro da Microsoft da época: "Fatal Error Detected." Então, quando eu pedi o próximo slide, a tela saltou para ele sem demora! Isso destacou um grande benefício do sistema operacional Linux: sua estabilidade em relação ao Windows. Instantaneamente, o público entendeu a mensagem e um suspiro de alívio pôde ser ouvido em todo o auditório. Como resultado, mais de trezentas pessoas esperavam na fila para pegar meu cartão de visita: uma indicação certa de que minha mensagem havia atingido seu objetivo.

O que Lembrar sobre Minidramas

- Dos diferentes tipos de captadores, os minidramas são certamente os mais eficazes, mas os mais difíceis de entregar.

- Minidramas ajudam o público a experimentar uma emoção; eles têm um impacto direto no cérebro primitivo, muito mais forte do que qualquer slide de PowerPoint!

- Criar um minidrama requer ensaio e atenção aos detalhes porque pode falhar facilmente. Imagine se a teleconferência não funcionasse corretamente quando Jobs integrou suas duas ligações. O histórico de lançamentos de novos produtos está repleto de minidramas ou demonstrações que falharam. Você já viu o anúncio do Windows 98 quando Bill Gates testemunhou sua própria falha de aplicativo (veja a Figura 8.8)? [Observe a terrível tela azul no minuto 0:10, uma tela semelhante à que usei na Coreia do Sul.]

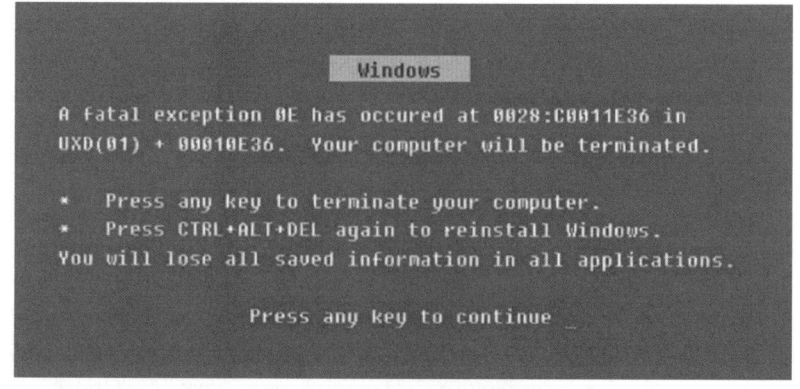

Figura 8.8 A terrível tela azul de Bill Gates.

Para ver o vídeo, acesse https://tinyurl.com/zkuwugy.

- Você deve ensaiar minidramas até ter 100% de confiança de que funcionará corretamente. Isso significa que seu minidrama deve ser roteirizado como uma peça ou um filme. Quando você entrega seu minidrama, pense que está encenando uma obra de dramaturgia: não é mais uma apresentação de negócios, é uma peça de teatro! Seu objetivo é fazer com que o público experimente uma emoção, e isso só pode ser alcançado se você se dedicar de corpo e alma. Você não pode se dar ao luxo de fingir. Suas palavras, seu tom de voz, suas expressões faciais, tudo isso precisa ajudar o público a reviver o estado doloroso (emoção negativa) de não utilizar sua solução e, mais tarde, você ajudará o cérebro dele a sentir a emoção positiva que a solução proporcionaria.

- Minidramas só podem ter um ato. Nesse caso, o único ato é tipicamente centrado no PAIN, a dor, dos clientes. Ou podem incluir um segundo ato que demonstre o alívio da dor. Minidramas contrastados são frequentemente vistos em infomerciais da QVC, canal de publicidade: pense no apresentador que está tentando lhe vender um afiador de facas. Primeiro, ele mostra como uma faca cega não corta facilmente um tomate maduro sem esmagá-lo [Ato 1: a dor]; depois, ele afia a faca e ela faz um corte perfeito no mesmo tomate [Ato 2: o alívio da dor].

- Os melhores minidramas serão encenados ao vivo, na frente do público. Eles podem envolver apenas um apresentador que entrega um monólogo ou podem incluir várias pessoas, como no caso de Steve Jobs e do iPhone. Se você não se sentir confortável atuando em um minidrama ao vivo, pode filmá-lo e reproduzi-lo como um videoclipe curto.

- Às vezes, até mesmo uma foto pode representar um minidrama, como o anúncio de uma campanha para impedir as pessoas de beber e dirigir (mostrado na Figura 8.9).

O CÓDIGO DA PERSUASÃO

Figura 8.9   Anúncio sobre beber e dirigir. No chão, a mensagem: "Reservado para quem bebe e dirige."

Histórias

> "... no final, é a história que importa. Seja imprevisível, seja real, seja interessante. Conte uma boa história."
>
> — James Dashner, escritor norte-americano

Em um nível empírico, as histórias são descritas em todos os manuais de vendas como uma técnica eficaz para criar um relacionamento mais forte e ajudar a persuadir as pessoas. Em um nível mais científico, as histórias constituem um tópico prolífico de discussão entre psicólogos, filósofos, educadores, historiadores e, mais recentemente, neurocientistas. Seu efeito é descrito na literatura de pesquisa como "transporte narrativo", um fenômeno no qual o ouvinte é *transportado* mentalmente no mundo da história.

Antonio Damasio, diretor do departamento de neurociência da Universidade do Sul da Califórnia, explicou melhor quando escreveu: "O problema de como tornar toda essa sabedoria compreensível, transmissível, persuasiva, exequível — em uma palavra, de como torná-la memorável — foi enfrentado, e uma solução foi encontrada. Contar histórias é a solução; contar histórias é algo que os cérebros fazem, natural e implicitamente. Não deve ser nenhuma surpresa que as histórias permeiem todo o tecido das sociedades e culturas humanas."[183]

Com base na neurociência, na psicologia e na biologia evolucionária, Jonathan Gottschall, autor de *The Storytelling Animal*, explica como as histórias servem à função biológica para incentivar o comportamento pró-social, um componente crítico da sobrevivência.[184] As histórias que ouvimos à medida que crescemos nos ensinam os princípios vigentes no mundo e simulam possíveis resultados a serviço da tomada de decisões; nossos cérebros podem executar vários cenários sem o risco e o custo de tentar fisicamente.

Pense em quem lhe contou histórias: seus pais, avós, educadores e amigos. O que essas pessoas têm em comum? Todas se importavam com você. Raramente contamos histórias para pessoas de que não gostamos. Então, fundamentalmente, quando você diz "Deixe-me contar uma história...", a mensagem subliminar que está comunicando é "Eu me importo com você".

As histórias são muito eficazes, pois transportam o cérebro primitivo do ouvinte para um pseudomundo onde o indivíduo é levado a acreditar que a história é real. Já notou como é fácil assustar crianças com uma história de terror? Por que as histórias têm tanto impacto nas crianças? Porque, quando a história é contada corretamente, faz o cérebro primitivo acreditar que é real. O cérebro racional ainda não aprendeu a verificar a veracidade de uma história. A reação imediata do cérebro primitivo impulsiona a experiência e as faz viver a história como se estivesse realmente acontecendo.

Experimente isto:

Conte a um de seus amigos ou parentes a seguinte história: peça que a pessoa imagine um limão verde e suculento bem na frente dela. Em seguida, peça para fechar os olhos e imaginar que está pegando uma faca afiada para cortar o limão ao meio. Com os olhos fechados, peça que corte uma fatia desse limão. Soltando a faca, ela agora deve levar a fatia até o nariz para apreciar a fragrância pungente daquele limão. Peça em seguida que leve a fatia aos lábios e morda a carne suculenta. O suco de limão agridoce lhe atinge a ponta da língua e a parte de trás dos dentes da frente, criando uma impressão sensorial agradável que inunda todo o palato e o nariz. Nesse ponto, pare e pergunte-lhe o que está acontecendo em sua boca. Inevitavelmente, caso tenha se concentrado adequadamente na história do limão, sua boca começá a salivar. Por quê? Porque o cérebro primitivo acredita que tinha um pedaço de limão na boca e precisava misturar o suco de limão com saliva pré-digestiva! Não importa se o cérebro racional saiba que era tudo imaginação, o transporte narrativo tornou tudo real demais para que pudesse negar a presença do suco de limão. Na verdade, por causa dos neurônios espelho, ler essa história pode ser suficiente para fazer você salivar!

A Ciência das Histórias. Há um enorme corpo de pesquisas acadêmicas sobre o efeito das histórias no cérebro. Tanto que alguns pesquisadores acharam valioso realizar metaestudos: compilação de pesquisas existentes. A conclusão sobre as histórias é clara: as histórias podem ajudá-lo a persuadir. No artigo intitulado "The Extended Transportation Imagery Model (ETIM): A Meta-Analysis of the Antecedents and Consequences of Consumers' Narrative Transportation", os autores analisaram 76 artigos publicados sobre transporte narrativo.[185] Eles criaram o termo "persuasão narrativa" para descrever como os ouvintes da história experimentam uma transformação mental cujo efeito pode ser forte e duradouro a ponto de mudar suas opiniões ou crenças. Segundo concluíram:

- "O transporte narrativo leva ao contágio emocional no receptor da história."

- "Quanto mais as histórias são não comerciais, maior o transporte narrativo."

- "Crianças pequenas (com menos de oito anos) são mais afetadas pelo transporte narrativo porque ainda não desenvolveram habilidades de detecção de simulação."

Uma maneira direta de resumir a complexidade dessa pesquisa é lembrar que as histórias têm o poder de remodelar as crenças e os comportamentos, pois levam o cérebro primitivo do ouvinte a acreditar que a história é real. As histórias normalmente colocam o ouvinte no centro da ação.

Winston Churchill estava tentando influenciar o parlamento britânico a aumentar o orçamento para o desenvolvimento de novas armas durante a Segunda Guerra Mundial. Naquela época, a situação econômica no Reino Unido era crítica, e Churchill enfrentava grande oposição ao seu pedido de aumento do orçamento militar. Depois de usar todos os argumentos lógicos para fazer os membros do parlamento perceberem a importância de sua proposição, Churchill decidiu usar uma história.

Gostaria de contar a história da batalha de Omdurman. Essa batalha ocorreu na margem do rio Sudão em 2 de setembro de 1898. A guerra contra os mahdist – também chamados de dervixes, uma tribo destemida de combatentes muçulmanos – tinha começado em 1881. Oito mil homens de nossas tropas, apoiadas por 17 mil sudaneses, enfrentaram 52 mil guerreiros do lado dos dervixes. Os dervixes estavam lutando com grande determinação e coragem, e o resultado das batalhas mais recentes teve uma proporção de baixas de cerca de um para um: para cada dervixe que pereceu, um soldado britânico teve que perder sua vida. Agora, imagine se você tivesse sido um de nossos soldados. Você estava em desvantagem numérica e sabia disso. Você estava em campanha por um longo tempo e não desfrutava de uma boa xícara de chá por muitos meses, às vezes anos. Inevitavelmente, neste dia de setembro de 1898, a temperatura novamente atingiria 37°C, um ambiente não muito confortável para um britânico. O ar estava tão seco que a boca parecia cheia de areia, e o ar puro do deserto logo seria substituído pelo cheiro pungente de pólvora e sangue. Então, de repente, sobre as dunas, quando o sol mal atingira a superfície arenosa, você vê a primeira onda de dervixes se aproximando. Eles vêm montados em cavalos, em camelos e a pé, clamando seu grito de guerra assustador. E assim era a situação de nossos soldados até aquele dia de setembro de 1898. No entanto, tudo mudou naquele dia! Introduzimos uma nova arma chamada metralhadora Maxim, uma versão muito melhorada da arma Gatlin que disparava seiscentas balas por minuto. O resultado da batalha foi devastador para os dervixes. Doze mil foram mortos; 13 mil, feridos; e 5 mil, capturados. Do nosso lado, apenas cinquenta mortos e quatrocentos feridos. Os dervixes se renderam logo após a batalha.

Churchill concluiu a história dizendo: "*E essa era a diferença entre acompanhar a tecnologia e pensar que sempre seria a mesma.*" Poucos dias depois, o parlamento aceitou a proposta de aumentar o orçamento para o desenvolvimento de novas armas.

Se você tivesse sido um soldado britânico durante a batalha de Omdurman, apoiaria a nova tecnologia de armas? Claro que sim, pois certamente salvaria sua vida! Se a história for contada corretamente, o cérebro primitivo não conseguirá distinguir entre ter estado em Omdurman e ouvir a história de Omdurman.

As histórias funcionam porque transportam a mente do público e criam uma experiência pseudorreal. Uma história é como dizer ao público que ele tem uma fatia de limão na boca: o cérebro primitivo vai acreditar!

Qual é o segredo de uma boa narrativa? Contadores de histórias precisam criar pistas visuais, auditivas, cinestésicas (movimento) e, possivelmente, gustativas e olfativas que farão o cérebro primitivo do público acreditar que a história está realmente acontecendo com ele.

O que Fazer nas Histórias

- É tudo sobre o desfecho inusitado: uma história sem ele não terá poder persuasivo; pior, fará com que você pareça um apresentador ruim e sem carisma. Comece tendo o fim em mente: defina claramente qual é o seu objetivo de comunicação e qual será o desfecho inusitado da história. Então procure uma história que melhor leve a esse clímax.

- Aprenda a contar histórias de forma eficaz. Você precisa pintar um quadro com detalhes suficientes para torná-lo crível. Esses detalhes têm maior poder de transporte narrativo quando são comunicados usando diferentes sentidos:

    - "Quando o sol mal atingira a superfície arenosa, você vê": a palavra *vê* e a ideia do *sol* implicam o uso do sentido visual.
    - "Clamando seu grito de guerra assustador" usa o sentido auditivo.
    - "A temperatura novamente atingiria 37°C": a palavra *temperatura* desencadeia o sentido do tato.
    - "A boca parecia cheia de areia" remete ao paladar.
    - "Pelo cheiro pungente de pólvora e sangue" envolve o sentido olfativo.

- Certifique-se de reter 100% da atenção do público. Lembre-se de que se trata de criar transporte narrativo, portanto certifique-se de que o ambiente seja propício à escuta profunda: sem ruído perturbador ou interrupção, nada deve distrair o ouvinte da história. Observe como, nos cinemas, eles filtram o ruído e a luz do lado de fora e lembram o público de desligar seus celulares: nada pode inibir o transporte narrativo de forma tão eficaz quanto um telefone tocando.

- Projete confiança e paixão ousadas com suas palavras, com seu tom de voz e com sua linguagem corporal. Não hesite em usar um objeto cênico para tornar a história ainda mais visual. Na história anterior de Churchill, observe também o uso e a repetição da palavra *você* para ajudar a transportar o ouvinte para dentro da história. Lembre-se de que histórias eficazes devem comunicar emoções, não apenas fatos: faça o público chorar ou rir, mas certifique-se de que ele experimente uma emoção forte. Não apenas conte uma história: encene a história!

- Se você não tem talento para atuar, escolha uma história verdadeira que viveu pessoalmente. Isso aumentará a eficácia de seu histórico como contador de histórias, pois seu subconsciente (cérebro primitivo) não terá que realizar nenhuma tradução, distorção e nem mentir.

- As histórias de clientes constituem a melhor prova de valor e devem ser usadas quando o objetivo é demonstrar o GAIN (ganho). No entanto, usar uma história não relacionada à sua empresa para convencer será ainda mais eficaz quando for necessário um verdadeiro transporte narrativo. Perceba, por exemplo, como é possível usar a história de Churchill para persuadir um cliente em potencial que não acredita em investir em novas tecnologias, mesmo que ele acredite nas provas de valor que você já apresentou. Novamente, perceba que a persuasão funciona melhor quando o persuadido não está ciente das intenções do persuasor, ou como os pesquisadores anteriores afirmaram: "Quanto mais as histórias são não comerciais, maior o transporte narrativo."[185]

- Ensaie a história. Isso confirmará se o desfecho inusitado é eficaz e se os detalhes que você está desenhando tornam a história crível. Peça a algumas pessoas que confirmem que sua história é apropriada para o seu público: uma história sobre cigarros em uma conferência sobre câncer pode gerar vaias ou aplausos de pé; tudo depende! Quanto mais você ensaia a história, mais pode incluir detalhes valiosos que desenham uma imagem vívida e crível. Observe o uso de pistas visuais nas palavras... para lembrá-lo de que o cérebro primitivo é altamente visual!

- Procure boas histórias em livros que apresentem uma coleção de histórias especificamente para negócios.

- Use uma história para se apresentar. Em vez de apresentar um roteiro convencional — e muitas vezes chato — sobre quem você é, conte ao público uma boa história sobre você. Isso incentivará as pessoas a prestarem atenção porque você trará algo único. Melhor ainda, peça a outra pessoa que conte essa história para você; isso aumentará ainda mais a credibilidade.

O que Não Fazer nas Histórias

- Não conte uma história muito longa ou, pior, sem um desfecho inusitado!

- Não use histórias que se oponham muito abruptamente às opiniões sociais gerais de seu público-alvo: isso afeta o transporte narrativo.

O que Lembrar sobre Histórias. As histórias representam uma ferramenta de persuasão tão eficaz que consideramos que não são opcionais. O persuasor eficaz sempre contará uma ou mais histórias na apresentação. As histórias podem ser usadas como um captador no início da sua apresentação ou em qualquer ponto em que precisar recuperar a atenção do público. Boas histórias exigem pesquisa para encontrar a narrativa e a prática adequadas ao aprimoramento da entrega, de modo que, na hora do desfecho inusitado, gerem o efeito persuasivo esperado. Mais tarde, na seção sobre catalisadores de persuasão, descreveremos como seu *carisma* — a ciência do que torna alguém crível — faz de você um bom contador de histórias.

Jogos de Palavras

> "O escritor tem que pegar os objetos — *substantivos, pronomes, verbos, advérbios* — mais usados, mais familiares, misturá-los e fazê-los gingar."
> — Maya Angelou, poeta, escritora e educadora norte-americana

Pesquisadores como Albert Mehrabian[186] estabeleceram há muito tempo que *o que* dizemos é potencialmente menos impactante do que *como* dizemos. O cérebro primitivo não é, inerentemente, sensível à natureza efêmera e intangível das palavras. No entanto, gostaríamos de sugerir algumas técnicas centradas especificamente em torno de palavras. Afinal, como disse o jornalista norte-americano Russell Baker: "Quando você escreve, produz um som na cabeça do leitor. Pode ser um murmúrio tedioso — é por isso que a maior parte da linguagem do governo o deixa sonolento — ou um barulho alegre, um sussurro malicioso, um palpitar de paixão."

Alexander Huth, neurocientista de Berkeley, estabeleceu um atlas semântico do cérebro humano. Ele e os colegas mapearam quais áreas cerebrais respondem a 985 palavras comuns em inglês de acordo com a semântica (significado) das palavras.[187] Eles descobriram que esses mapas são altamente semelhantes entre os seres humanos. Por exemplo, no lado esquerdo do cérebro, acima da orelha, há uma pequena região que representa a palavra *vítima*. A mesma região responde a *morto, condenado, assassinado* e *confessou*. No lado direito do cérebro, perto do topo da cabeça, está um dos pontos cerebrais ativados por termos familiares: *esposa, marido, filhos, pais*. Isso sugere que algumas palavras têm um impacto diferente, mas bastante consistente, nas pessoas.

A primeira técnica que recomendamos para chamar a atenção usando palavras é listar de quatro a cinco palavras ou expressões e as conectar. Por exemplo, imagine que você vende um software de segurança e que seus alvos são CIOs (diretores de tecnologia da informação). Veja como você pode chamar a atenção do público com um jogo de palavras.

Comece listando os cinco conceitos a seguir no quadro de apresentações ou em um slide do PowerPoint. Em seguida, pergunte: "O que os seguintes termos têm em comum?"

- Um neurocirurgião.
- O banco central.
- Um piloto de companhia aérea.
- Um cientista nuclear.
- Um CIO.

Depois de permitir que o público busque possíveis respostas por vinte ou trinta segundos, entregue o desfecho inusitado: "Todos eles contam com soluções seguras e confiáveis para fornecer seus serviços."

Observe que, após a entrega do desfecho inusitado, o público experimentará um breve momento eureca e fará a conexão entre por que a segurança é importante e por que é importante para CIOs como ele!

Os pesquisadores estabeleceram que tais momentos eureca, também chamados de momentos "aha", insights ou epifanias, exigem quatro atributos definidores:

- Eles precisam aparecer de repente.
- A solução para o problema deve ser processada de forma fluente.
- Isso desencadeia um efeito positivo.
- O sujeito está convencido de que a solução é verdadeira.

Stellan Ohlsson, professor de psicologia, acredita que a dificuldade inicial de uma questão impulsiona processos inconscientes (o domínio do cérebro primitivo) que mudam a representação mental do problema, fazendo com que uma nova solução apareça.[188] Tal cascata de eventos produz um momento prazeroso. Auble e Franks, da Universidade Vanderbilt, estudaram o efeito do "esforço para a compreensão" e estabeleceram que a experiência de "momentos aha" resultou em um incremento na recordação.[189]

A segunda técnica ao usar palavras para chamar a atenção do público é criar uma combinação de palavras que produzam significados incomuns ou múltiplos. Aqui estão alguns exemplos:

- "More bank for your buck" [Mais banco para seu dinheiro], do banco Wells Fargo. Jogo de palavras com a expressão popular "more bang for your buck", que significa "melhor custo-benefício".
- "Why weight?" [Por que o peso?], do Vigilantes do Peso. Jogo de palavras com a sonoridade de weight (pesar/peso) e wait (esperar).
- "If we break the news: blame us!" [Se dermos um furo de notícia: pode nos culpar!], da ABC News. Jogo de palavras com duplo sentido: *break* pode significar quebrar ou dar um furo de notícia.

Observe que, quando você lê esses slogans, seu cérebro fica engajado, talvez até intrigado por alguns segundos. O duplo significado (também chamado de *duplo sentido*) das frases produz um breve momento "aha".

A terceira maneira de entregar um jogo de palavras é fazer uma ou mais perguntas retóricas que começam com: "E se você…?"

Após prestarmos consultoria para a Bill.com, fornecedora do software número um para simplificar os pagamentos online, a empresa adotou os seguintes CLAIMS (reivindicações) para convencer os contadores a usar sua solução: crescimento real, controle real, vantagem real. Para chamar a atenção dos clientes, a SalesBrain recomendou que a empresa usasse uma série de perguntas "E se você…". Ao fazer apresentações para potenciais clientes, a equipe pergunta logo depois do slide de abertura:

- "E se você pudesse aumentar seu faturamento de três a quatro vezes?" (pausa de quatro segundos).
- "E se você pudesse eliminar as condições de fraude?" (pausa de quatro segundos).
- "E se você pudesse fazer os pagamentos de sua base global de clientes em um avião?" (pausa de quatro segundos).

Primeiro, observe como cada uma das perguntas remete aos CLAIMS na mesma ordem em que a empresa os apresenta. Se você usar as perguntas retóricas em um formato oral (em vez de exibi-las em uma tela), a pausa de quatro segundos é fundamental para chamar a atenção das pessoas com eficácia. A pausa fornece ao ouvinte algum tempo para processar a pergunta. Um bom persuasor reconhecerá que não é a pergunta que importa, mas o que o cérebro do ouvinte faz ao respondê-la. Sem essa longa pausa, o ouvinte não terá tempo suficiente para pensar na questão e imaginar os benefícios sugeridos pela técnica.

O que Fazer em Jogos de Palavras

- Dê tempo suficiente ao público para entender o jogo de palavras ou, se fizer uma pergunta, não tenha medo de deixar o público lidar com a dificuldade de pensar na pergunta: as pessoas precisam procurar ativamente a resposta. Mesmo que não encontrem a resposta, elas ainda experimentarão um momento "aha".

- Certifique-se de que a pergunta possa ser processada prontamente, ou seja, que o momento "aha" aconteça sem hesitação. O público não deve precisar de uma calculadora para entender!

O que Não Fazer em Jogos de Palavras

- Não use jogos de palavras sem testá-los primeiro. Muitas vezes, as pessoas pensam que elaboraram um jogo de palavras eficaz para chamar a atenção, mas a expressão não gera nenhuma resposta.

O que Lembrar sobre Captadores

Independentemente da natureza da mensagem, você precisará desviar a atenção atual do público para que as pessoas comecem a gastar energia cognitiva em seu produto ou serviço. Para fazer isso, você precisa de mais do que apenas pura informação racional: precisa de um estímulo curto, mas forte, com conteúdo emocional, autorrelevância e apelo. Em suma, você precisa de um bom captador. Provavelmente, no momento exato em que sua mensagem chega ao cérebro dos clientes potenciais, o foco deles está em outra coisa:

- Eles estão dirigindo, pensando sobre o dia ruim que tiveram no escritório, e você gostaria que eles lessem seu outdoor.
- Eles têm 127 e-mails na caixa de entrada, e você quer uma resposta para sua pergunta.
- Eles estão examinando a correspondência, e você quer que eles abram seu envelope, mesmo que sejam 20h e eles ainda não tenham dado o jantar para os filhos.

Em todas essas situações considere que:

- Você precisa interromper sua atual linha de raciocínio.
- Imediatamente após você ter criado essa interrupção, eles precisam ouvir por que devem prestar atenção à sua mensagem: eles precisam entender o que ela tem a oferecer para eles. Você precisa encontrar uma maneira eficaz de provar o que eles vão ganhar (o GAIN) em questão de segundos.

E é isso que um bom captador pode fazer por você! Considere que toda comunicação precisa de um captador:

- Em e-mails, os destinatários geralmente usam apenas o título ou as primeiras palavras para decidir se querem lê-lo. Quando você estiver limitado a uma linha de assunto curta com apenas texto, sem cor e com a mesma fonte e tamanho de fonte, pense em como chamar a atenção para evitar ser ignorado.
- Em PowerPoints, a maioria dos apresentadores começa pela história de sua empresa, sua tecnologia, seus produtos, seus serviços, seus clientes. Lembre-se de que o cérebro primitivo prefere estímulos pessoais; portanto, comunique sua proposta de valor em alguns segundos para que o público seja motivado a investir toda a atenção dele na apresentação.

- Em uma mensagem de voz, você começa com: "Oi, meu nome é John Smith..." Muitas pessoas apagarão a mensagem de quem não conhecem... sem ouvi-la completamente! Em vez disso, considere começar com "e se você...".

Então, mude a ordem, rompa o status quo da forma como a maioria das pessoas se comunica, elimine informações que não têm valor para elas. Entregue um captador que se concentre na dor (PAIN) e apresente uma forte prova de ganho (GAIN). Certifique-se de que ele se encaixa no seu estilo de público e cultura, use um objeto cênico, um minidrama, uma história, um jogo de palavras ou quaisquer outras maneiras criativas que você possa pensar para chamar a atenção!

SEUS CLAIMS

"Diga o que vai dizer a eles. Em seguida, diga. Depois, diga a eles o que você disse."

— *Aristóteles, filósofo e cientista grego*

No Capítulo 6, Diferencie Seus CLAIMS, descrevemos como identificar as três principais razões pelas quais os clientes devem comprar de você satisfaz a necessidade do cérebro primitivo de um estímulo *contrastável*. Ao criar uma mensagem persuasiva, você precisará garantir que seu argumento seja construído dentro de um máximo de três capítulos intitulados "*Seus Claims*" e precisará repetir essas reivindicações ao longo de sua mensagem. A repetição dos CLAIMS sinalizará ao cérebro do público quão importantes e urgentes eles são para resolver uma dor crítica.

Quando um público recebe uma mensagem, o cérebro primitivo tem uma prioridade: entender rapidamente sua relevância e importância. No entanto, quando um apresentador comunica uma mensagem, seu objetivo é duplo: ser compreendido *e* ser lembrado. Esses objetivos às vezes são conflitantes, e acreditamos que os CLAIMS maximizam a compreensão e a memorização.[145,190] Embora encontrar boas reivindicações seja um desafio, comunicá-las visualmente também é um passo importante que poucas empresas levam tão a sério quanto a SalesBrain. Nossos clientes entendem que os CLAIMS não atingiram todo o seu potencial até que estejam emparelhadas com o que chamamos de *NeuroÍcones*. NeuroÍcones são para as reivindicações, ou CLAIMS, o que os logotipos são para uma marca. Eles adicionam um selo visual e emocional à expressão de benefícios únicos. Erin MacDonald, pesquisadora de Stanford, escreveu: "Quando há apenas texto, a repetição de um atributo anula sua importância nas decisões, enquanto, na imagem, a repetição de um recurso reforça sua importância."[143]

Vamos rever mais alguns exemplos de reivindicações eficazes e seus NeuroÍcones associados.

Exemplo de CLAIMS: ShotSpotter

A ShotSpotter é uma empresa sediada no Vale do Silício que fornece aos departamentos de polícia uma detecção de tiros em tempo real — a detecção inclui o número de tiros disparados, o tipo de arma usada e a precisão da localização em poucos metros (veja a Figura 8.10). Usando uma variedade de microfones espalhados por uma cidade ou um campus, o sistema ShotSpotter detecta tiros em tempo real. Quando quase 80% dos eventos de tiroteio não eram relatados aos serviços de emergência, o ShotSpotter surgiu para:

- **Detectar (Detect)** tiros ao ar livre e alertar a polícia sobre o local preciso dentro de trinta a quarenta segundos, dando-lhe maiores chances de capturar os autores, ajudar as vítimas, recuperar provas físicas (cápsulas deflagradas) e entrevistar testemunhas.

- **Proteger (Protect)** os agentes de segurança pública, pois agora eles podem atender a um evento de tiro ativo melhor preparados para uma determinada ameaça. Isso, por sua vez, *protege* melhor os moradores em comunidades carentes.

- **Conectar (Connect)** os departamentos de segurança pública às comunidades locais. Antes, como 80% de todas as ações envolvendo armas não eram relatadas e, portanto, não tinham resposta da polícia, havia crescente desconfiança das comunidades locais quanto ao seu departamento de polícia. Agora, por causa do sistema ShotSpotter, elas veem intervenções melhores, mais rápidas e mais eficazes dos órgãos de segurança pública. O ShotSpotter *conecta* as comunidades aos departamentos de polícia.

ShotSpotter

DETECT   **PROTECT**   **CONNECT**

Figura 8.10   Claims da ShotSpotter. Tradução: *Detectar, Proteger, Conectar.*

> "Eu estava procurando uma forma eficaz de atualizar nossas mensagens para refletir nosso novo pivot de modelo de negócios de serviços. Devido à nossa cultura técnica, estávamos mais focados no que *fazíamos — a tecnologia é incrível e complexa!* — do que no motivo *pelo qual os departamentos de polícia devem considerar a ShotSpotter*. Mas, após trabalhar com a SalesBrain, alinhamos rapidamente nossa equipe executiva em um conjunto de três CLAIMS: Detect (Detectar), Protect (Proteger), Connect (Conectar). Foi esclarecedor, pois imediatamente nossos potenciais clientes começaram a entender nossa proposta de valor. Os NeuroÍcones são extremamente eficazes, pois esses três visuais simples, mas significativos, comunicam toda a história sobre por que os órgãos de segurança pública devem considerar nossa solução de detecção de tiros."
>
> — **Ralph Clark, CEO**

Exemplo de CLAIMS: Mann Packing

A Mann Packing, com sede no Condado de Monterey, Califórnia, é uma empresa produtora de vegetais, incluindo ervilha torta, legumes frescos, bandejas de legumes, bowls vegetarianos e muito mais. Ela até introduziu o mundo a um novo vegetal: o brocolini (um cruzamento entre o brócolis-americano e o brócolis-chinês). Antes de trabalhar com a SalesBrain, e semelhante a todos os concorrentes, sua reivindicação era oferecer vegetais frescos e trabalhar diligentemente com todos os clientes: grandes supermercados, redes e distribuidoras de serviços de alimentação. Depois de debater sua proposta de valor, os executivos escolheram três CLAIMS: Fresher Ideas, Fresher Experience, Fresher Results [Mais Frescor nas Ideias, Mais Frescor na Experiência, Mais Frescor nos Resultados].

Na Figura 8.11, observe os três SUBCLAIMS de cada reivindicação.

Mais Frescor nas Ideias
Entender o consumidor
Inovação de produtos
Soluções de negócios centrada no cliente

Mais Frescor na Experiência
Parceria de negócios estratégica
Consultoria de categoria confiável
Foco de negócios aprimorado

Mais Frescor nos Resultados
Uso eficiente de tempo e recursos
Crescimento de categoria e volume
Desempenho financeiro aprimorado

Figura 8.11   CLAIMS da Mann Packing.

Note que esses CLAIMS não são para os consumidores: são relevantes apenas para os gerentes de compras das distribuidoras de alimentos. No entanto, a simples repetição das palavras *mais frescor* envia um forte sinal sobre o compromisso da Mann em fornecer os produtos mais frescos. As palavras *mais frescor* ainda podem ser usadas em qualquer campanha para consumidores. Sobre seus CLAIMS, Lorri Koster, presidente e CEO da Mann Packing Company, declarou:

Trabalhamos em uma indústria muito tradicional, em um mar de produtores que oferecem os mesmos itens a preços semelhantes. Muitos de nós somos multigeracionais, empresas familiares com a melhor qualidade e o melhor serviço. Encontrar uma diferenciação sempre foi um desafio. Então, antes de trabalhar com a SalesBrain, nossas apresentações para os compradores eram chatas e não recebíamos muito mais margem do que nossos concorrentes. Mas, ao usar de forma consistente e reiterada nosso conjunto de três CLAIMS *"mais frescor", fomos capazes de ajudar nossos compradores a entender o quão comprometidos estávamos em fornecer os produtos mais frescos com a melhor qualidade e serviço. Não estamos apenas no negócio de produtos frescos — estamos no negócio de produtos com "mais frescor". Não só foi útil externamente, mas o mantra "mais frescor" também se tornou eficaz para ajudar nossos próprios funcionários a entender que não estamos apenas no negócio de produtos agrícolas, mas que o nosso segredo é velocidade e precisão: nós somos os especialistas em entregar frescor!*

Exemplo de CLAIMS: ClearLight Partners

A ClearLight Partners LLC é uma empresa de capital privado localizada no Condado de Orange, Califórnia. Há alguns anos, ela contatou a SalesBrain para ajudá-la a comunicar sua diferenciação competitiva aos proprietários de empresas que pensam em contratar um parceiro. Após uma reflexão minuciosa sobre o que tornava a empresa única, a equipe categorizou seus benefícios em três capítulos:

- Princípios Claros.
- Caminhos Claros.
- Resultados Claros.

Figura 8.12   CLAIMS da ClearLight.

DIALOGUE COM O PRIMAL BRAIN

Observe como esses CLAIMS se relacionam bem com o nome da empresa para criar uma imagem de marca forte. Michael Kaye, fundador da ClearLight Partners, declarou: *"A SalesBrain foi útil para nos guiar em direção a uma apresentação concisa de nossos principais pontos de diferenciação e ofertas exclusivas. Ela foi uma importante contribuinte para a estética do nosso site e outros materiais de marketing. Recebemos feedback positivo sobre esses materiais revisados de todos os constituintes de nossa rede — empresários, intermediários e executivos."*

Exemplo de CLAIMS: Eemax

A Eemax é a fornecedora número um de soluções de aquecedores de água sem tanque nos Estados Unidos. Por mais de 25 anos, ela oferece aquecedores de água quente com eficiência energética e sob demanda para usos comerciais, residenciais, industriais e de segurança. Seus aquecedores de água ecológicos e amigáveis ao meio ambiente oferecem a maior variedade da indústria.

Figura 8.13   CLAIMS na página inicial da Eemax.

Jens Bolleyer, que administra o marketing na Eemax, relatou: *"Assim que integramos reivindicações e recursos visuais em nosso site, vimos uma redução de 54% na taxa de rejeição"* (Figura 8.13).

Exemplo de CLAIMS: Digitech Systems

Por meio de software e serviços que entregam qualquer documento, a qualquer hora, em qualquer lugar, a Digitech Systems traz todos os benefícios do gerenciamento de conteúdo empresarial para pequenas, médias e grandes organizações. H. K. Bain, CEO da empresa, declarou: *"Definir nossas reivindicações mudou completamente a maneira como vendemos nossa solução. Isso torna a venda especialmente mais fácil para nossa rede de revendedores, que não precisam mais se perguntar quais são as três razões únicas pelas quais as empresas devem escolher a solução Digitech Systems"* (Figura 8.14).

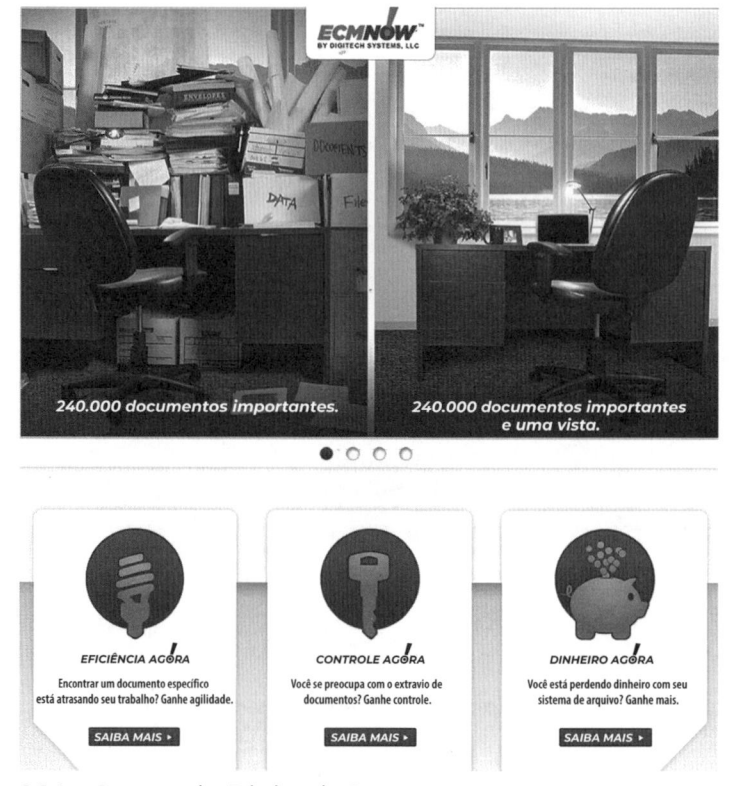

Figura 8.14   CLAIMS da Digitech Systems.

Exemplo de CLAIMS: Shepherd Chemical e Shepherd Color

Com sede em Cincinnati, Ohio, a Shepherd Chemical fabrica compostos de alta qualidade. Uma de suas divisões, chamada Shepherd Color, é especializada em pigmentos de cor, como os usados em tintas. Há alguns anos, a empresa contatou a SalesBrain para ajudar a solidificar as reivindicações de um novo tipo de pigmento chamado dinâmico.

Observe como o conceito de dinâmico é apresentado sob três capítulos: pura conveniência, pura consistência e pura lucratividade (veja a Figura 8.15). Observe ainda que cada um desses capítulos é segmentado em três subcapítulos.

Figura 8.15 CLAIMS da Shepherd Color.

A Shepherd Color também endossou os CLAIMS corporativos de mais expertise, melhor desempenho e melhor valor (veja a Figura 8.16).

Figura 8.16 CLAIMS corporativos da Shepherd Color.

Repare como, no site, a empresa sabiamente criou uma aba chamada "Por que a Shepherd?", na qual essas três reivindicações são exibidas com destaque (Figura 8.17).

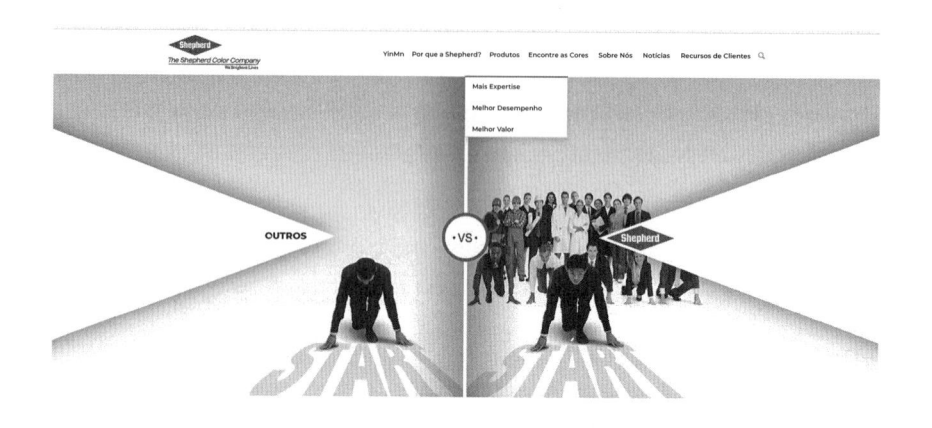

Figura 8.17   Mais expertise da Shepherd.

Tom Shepherd, proprietário e CEO da Shepherd Companies, declarou: *"Nós viemos de uma cultura muito técnica, com muitos químicos e engenheiros na equipe. Usar um conjunto consistente de reivindicações nos ajudou a criar uma história melhor para explicar 'Por que escolher a Shepherd?'. Essa história está realmente centrada no valor único que trazemos aos nossos clientes. Ainda somos especialistas em ciência de materiais, mas a diferença é que nossas reivindicações agora ajudam nossos clientes e potenciais clientes a entender por que eles devem nos escolher em vez de um concorrente. Isso nos ajudou a passar de um esforço de vendas orientado por tecnologia para um esforço de vendas com mais VALOR para o cliente. Como resultado, nosso negócio cresceu mais de 25% nos últimos cinco anos."*

Chris Manning, gerente de vendas e marketing, também declarou: *"Quando fazemos apresentações no estilo SalesBrain em conferências e palestras, todos ouvem, e recebemos vários reconhecimentos pelas melhores apresentações. Esta foi uma jornada emocionante e certamente teve um impacto. Desistir de palavras e detalhes arraigados em nosso estilo por tanto tempo e mudar para reivindicações e gráficos é difícil, mas vale a pena."*

Exemplo de CLAIMS: IBA Dosimetry

Com sede em Nuremberg, Alemanha, a IBA Dosimetry fabrica sofisticados dispositivos médicos usados para calibrar dispositivos de radiação para tratamento de câncer. A empresa começou a trabalhar com a SalesBrain há quatorze anos e, desde então, sempre que introduz um novo produto, nunca deixa de aplicar o NeuroMap. Em 2015, ela introduziu um novo produto revolucionário chamado Dolphin. O Dolphin permite a medição em tempo real da quantidade de radiação recebida por um paciente. Após uma sessão de brainstorming de dois dias, a equipe de marketing selecionou os seguintes CLAIMS:

- Cuidado.
- Controle.
- Confiança.

Figura 8.18   CLAIMS da IBA.

Em suas apresentações, a empresa costuma destacar o contraste entre as suas soluções e as soluções existentes, conforme ilustrado em sua big picture (Figura 8.19).

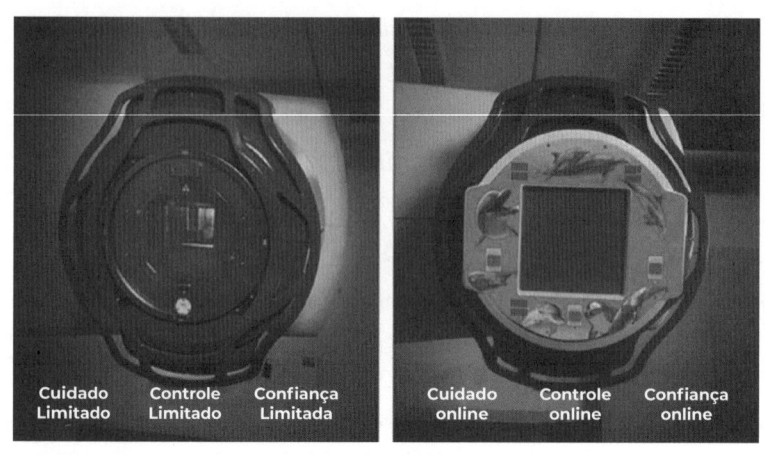

Figura 8.19   Claims do Dolphin da IBA.

Ralf Schira, vice-presidente de marketing da IBA Dosimetry, declarou: *"Temos usado nossos* claims *corporativos de Mais Rápido, Mais Preciso, Mais Confiável por mais de doze anos e eles têm sido fundamentais para o nosso crescimento. Quando lançamos o Dolphin, era óbvio que precisávamos organizar sua proposta de VALOR em três capítulos e escolhemos as reivindicações de: Cuidado, Controle, Confiança. Liderado pela Equipe SalesBrain, o workshop aprofundado de análise dos* claims *e do* pain *do cliente nos ajudou a definir as melhores reivindicações e a entender melhor as necessidades de nossos clientes. Não posso dizer com certeza que nosso sucesso nos negócios veio apenas da comunicação dessas mensagens claras, consistentes e convincentes, mas a disciplina que criamos em torno desses conjuntos de reivindicações certamente ajudou. Desde que começamos a trabalhar com a SalesBrain, em 2004, nosso negócio cresceu entre 5% e 15% todo ano, ano após ano; e eu não acho que seja uma coincidência."*

Exemplo de Claims*: Mountz*

Com sede no coração do Vale do Silício, a Mountz Inc. fornece ferramentas de torque para indústrias, tais como aeroespacial, automotiva, médica, eletrônica e muito mais. Muito provavelmente, os parafusos minúsculos em seu telefone celular foram fixados com a quantidade certa de força (torque) usando uma ferramenta da Mountz.

Embora a Mountz tenha uma posição de liderança em seu mercado, ela tem concorrentes e, quando procurou a SalesBrain há alguns anos, seu objetivo era solidificar um conjunto claro de reivindicações que poderiam se tornar seu mantra e ajudá-la a enfatizar seus diferenciadores. Durante uma sessão construtiva de dois dias, a equipe executiva chegou a um consenso sobre suas reivindicações:

- Garantia de Qualidade.
- Garantia de Expertise.
- Garantia de Suporte.

Brad Mountz, CEO e presidente, relatou: *"Não foi fácil alinhar nossa mensagem em três razões simples pelas quais nossos clientes devem nos escolher. Mas, no final, nosso compromisso com o cumprimento de nossa promessa é realmente o que nos diferencia: nossa equipe sabe mais sobre torque do que qualquer outra pessoa na indústria, e podemos garantir nossa qualidade, nossa expertise e nosso suporte. Criar e garantir esse nível de clareza sobre o que nos torna únicos ajudou nosso negócio a crescer bem nos últimos anos. No mundo competitivo em que vivemos, estou orgulhoso e feliz com esses resultados."*

Exemplo de CLAIMS: Talking Rain

Com sede em Seattle, Washington, a Talking Rain Beverage Company é uma líder do setor que cria marcas usando ingredientes e ideias inovadoras. Há alguns anos, o vice-presidente de marketing entrou em contato com a SalesBrain para melhorar sua mensagem de vendas. A marca Sparkling Ice sempre foi forte no nível do consumidor, mas a empresa tinha dificuldade em vincular o valor comercial para os revendedores — grandes redes de varejistas. A SalesBrain lhe mostrou como unir os benefícios sob três reivindicações (Figura 8.20). Aqui está um depoimento de Chris Hall, COO:

Há alguns anos, entramos em contato com a SalesBrain para melhorar nossa mensagem de vendas. Nossa marca sempre foi forte, mas queríamos vincular essa força ao valor real para nossos revendedores. A SalesBrain nos mostrou como unir nossos benefícios sob três reivindicações. Como resultado, nossas apresentações de negócios ficaram mais curtas, claras e eficazes. Treinamos toda a nossa equipe de vendas e marketing e agora compartilhamos a mesma maneira de apresentar nossa proposta de valor exclusiva. Nossos distribuidores ouvem uma mensagem consistente e diferenciada sobre por que eles devem colocar nossos produtos em suas prateleiras... este tem sido um componente crítico para o nosso rápido crescimento!

RETORNOS ARROJADOS   **INOVAÇÕES ARROJADAS**   **PROGRAMAS ARROJADOS**

Figura 8.20   CLAIMS de negócios da Talking Rain.

O que Lembrar sobre seus CLAIMS

- Use até três CLAIMS. Observe que, na SalesBrain, não recomendamos o uso de apenas duas reivindicações: assim como um pintor desenharia uma, três ou muitas maçãs, a simetria óbvia de duas não é atraente para nossos cérebros.[191]

- Se necessário, crie SUBCLAIMS — os subcapítulos em seu livro. Estes devem seguir as mesmas regras de simplicidade e tangibilidade que as reivindicações principais.

No caso da HSI, apresentado anteriormente neste capítulo, observe como a empresa também utiliza SUBCLAIMS (Figura 8.21).

- A sonoridade por trás das palavras é mais importante do que as próprias palavras. Faça com que os CLAIMS rimem — tal como em PAIN (dor), CLAIM (reivindicação), GAIN (ganho)! Repita a mesma palavra três vezes ou use qualquer outra técnica criativa para fazer com que suas reivindicações soem melhor e mais mnemônicas.

Figura 8.21 Subclaims da HSI.

- Use palavras simples e tangíveis e não use mais de três palavras por reivindicação. Quanto mais curtas as reivindicações, melhor: evite palavras que tenham mais de três sílabas. Observe que PAIN, CLAIM e GAIN são palavras monossilábicas.
- Tente usar várias formas abreviadas de suas reivindicações. Por exemplo:

    - Diagnostique o PAIN.
    - Diferencie seus CLAIMS.
    - Demonstre seus GAINS.

Elas podem ser usadas como PAIN, CLAIMS, GAINS ou diagnostique, diferencie, demonstre.

- Uma vez que você consolidou suas reivindicações, torne-as ainda mais amigáveis ao cérebro primitivo criando NeuroÍcones. Isso acelerará ainda mais a compreensão do público sobre por que ele deve comprar de você ou adotar suas ideias.

BIG PICTURES

"De todas as nossas invenções para a comunicação de massa, as imagens falarão a linguagem mais universalmente compreendida."
— Walt Disney, cartunista

Como vimos anteriormente, o cérebro primitivo tem um viés visual! Há ampla comprovação de que o uso de dicas visuais para influenciar as pessoas é eficaz. Começamos a pensar em imagens e, à medida que nosso cérebro amadurece, mais tarde adquirimos a capacidade de pensar de maneiras mais abstratas. Embora os quatro itens mostrados na Figura 8.22 representem o mesmo conceito, nossos cérebros gradualmente aprendem a decodificar o significado do conceito com um estímulo que se torna cada vez mais distinto do conceito original que queremos comunicar, neste exemplo, um gato real.

Figura 8.22   Opções de comunicação.

A Ciência das Imagens

A informação visual é processada na parte de trás do cérebro (lobo occipital), mas a leitura de uma palavra recruta várias regiões cerebrais, incluindo o córtex auditivo e os lobos frontais. A leitura do texto está longe de ser uma tarefa visual, exceto pelo primeiro passo, que consiste em reconhecer as formas das letras.

Fora do mundo da publicidade, no qual os comunicadores profissionais entendem o poder do uso de imagens, o executivo de negócios normalmente usa palavras — não imagens — para se comunicar e influenciar. Todos nós já assistimos a apresentações enfadonhas usando os terríveis slides do PowerPoint. Todos os dias, recebemos e-mails, propostas, documentos legais e sites com uma tonelada de texto e pouca ou nenhuma imagem. Da mesma forma, estamos regularmente expostos a mensagens que incluem imagens que não estão relacionadas ao tópico em questão: como a onipresente imagem de uma pessoa sorridente falando ao telefone em seu escritório!

Uma pesquisa reveladora sobre pistas visuais demonstrou o poder da informação visual. Brian Wansink, da Universidade Cornell, realizou um teste com 54 participantes que foram convidados a tomar sopa de uma tigela.[192] Metade dos participantes tinha uma tigela normal que fornecia uma pista visual precisa da quantidade de sopa que comeriam. A outra metade comeu de uma tigela de reabastecimento automático (pista visual tendenciosa). As tigelas de reabastecimento eram idênticas às normais, e o processo era feito lenta e imperceptivelmente para garantir que os participantes não soubessem que estavam comendo em uma tigela que era reabastecida automaticamente.

As medições incluíram o volume de ingestão de sopa dos participantes, a sua estimativa de ingestão, o monitoramento do consumo autopercebido e a saciedade. Os pesquisadores descobriram que os participantes que comeram em tigelas de reabastecimento automático consumiram 78% mais sopa do que aqueles que comeram em tigelas comuns. No entanto, aqueles que comeram nas tigelas de reabastecimento automático não acreditaram que consumiram mais nem relataram estar mais saciados do que aqueles que comeram de tigelas normais. A sugestão visual dominou sua percepção e anulou outras impressões sensoriais! Os pesquisadores concluíram que a quantidade de comida em um prato ou em uma tigela fornece uma sugestão ou norma visual que influencia o quanto alguém acabará consumindo. Eles recomendaram ainda que, para comer menos, as pessoas deveriam simplesmente comer em recipientes pequenos!

Se comer de um prato pequeno pode ajudar uma pessoa a comer menos, que informações visuais você precisa apresentar ao público para ajudá-lo a entender por que ele deve comprar de você? A resposta é uma big picture.

Antes de aprofundarmos esse conceito, pegue seu telefone, ligue para um de seus melhores amigos e peça que, em uma folha formato carta e em orientação paisagem, ele desenhe as formas mostradas na Figura 8.23.

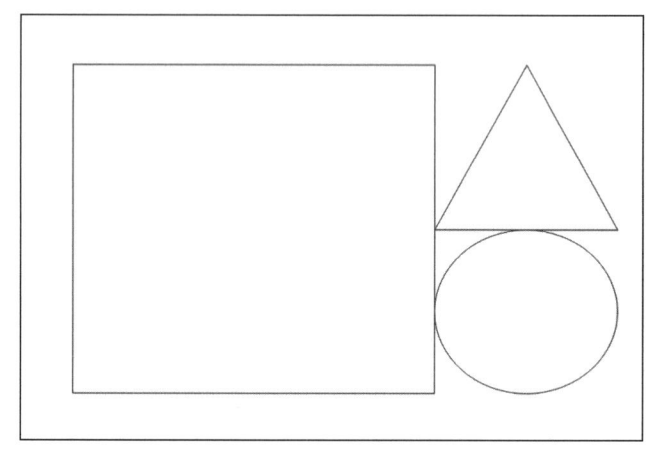

Figura 8.23   Formas geométricas.

É claro que você não pode enviar a imagem a seguir; você só pode usar palavras para orientar o desenho.

Quanto tempo vocês demoraram para completar a tarefa? Algum de vocês se sentiu frustrado durante o processo? Quão semelhante do original é o desenho final?

Você percebeu como é difícil realizar essa tarefa (fundamentalmente um exercício visual) usando uma modalidade diferente, neste caso, palavras? Como o cérebro primitivo do seu público é fortemente tendencioso para estímulos visuais, você precisa de uma boa imagem: uma big picture.

Vamos começar com uma definição precisa de big picture: **uma representação visual ou gráfica de como seu produto ou serviço afetará o mundo de seus potenciais clientes.**

As Figuras 8.24 e 8.25 mostram dois exemplos de big pictures, o primeiro (Figura 8.24) para um produto de crescimento capilar.

Antes   Depois

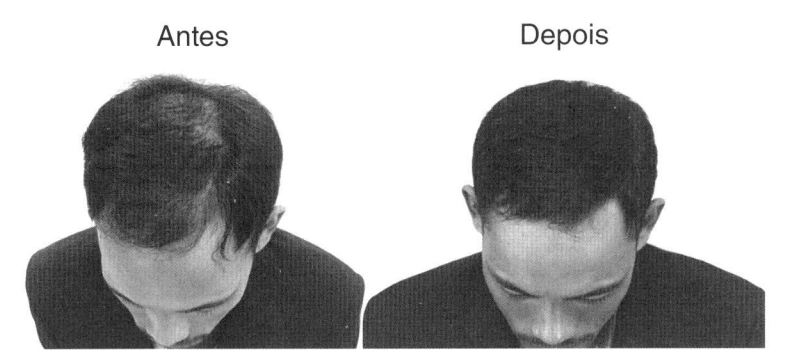

Figura 8.24 Visuais de cabelo: antes e depois.

A Figura 8.25 é uma modificação em um anúncio familiar: o valor de participar de um programa de perda de peso!

Figura 8.25 Anúncio do Vigilantes do Peso. Entrada (porta da esquerda) e saída (porta da direita).

Observe em ambos os exemplos o uso de contraste para atrair ainda mais o cérebro primitivo. Observe também que, nesses anúncios, o antes está à esquerda e o depois, à direita (ou, se escrito verticalmente, o depois deve estar localizado abaixo do antes). Isso porque, no mundo ocidental, lemos da esquerda para a direita e, convencionalmente, o futuro flui para a direita. Em outras culturas que usam o oposto, o quadro deve ser modificado de acordo para evitar a criação de dissonância cognitiva.

Em um conceito simples, uma boa big picture ajuda seu público a entender "visualmente" (com pouco ou nenhum texto) o que você pode fazer por ele!

Você deve notar que qualquer imagem que represente seu mundo, em oposição ao mundo de seu potencial cliente, não pode, de acordo com nossa definição, ser chamada de big picture. Muitas vezes, os profissionais de marketing que usam imagens não conseguem produzir a resposta adequada do cérebro, porque elas são:

- Autocentradas: a imagem fornece uma imagem do mundo do fornecedor, não do mundo do cliente.

- Não relacionadas à proposta de valor do produto. Muitas vezes você vê fotos de pessoas sorridentes, mas não está claro como os sorrisos estão ligados à proposta de valor.

- Muito complexas para ser assimiladas pelo cérebro primitivo. Imagens que incluem muito texto ou representações hierárquicas complexas, como um organograma, não se qualificam como uma big picture, pois sua complexidade exigirá uma longa análise cognitiva.

Outros Exemplos de Big Pictures

As Figuras 8.26 e 8.27 são exemplos de big pictures desenvolvidas pela SalesBrain.

Lembre-se da HSI (Figura 8.26) e de suas reivindicações "fáceis". Observe como o conceito de fácil agora é transmitido com um visual contrastado!

Você se lembra da Tovar, a empresa de remoção de neve (Figura 8.27)? Observe como a sua big picture se concentra na dor (o PAIN) com a suposição de que, se você escolher a Tovar, ninguém vai "escorregar e cair" em seu estacionamento. Enquanto isso, a big picture da Bill.com (Figura 8.28) mostra o nítido contraste de continuar a lidar com as contas da maneira antiga em comparação com a nova maneira. Por meio de sua big picture, a Talking Rain (Figura 8.29) mostra que os varejistas que criarem referência às suas marcas receberão programas de merchandising ousados.

DIALOGUE COM O PRIMAL BRAIN

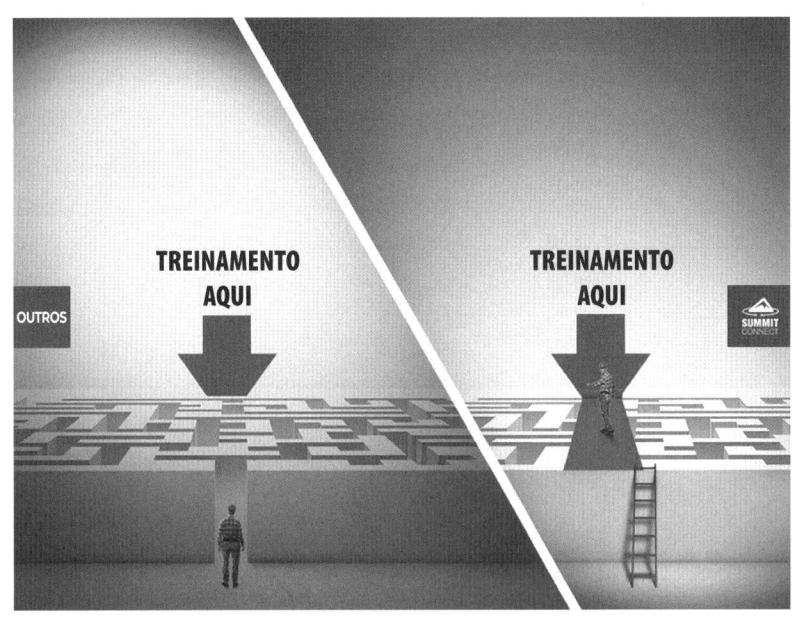

Figura 8.26   Big picture da HSI.

Figura 8.27   Big picture da Tovar.

Figura 8.28   Big picture da Bill.com.

Figura 8.29   Big picture da Talking Rain.

PROVAS DE GANHO

*"Levantem os telhados para que eu possa ver as estrelas, obter a sabedoria e enxergar as coisas pelo que elas são. Por favor, preciso de provas."**
— Barry Privett, músico

Já discutimos o tema de demonstrar seus ganhos (GAINS) na terceira etapa do NeuroMap. No entanto, ele precisa ser revisto novamente. Agora que você está construindo sua mensagem, suas provas de ganho (GAIN) representam outro elemento de persuasão. Na verdade, essas provas representam o cerne da sua mensagem.

Lembre-se:

- Seu captador é um sofisticado retrato da dor (o PAIN) de seus clientes, normalmente seguido por uma breve representação inspiradora do alívio da dor e reforçado por um objeto cênico, um minidrama ou uma história. Ele apela para a natureza *pessoal* do cérebro primitivo e seu desejo de informações *memoráveis*.

- Em seguida, por meio de benefícios *contrastáveis*, seus CLAIMS comunicam as três principais razões pelas quais seus clientes em potencial devem decidir comprar de você.

- Em seguida, sua big picture representa *visualmente* como sua solução afetará o mundo de seus potenciais clientes.

- Agora, você finalmente precisa apresentar provas de valor para demonstrar o que o cliente em potencial ganhará. Isso precisa ser feito de forma *tangível* e simples para apelar ao cérebro primitivo.

O que Fazer em Suas Provas de Ganho

- Por oferecerem tanto poder de persuasão, os depoimentos de clientes não são opcionais; são obrigatórios. Observe, no entanto, que

---

* Trecho da música Raise the Roof: "Raise the roofs, that I might see the stars/To gain wisdom, to see things for what they are/Please I need proof." (N. da T.)

eles não devem ser apresentados como uma longa lista normalmente exibida na aba "Nossos clientes" de seu site. Se você usar todos os nomes de seus clientes em uma única aba, sua comunicação deixará claro o uso da lei de validação social para convencê-los. Isso não é eficaz, pois a persuasão funciona melhor quando o persuadido não está ciente de que está sendo persuadido. Em vez disso, as histórias de clientes devem ser usadas como um meio visual e emocional para demonstrar o valor de sua reivindicação.

- Como os vídeos fornecem o transporte narrativo mais forte, o melhor meio para comunicar esses depoimentos de clientes é fazê-los em forma de curtas-metragens. Na SalesBrain, chamamos esses vídeos de NeuroTestemunhais. Assista e este exemplo do CEO da HSI: http://youtube/UMNEg5z6BKw [conteúdo em inglês].

- A segunda melhor opção seriam depoimentos curtos de clientes, incluindo nomes e fotos. Desde que não haja nenhum problema de confidencialidade, você deve evitar o uso de casos de clientes anônimos: é muito difícil para o cérebro primitivo acreditar que são reais.

- Esses casos de clientes precisam parecer o mais genuínos possível e mesmo em sua versão mais curta, que pode ser de apenas duas ou três frases, eles precisam contar uma história que soe, pareça e dê uma sensação de ser real. Nada afasta tanto um cliente em potencial quanto a voz corporativa falsa que afirma que um cliente está *"encantado com* a solução *extraordinária"* de seu fornecedor.

O depoimento deve ser curto e direto ao ponto. Idealmente, o cliente deve usar as mesmas palavras usadas nos CLAIMS de sua empresa. Na verdade, um depoimento de cliente bem estruturado começaria com uma frase que especifica a dor, logo seguida pelo desfecho inusitado no qual o cliente afirma que a dor foi eliminada por sua solução. Às vezes, para criar tensão teatral, você também pode incluir uma frase que demonstre que havia um ou mais obstáculos antes que o valor pudesse ser experimentado. Porém, no final, você — o fornecedor — ainda entregou. Por exemplo, supondo que você estivesse vendendo cintos de segurança, aqui está um bom depoimento dado por Johann Swenson, diretor de compras da Volvo:

Por anos, eu procurei adquirir novos cintos de segurança [a dor]. Nossa pesquisa mostrou que os motoristas queriam cintos de segurança mais confortáveis sem abrir mão da proteção, isso sem mencionar que temos objetivos drásticos de redução de custos, então não foi um problema fácil [o *obstáculo* para construir tensão narrativa]. No entanto, quando mudamos para cintos de segurança ABC, economizamos US$7 por carro, resultando em uma economia anual de US$3,5 milhões [valor financeiro]; ao mesmo tempo, aumentamos o índice de segurança de nossos carros em três pontos [valor estratégico]. Como resultado, todo o nosso departamento de compras recebeu o prêmio de Melhor Contribuição do Departamento diretamente do nosso CEO [valor pessoal].

- Seu valor precisa ser quantificado, e a demonstração do valor precisa ser feita de forma simples, lógica e completa. Observe a progressão neste exemplo:

1. "Minha solução poupará dinheiro."

2. "Você trabalhará 10% mais rápido com a minha solução." Agora está quantificado.

3. "Como você trabalhará 10% mais rápido, economizará 8% no custo de fabricação e poderá lançar novos produtos 5% mais rápido." Agora, tanto um valor financeiro quanto um estratégico foram quantificados.

4. "Como você trabalhará 10% mais rápido, economizará R$80 mil por ano em seu custo de fabricação e poderá reduzir seu tempo de lançamento de novos produtos de dezoito para doze meses, dando-lhe uma vantagem de dezoito meses sobre seus concorrentes atuais." Agora, os valores financeiro e estratégico foram totalmente quantificados e traduzidos em um número tangível. Observe que o valor estratégico também foi contrastado com o da concorrência.

5. "Depois de comprar da ABC Systems, economizamos R$80 mil por ano em nosso custo de fabricação e conseguimos reduzir nosso tempo de lançamento de novos produtos de dezoito para doze meses, o que nos deu uma vantagem competitiva. — John

Smith, ACME Manufacturing." Agora você provou isso com um caso de cliente.

- Com o exemplo anterior em mente, observe como a maioria das empresas deixa a desejar em sua demonstração do ganho. Por exemplo, elas fornecem apenas uma longa lista de clientes anteriores sem quantificar o valor ou usar uma prova forte.

- Muitas empresas confundem o conceito de valor com o conceito de prova. Por exemplo, muitas vezes você verá escritórios de advocacia, empresas de contabilidade, consultores financeiros ou corretores de imóveis afirmarem: "Temos 150 anos de experiência combinada." Nesse caso, talvez o risco estratégico de escolhê-los seja menor porque eles trazem muita experiência, então a afirmação pode servir como prova, mas isso não é um valor, e sim uma característica. Na verdade, o cérebro primitivo provavelmente associará todos esses anos de experiência a um preço mais alto!

- Por fim, seu ganho deve ser tão óbvio que toda a equação de ganho deve caber em uma página. Embora isso geralmente seja feito em B2C (às vezes com apenas uma imagem com pouco ou nenhum texto), em transações B2B complexas isso quase nunca é feito.

Na SalesBrain, ajudamos inúmeras corporações a melhorar a demonstração de seu ganho, apresentando o valor e o custo em uma página... E o seguinte depoimento de Olivier Legrain, CEO da IBA, é a prova!!!

Com a SalesBrain, aprendemos o impacto de eliminar as suposições de nossos clientes sobre o valor que receberão de nós. Com soluções médicas altamente complexas que custam US$50 milhões e mais, ser capaz de sintetizar o valor é um exercício extremamente difícil. No final de uma apresentação "turbinada pela SalesBrain", quando muitos de nossos clientes nos dizem "agora eu entendi" e você fecha o negócio, você percebe que todo o esforço foi bem investido.

REENQUADRANDO AS OBJEÇÕES

"A lógica nunca mudará a emoção ou a percepção."
– *Edward de Bono, psicólogo*

A maioria dos vendedores fica desconfortável quando potenciais clientes fazem objeções: eles sentem isso como um sinal de rejeição quando, na verdade, deveria ser considerado um pedido de mais informações. À medida que os potenciais clientes se aproximam da decisão, o medo do arrependimento — de fazer a escolha errada — afetará sua decisão e exigirá que você forneça informações adicionais.[193]

Considere a objeção mais frequente: "Sim, gosto da sua solução, mas é muito cara." Mesmo que você seja realmente mais caro do que seus concorrentes, essa é uma razão válida para que o cliente em potencial não compre de você? Ele está comparando maçãs com maçãs? Muitas vezes, em uma objeção de preço, o cliente está apenas comparando o custo de cada solução sem comparar o valor das respectivas ofertas. Você demonstrou corretamente todo o ganho ou algum de seu valor ainda está não revelado, não quantificado ou não comprovado? Antes de decidir se você precisa reenquadrar uma objeção, certifique-se de ter demonstrado totalmente o ganho.

As objeções vêm de duas formas: as que surgem de um *mal-entendido* e as que surgem de *percepções*. Os mal-entendidos podem ser resolvidos usando a lógica e fornecendo informações adicionais. Imagine que os potenciais clientes disseram que você é muito caro, mas eles não viram que seu preço inclui uma garantia de doze meses. Perceber que nenhum de seus concorrentes oferece essa garantia pode ser suficiente para mudar a opinião deles sobre a diferença de preço.

Por outro lado, objeções baseadas em percepções não podem ser resolvidas usando lógica. Se os clientes acreditarem — com ou sem razão — que sua solução é muito cara, nenhuma quantidade de informação racional mudará suas opiniões. A objeção é simplesmente a expressão do medo do arrependimento. O NeuroMap propõe que a melhor maneira de lidar com tal objeção é reformulá-la usando uma história, uma analogia ou uma metáfora. Fazer isso produzirá uma emoção positiva para neutralizar a emoção negativa associada ao medo do arrependimento.

Lembra-se da história contada por Winston Churchill para convencer o parlamento a aumentar o orçamento para o desenvolvimento de novas armas? (Consulte a subseção Histórias, na seção Captadores.)

Agora imagine se a objeção de seu cliente tivesse sido: "Sua solução é interessante, mas estamos preocupados com essa tecnologia moderna: pode ser tecnológica demais para nós." Você poderia usar a história de Churchill e simplesmente mudar o desfecho inusitado: "O resultado da batalha foi devastador para os dervixes: 12 mil mortos, 13 mil feridos e 5 mil capturados em comparação com apenas 50 mortos e 400 feridos no lado britânico. Os dervixes se renderam logo após a batalha atingir o ápice... e isso é o que nossa tecnologia moderna poderia fazer por você: ajudá-lo a dar um grande golpe decisivo nos concorrentes!"

Como você deve lidar com a objeção?

1. Concorde ou discorde respeitosamente da objeção.
2. Encare a objeção.
3. Destaque um lado positivo da objeção usando uma história, uma analogia ou uma metáfora.

Concorde ou Discorde da Objeção

Embora muitos livros de vendas recomendem nunca discordar de um cliente, acreditamos que a eficácia persuasiva é maior se você declarar sua própria opinião, pois (1) o cliente nem sempre está certo e (2) o cérebro primitivo detectará rapidamente qualquer sinal de manipulação ou desonestidade, e o fará muitas vezes inconscientemente.[194] Declarar sua opinião demonstra que você mantém a própria verdade e não tem medo de discordar docliente, uma forma de destemor que funciona bem no cérebro primitivo.

Robert Cialdini também estabeleceu que, sempre que você mencionar algo negativo sobre si ou sua solução (espero que levemente negativo), o que disser logo em seguida terá mais credibilidade.[195] Imagine, por exemplo, que você discorda do cliente em potencial sobre o fato de sua solução ser muito cara. Você pode primeiro dizer algo negativo como: "Embora, como você apontou, nosso atendimento ao cliente não esteja operando 24 horas por dia, 7 dias por semana..." e seguir com: "Acredito que não somos mais caros do que nossos concorrentes", o que ajudará o cliente a ser influenciado com mais eficiência por sua declaração sobre o preço. Prefira a verdade, mesmo que no momento você sinta que uma pequena mentira lhe serviria melhor.

Encare a Objeção

Suponha que você esteja vendendo pessoalmente para seu cliente em potencial e ele comece a levantar uma objeção. Recomendamos que você entre na objeção, o que significa que precisa se aproximar da pessoa que está tentando persuadir. Ao fazer isso, mostrará que não tem medo da objeção. A ausência de medo confirmará ao cérebro primitivo do cliente que a objeção não é relevante, e isso acontece abaixo do nível de consciência. Por outro lado, um movimento de afastamento físico seria a maneira mais segura de confirmar que a objeção é verdade. Usando a aproximação de Mehrabian, você pode eliminar 55% da objeção subconscientemente apenas usando linguagem corporal.[195]

O movimento de aproximação deve ser proporcional à distância entre você e o potencial cliente. Se estiver sentado perto dele, inclinar-se levemente na direção dele é suficiente, mas, se estiver de pé em um grande palco, você deve dar vários passos na direção da pessoa que formulou a objeção.

Destaque um Lado Positivo da Objeção Usando uma História, uma Analogia ou uma Metáfora

Quando uma objeção é expressa, independentemente da força do contra-argumento de reformulação, o potencial cliente raramente se rende e admite: "Você está certo, sua solução não é muito complexa ou não é muito cara." O objetivo aqui é eliminar ou pelo menos diminuir a emoção negativa na origem da objeção. Para isso, a lógica não é eficaz. Em vez disso, você precisa encontrar uma fonte para uma emoção positiva contrária, e recomendamos usar uma história, uma analogia ou uma metáfora para comunicar essa emoção.

Algumas Objeções Comuns, Seus Lados Positivos e Histórias Possíveis

Objeção: você é muito caro. Para reenquadrar essa objeção comum, você precisa primeiro encontrar um aspecto positivo de ser caro.

Normalmente, produtos caros oferecem melhor qualidade e duram mais tempo. Então, você precisa encontrar uma história, analogia ou metáfora que possa comunicar o valor de uma melhor qualidade e de um produto mais duradouro. Aqui está um exemplo: antes de iniciar a reformulação, concorde ou discorde com base em sua própria convicção. Por exemplo, se concordar, basta dizer: "Você está certo, somos um pouco mais caros do que nossos concorrentes. Mas não acredito que seja uma razão para você nos recusar."

Em seguida, reenquadre a objeção. Você poderia dizer: "Isso me lembra da última vez que comprei calçados novos para jogar tênis. Como tenista, sempre joguei com um par de Adidas que custava R$500. Sempre me sentia satisfeito com a aderência, a estabilidade, o peso e a aparência dos tênis. Eu também adorava o fato de que suas solas duravam pelo menos 25 jogos antes de ficarem desgastadas. Então, recentemente, comprei os tênis da marca [nome retirado], pois pareciam bastante semelhantes aos que eu comprava regularmente, e eles custaram apenas R$200... um bom negócio, de fato. Ou foi o que pensei. No início, meus tênis novos pareciam tão bons quanto os que eu estava acostumado, mas, depois de apenas alguns jogos, tornou-se óbvio que eles estavam se desgastando mais rápido, muito mais rápido. Na verdade, depois de apenas cinco jogos, apareceu um buraco na ponta e eles precisaram de substituição... Então, 25 jogos com meus tênis de R$500 acabaram sendo muito melhores do que cinco jogos com os tênis de R$200. Podemos ser um pouco mais caros do que alguns de nossos concorrentes, mas nossa solução lhe dará uma quilometragem muito maior!"

Observe o desfecho inusitado e como ele combina com a história sobre as qualidades do tênis.

Objeção: sua solução já está atrasada para o mercado. Um lado positivo dessa objeção é que as soluções que chegam mais tarde ao mercado são muitas vezes mais robustas, pois o fornecedor teve tempo para resolver os erros iniciais e fornecer uma solução mais consistente. Aqui está como você pode reformular a objeção usando a história da Tesla: "Sim, é verdade que estamos atrasados no lançamento do produto. Isso me lembra da história da Tesla: seu primeiro modelo, o Roadster, foi atrasado inúmeras vezes, assim como o modelo S; mais recentemente, o modelo X foi lançado com um atraso de mais de dois anos. Apesar de todos esses atrasos, os usuários da Tesla relatam uma das maiores classificações de satisfação. Da mesma forma, se você nos escolher, uma vez que a solução for implantada, você experimentará o mais alto nível de satisfação." Observe que, se o negociador for um motorista Tesla, ele se identificará ainda mais com essa história!

Quanto mais você souber sobre o potencial cliente, melhor, pois ele o ajudará a escolher a melhor história de reformulação possível: a história que produzirá a emoção positiva mais forte para compensar a emoção negativa ligada ao medo do arrependimento.

Objeção: sua solução é muito complexa. Você poderia usar a analogia de um câmbio automático: de fato, visto por dentro, parece complicado, mas ele é confiável e seu uso é simples: estacionar, ré, neutro e dirigir. Então, você poderia dizer: "Você está certo, olhando em suas engrenagens, nossa solução é bastante complexa."

Observe que, quando você começar a concordar com a objeção — um ponto negativo para o seu produto —, o potencial cliente estará mais aberto a deixar que a emoção positiva gerada pela história seguinte elimine o medo negativo do arrependimento.

"É um pouco como um câmbio automático. Esses dispositivos encontrados em todos os carros modernos são bastante complexos. No entanto, para os usuários, eles são muito simples: basta selecionar a opção desejada e dirigir. Observe que a maioria dos câmbios automáticos modernos oferece uma durabilidade de 400 mil ou até 500 mil quilômetros sem apresentar problemas: esses dispositivos são muito confiáveis e duradouros. E assim será a nossa solução se você optar por trabalhar conosco: complexa por dentro, mas confiável e simples de usar."

O que Fazer para Reenquadrar as Objeções

- Considere a objeção como um presente: é um sinal de que o cliente em potencial está perto de decidir e tem medo de tomar a decisão errada. Ao considerá-la um presente, você minimizará o medo inconsciente por meio de suas palavras, seu tom de voz e sua linguagem corporal.

- Se estiver diante de seu cliente em potencial, lembre-se de dar um passo à frente; esse movimento pode eliminar 55% da objeção. Se você estiver sentado à mesa com ele, simplesmente incline-se para frente a fim de encurtar a distância entre vocês dois. O movimento deve ser proporcional à distância entre vocês.

- Criar a história, analogia ou metáfora perfeita que irá gerar uma forte emoção positiva no cérebro é um desafio. E criá-la instantaneamente é quase impossível, *mesmo para os melhores profissionais de vendas e marketing*. Isso significa que você deve preparar uma lista das objeções mais comuns e das possíveis histórias a serem contadas. Então, usando seu conhecimento da personalidade, do comportamento, das atividades e da paixão de seu negociador, você deve selecionar a história de reformulação que irá gerar a melhor emoção positiva. Se você sabe que seu potencial cliente joga tênis, a história dos calçados novos provavelmente terá um bom impacto.

- Como as respostas emocionais podem variar muito a partir do mesmo estímulo, testar as histórias nos outros e praticar sua entrega é fundamental. O que você acha que pode criar uma resposta positiva pode não ter o efeito desejado em um determinado cliente em potencial.

Agora que você reenquadrou as objeções, é hora de fechar!

FECHAMENTO

"Não se deixa uma reunião antes da hora de fechar."
— *Winston Churchill, ex-primeiro-ministro britânico*

O tema do fechamento continua sendo um dos tópicos favoritos das metodologias de vendas. No entanto, nenhuma delas sugere uma maneira simples, mas científica e eficaz, de ajudar o cérebro do seu público a progredir no continuum de persuasão: de desconfiado a interessado, de cliente em potencial a cliente!

Em uma situação presencial, para alcançar esse resultado sistematicamente, acreditamos que a maneira mais eficaz é fechar

1. Repetindo seus CLAIMS.
2. Perguntando "O que você acha?" e esperando.
3. Perguntando "Qual o nosso próximo passo?" e esperando.

Observe que, em todos os outros elementos do NeuroMap, incentivamos você a ser criativo e adicionar adornos para aumentar a saliência da sua mensagem. Mas fechar é o passo no qual um processo mais padronizado e roteirizado, que consiste em três etapas simples, incluindo duas perguntas curtas, trará os melhores resultados.

Repita Seus CLAIMS

Suas reivindicações representam as três principais *razões* pelas quais os clientes em potencial devem comprar de você, e a melhor maneira de destacar claramente sua importância é repeti-las consistentemente. Como o fechamento acontece no final da sua mensagem, o viés de recência os ajudará a se lembrar dessas palavras mais do que do meio da sua mensagem. À medida que você se aproxima do final de sua apresentação, recomendamos que declare seus CLAIMS uma última vez:

"Em conclusão, hoje discutimos como apenas a nossa empresa pode ajudá-lo a proteger o seu tempo, proteger o seu dinheiro, proteger o seu sossego."

Pergunte "O que Você Acha?" e Espere

Você se lembra das seis leis de influência demonstradas por Robert Cialdini?

Observe que todas elas são promovidas pelo NeuroMap. Por exemplo, a lei da escassez se aplica quando você declara seus CLAIMS: "Somente com a nossa solução você será capaz de: CLAIM 1, CLAIM 2, CLAIM 3." Ou a lei da validação social funcionará a seu favor quando usar casos sólidos de clientes para provar seu valor.

Então, após repetir seus CLAIMS, você acionará a *lei da consistência* perguntando "O que você acha?" e esperando a resposta. Isso reduzirá a resistência do seu público a depois mudar de ideia e aumentará a fluência cognitiva.

A Lei da Consistência

A inconsistência não é um traço de personalidade desejável. As pessoas acham positivo ser consistente. A lei da consistência pode ser testemunhada em muitas situações e a demonstração mais simples foi feita pelo psicólogo Thomas Moriarty.[196] Em uma praia em Nova York, Moriarty fez um teste que envolveu dois pesquisadores:

- O primeiro estendeu uma toalha de praia e posicionou um rádio portátil a poucos metros de um sujeito selecionado aleatoriamente. Após deitar por alguns minutos, o pesquisador se levantou e saiu para caminhar na praia, deixando a toalha e o rádio sem vigilância.

- Poucos minutos depois, o segundo pesquisador, agindo como um ladrão, pegou a toalha e o rádio.

O teste consistiu em observar o comportamento do sujeito selecionado, que estava perto da toalha e do rádio e obviamente havia testemunhado o delito do ladrão. Nas primeiras condições de teste de vinte experimentos, apenas quatro indivíduos tentaram impedir o ladrão. Compreensivelmente, poucas pessoas estão dispostas a intervir e correr o risco de ser atacadas para proteger os bens de um estranho. Como poderia a lei da consistência ser usada para reverter as probabilidades e ter dezenove sujeitos em vinte tentando impedir o ladrão? Os pesquisadores encontraram a solução fazendo uma pergunta simples. Antes de sair para caminhar, o primeiro pesquisador apenas perguntou ao sujeito ao lado "Posso pedir um favor: você se importaria de vigiar minha toalha e meu rádio?" e aguardou uma confirmação verbal e pública. Como as pessoas querem ser consistentes, aqueles que responderam positivamente se sentiram obrigados a agir, resultando em dezenove sujeitos em vinte tentando impedir o ladrão.

O psicólogo social Steven Sherman foi capaz de aumentar em 700% o número de voluntários para ir de porta em porta coletar doações para uma instituição de caridade. Como? Em vez de pedir que as pessoas se comprometessem imediatamente a se voluntariar, Sherman e sua equipe introduziram um passo anterior. Eles ligaram para as pessoas e lhes pediram para adivinhar quantos indivíduos, incluindo elas, concordariam em gastar três horas coletando doações para a Sociedade Americana contra o Câncer; a essa pergunta, a grande maioria respondeu que a maior parte concordaria. Alguns dias depois, as mesmas pessoas receberam uma ligação da Sociedade Americana contra o Câncer pedindo que se voluntariassem. Devido ao desejo de permanecer consistente com a previsão anterior (e o compromisso implícito), o número de voluntários foi sete vezes maior do que antes, pois, na ligação anterior, a maioria disse que concordaria em atuar como voluntária.[197]

Em Dallas, Texas, Daniel Howard, um pesquisador de consumo, ajudou o Comitê de Alívio da Fome a recrutar mais voluntários para sediar sessões em suas casas, onde biscoitos seriam vendidos, e o dinheiro, usado para alimentar os necessitados. A abordagem direta padrão de pedir para se voluntariar retornou uma taxa de sucesso de 18%. No entanto, simplesmente adicionando uma pergunta no início de seu pedido padrão: "Como você está se sentindo esta noite?", o pesquisador descobriu que, das 120 pessoas que receberam a ligação, 108 deram a resposta esperada "bem", "tudo bem" ou "muito bem". Desses 108 indivíduos, 35 concordaram em organizar a festa de biscoitos, quase dobrando a taxa de fechamento inicial de 18% para 29%.[198]

Em uma área residencial da Califórnia, os psicólogos Jon Freedman e Scott Fraser perguntaram aos moradores se eles concordariam em exibir um grande e feio outdoor em seu jardim com os dizeres "Dirija com cuidado".[199] Não é surpresa que apenas 17% concordaram. Essa porcentagem saltou para 76% quando, duas semanas antes de ser solicitada a permissão para colocar o grande outdoor, os moradores foram convidados a exibir em sua janela um cartaz que dizia: "Seja um motorista cauteloso."

Então, como você usa a lei da consistência para realizar um fechamento persuasivo?

Após perguntar "O que você acha?", espere. Nesse ponto, se os potenciais clientes não disserem nada, você pode ficar tentado a sugerir alguns comentários positivos sobre sua solução, mas lembre-se de que eles devem fazer essa primeira declaração positiva sem pressão ou incentivo. O objetivo é ficar quieto e esperar até que a resposta deles gere um impulso positivo em sua direção. Com algumas declarações positivas, independentemente de quão insignificantes elas possam parecer no início, você está no caminho certo para fechar com sucesso. Para fortalecer ainda mais a lei da consistência, certifique-se de que você não é o único na sala a ouvir o feedback positivo: você pode querer que seu cliente em potencial o declare publicamente, com muitos dos próprios funcionários testemunhando o momento.

O Poder dos Compromissos Públicos

Observe que a maioria das pessoas termina sua apresentação perguntando: "Você tem alguma pergunta?" No entanto, perguntar "O que você acha?" é mais eficaz, porque, ainda que os potenciais clientes não tenham perguntas a fazer, eles sem dúvida terão opiniões, e a maioria das pessoas está ansiosa para compartilhar suas opiniões publicamente.

Os psicólogos sociais Morton Deutsch e Harold Gerald pediram aos alunos que avaliassem o comprimento das linhas desenhadas em um pedaço de papel.[200] Os alunos foram organizados em três grupos:

1. O primeiro grupo teve que se comprometer publicamente com suas estimativas iniciais, assinando seu nome e entregando-as ao experimentador.

2. O segundo grupo se comprometeu em particular, simplesmente escrevendo suas estimativas em uma lousa e apagando-as antes de virar a lousa para o experimentador.

3. O terceiro grupo foi apenas solicitado a manter os números em mente.

Posteriormente, os alunos receberam informações adicionais sobre o comprimento das linhas e foram questionados se queriam revisar suas estimativas. Os alunos do grupo 3 foram os mais propensos a serem influenciados pelas informações adicionais e alteraram suas estimativas. Os alunos do grupo 2 foram mais resistentes à mudança. Os alunos do grupo 1 foram os que mais fortemente se recusaram a mudar de ideia, mesmo na presença das novas evidências; o fato de terem se comprometido publicamente com suas primeiras estimativas os fez mantê-las até o fim!

Quando você pergunta às pessoas publicamente o que pensam da sua apresentação, elas se sentirão compelidas a fornecer uma opinião para ilustrar sua compreensão e, talvez, mostrar seu domínio do assunto. Lembre-se, seu objetivo é fazer com que elas digam muitos comentários positivos — mesmo que pequenos — publicamente.

Muitas vezes, as pessoas se opõem a esse tipo de fechamento argumentando: "Mas e se disserem algo negativo sobre minha solução?" Muito provavelmente, a objeção teria surgido de qualquer maneira, e é melhor se você estiver presente quando os potenciais clientes a expressarem, pois terá a chance de responder. Se o feedback for:

- Negativo, trate como uma objeção.
- Positivo, parabenize-se porque, usando a lei da consistência, você os ajudou a construir um impulso positivo para comprar sua solução. No futuro, será mais difícil para eles divergir dessa direção inicial.

Pergunte "Qual o Nosso Próximo Passo?" e Espere

Semelhante à pergunta "O que você acha?", essa pergunta foi elaborada para acionar a lei da consistência e fazer com que os *potenciais clientes* sugiram ou confirmem o próximo passo, não *você*. Observe também que, nesta frase, trocamos o sujeito de *você* para *nós*. Embora a diferença seja sutil, isso implica que, depois de ouvir a resposta deles à pergunta "O que você acha?", eles agora concordam com um próximo passo, independentemente de quão longe estão de comprar. No entanto, porque eles expressaram interesse positivo suficiente, o *você* se tornou um *nós*, pois você ganhou a confiança deles, possibilitando que pensem em você como uma extensão de sua equipe. O objetivo dessa pergunta é iniciar um diálogo no qual você desejará que seu cliente em potencial declare publicamente o que ele considera os próximos passos. Você deve ser ambicioso, mas realista, em quanto poderá aproximá-lo de uma decisão final. Se você estiver vendendo uma solução complexa que custa milhões, com um ciclo de vendas típico de um ano ou mais, e for apenas sua segunda visita, tentar fechar o negócio seria prematuro. Por outro lado, se estiver vendendo um carro, e ambos, marido e mulher, estiverem com você dirigindo e discutindo detalhes por duas horas, quando você perguntar "Qual o nosso próximo passo?", não deve se contentar com menos do que "Onde eu assino o contrato?".

O que Lembrar sobre o Fechamento

- Comece repetindo seus CLAIMS: é sua última chance de dizer a seus potenciais clientes *por que* eles devem escolher você. A maioria das pessoas se sente desconfortável ao repetir suas reivindicações, mas os comunicadores persuasivos o fazem naturalmente para ajudar seu público a entender a relevância e a importância de seus CLAIMS.

- Pergunte "O que você acha?" e espere. Incentive seu potencial cliente a falar. Deixe-o expressar a opinião dele livremente. Não o interrompa; em vez disso, demonstre um interesse genuíno em seus comentários. Peça esclarecimentos e conduza a discussão para incentivá-lo a declarar o maior número possível de pontos positivos.

- Pergunte "Qual o nosso próximo passo?" e espere. Se, a princípio, as respostas iniciais não estiverem se aproximando o suficiente de uma decisão final, você pode sugerir um próximo passo. Em seguida, pergunte novamente: "O que você acha?"

Agora, vamos analisar os catalisadores de persuasão.

SETE CATALISADORES DE PERSUASÃO

Lembre-se de que, se os elementos de persuasão são os blocos básicos do que você precisa comunicar, os catalisadores de persuasão representam uma maneira de amplificar seu impacto no cérebro primitivo. Eles representam diferentes técnicas de comunicação para aumentar ainda mais o efeito persuasivo de cada elemento de persuasão. Cada um dos catalisadores de persuasão pode e deve ser usado em qualquer um dos elementos de persuasão. Eles aumentam o impacto da sua mensagem.

USE "VOCÊ"

> *"Um fofoqueiro é aquele que fala com você sobre os outros; um chato é aquele que fala com você sobre si mesmo; e um conversador brilhante é aquele que fala com você sobre você."*
>
> — *Lisa Kirk, publicitária de livros norte-americana*

Da longa lista de escolhas de palavras, que você pode usar a qualquer momento para se comunicar, há uma estratégia de comunicação simples, mas eficaz, que o ajudará a criar e entregar sua mensagem com o poder de influência mais forte. A estratégia é chamada "use você", uma versão simplificada do que os especialistas em comunicação chamam de "autorreferenciamento". Usar a palavra *você* é uma maneira fácil de ativar o cérebro primitivo com um estímulo pessoal!

Pesquisadores mostraram que, em média, as pessoas gastam 60% das conversas falando sobre si mesmas,[201] e isso salta para 80% em plataformas de mídia social como Twitter e Facebook. A razão é simples: falar sobre si mesmas faz as pessoas se sentirem bem, como demonstrado pelo laboratório de Neurociência Social Cognitiva e Afetiva de Harvard.[202] Em um experimento de ressonância magnética funcional, 195 participantes foram convidados a discutir suas opiniões e as de outros, mostrando que falar sobre elas acionava o núcleo accumbens e a área tegmentar ventral, duas regiões associadas a recompensas e a sentimentos prazerosos, como sexo e comida saborosa!

Ademais, dos 188 vieses cognitivos apresentados anteriormente, cerca de quarenta podem ser logicamente explicados pelo estímulo pessoal, tais como viés do ponto cego, viés pró-escolha, viés da confirmação, viés do conservadorismo, viés da maldição do conhecimento, ilusão de controle, a lei do instrumento, cinismo ingênuo, efeito de excesso de confiança, efeito de autorrelevância, efeito holofote e assim por diante. Como as pessoas são tão consumidas por suas próprias vidas, uma maneira eficaz de chamar a atenção de seu cérebro primitivo é usar a palavra *você*.

Considere as seguintes declarações:

- "O novo processo é 40% mais rápido do que o atual" versus "Você economizará 40% do seu tempo graças ao novo processo".
- "Esta copiadora inclui um separador e um grampeador" versus "Você não perderá mais tempo separando e grampeando documentos".
- "Nós somos o principal fornecedor de..." versus "Você pode minimizar seu risco escolhendo o principal fornecedor de...".

Mesmo em um formato mais curto, considere estes slogans:

- "Do you Yahoo?" [Você Yahoo?] — Yahoo.
- "I want you" [Eu quero você] — Tio Sam.
- "Obedeça à sua sede" — Sprite.
- "Porque você vale muito" — L'Oréal.
- "You have 30 minutes" [Você tem 30 minutos] — Domino's Pizza.

Ou o novo mantra da IBM: "você IBM." Ou mesmo estes slogans:

- "Tomou?", da Parmalat.
- "Just do it!" [Apenas faça!], da Nike.
- "Think different" [Pense diferente], da Apple.

Observe nos slogans anteriores que, embora a palavra *você* não esteja explicitamente escrita, está implícita como em "Você tomou?".

Ao usar a palavra *você* (ou *seu/sua*), você cria um relacionamento instantâneo entre o autor e o leitor porque coloca o leitor no centro da história!

A Ciência do Uso de Você

Burnkrant e Unnava, da Ohio State University, mostraram que o aumento da autorreferência (processamento de informações relacionando-as consigo mesmo ou com as experiências pessoais) pode levar ao aumento da persuasão.[203] Mais tarde, Jennifer Escalas propôs que, *mesmo* quando um anúncio usa um argumento fraco, a autorreferência narrativa terá um efeito persuasivo através do transporte: as pessoas serão movidas pela história.[204]

Ao ouvir "Você tem 30 minutos", seu cérebro se envolve em uma história de todas as coisas que você poderia fazer antes de comer pizza. Observe como isso transmite um conceito positivo, em vez de sugerir que você pode ter que esperar 30 minutos!

Uso de Você nos Claims

Você se lembra da empresa HSI e de suas reivindicações "fáceis"? *Fácil para sua equipe, fácil para seu negócio, fácil para você*. Você também se lembra dos claims "proteja", do escritório de advocacia Carothers, DiSante e Freudenberger? *Proteja seu tempo, proteja seu dinheiro, proteja seu sossego*. Essas reivindicações são eficazes não apenas porque enfatizam o conceito único de proteção — um valor essencial para um escritório de advocacia — ou porque rimam, mas também porque há uma ênfase no *você*!

Da próxima vez que você escrever um e-mail, um folheto, uma página da web ou qualquer outra comunicação, basta relê-la e ver como pode usar a palavra *você*. Faça questão de minimizar o uso de *eu, nós, nossa, a empresa* e substitua-os por frases que usam as palavras *você* e *seu/sua*. Você também notará que forçar seu pensamento em torno da noção de *você* naturalmente deslocará a ênfase das funções e dos recursos de sua solução, ancorando a mensagem nos benefícios para o seu público!

CONTE HISTÓRIAS

"Aquele que conta a história governa o mundo."
— Provérbio dos indígenas norte-americanos Hopi

Anteriormente, descrevemos as histórias como um tipo de captador. Como as histórias são altamente eficazes no cérebro primitivo, elas também podem aumentar o efeito persuasivo de suas ideias, argumentos, conceitos ou elementos de persuasão. Portanto, no modelo NeuroMap, as histórias representam não apenas uma forma de captador, mas também podem aumentar o efeito persuasivo de qualquer um de seus elementos persuasivos, como suas big pictures, suas provas de ganho ou suas estratégias para reenquadrar as objeções. As histórias funcionam como um catalisador de persuasão.

DEMONSTRE CREDIBILIDADE

"A razão de nosso sucesso, querido? Meu carisma, é claro."
— Freddie Mercury, vocalista do Queen

Imagine duas pessoas diferentes entregando a mesma mensagem: elas terão o mesmo impacto no público? Ambas gerarão a mesma energia persuasiva para impulsionar o público a agir? Claro que não: é uma questão de credibilidade ou carisma!

A maioria das pessoas pensa que carisma é algo que "você tem ou não, e não há muito o que fazer". No entanto, acreditamos que aprender a ciência do carisma pode ajudar a aumentar seu poder persuasivo. Tentaremos defini-lo cientificamente e eliminar o máximo possível do aspecto místico. Mais importante, mostraremos que tem tudo a ver com o cérebro primitivo! Você notará que esta seção é a mais longa do livro. Por quê? Porque mesmo com um produto ou solução inferior, o vendedor mais carismático ganha a maioria das ofertas!

Acreditamos que seu carisma ou o nível de credibilidade que você tem com um público é uma função de seis atributos:

1. Semelhança: os traços ou as crenças comuns que você compartilha com seu público.
2. Expressão: o que você comunica por meio de *palavras, tom* de voz e *linguagem corporal*.
3. Criatividade: a imaginação que você usa para oferecer muitos momentos "aha" que levam seu público a entender o que você diz com menos esforço cognitivo.
4. Paixão: o amor e o entusiasmo que você demonstra pelo tópico ou pela expertise.
5. Destemor: a confiança que você emana quando não está apegado ao resultado.
6. Integridade: a evidência que conquista a confiança sólida do público.

Semelhança

"Se você quiser me persuadir, deve pensar meus pensamentos, sentir meus sentimentos e falar minhas palavras."

— *Cícero, estadista romano*

Por décadas, os modelos empíricos de vendas recomendaram procurar semelhanças com seus clientes em potencial. Muitos executivos de vendas rapidamente aproveitam a oportunidade para falar sobre golfe se descobrirem que seu cliente em potencial é um golfista. John Bargh, um especialista na mente inconsciente, relatou: "Filhotes de animais em geral desenvolveram uma predisposição para ficar perto daqueles que são semelhantes a eles."[205] Buscamos semelhanças com nossos potenciais clientes para construir um relacionamento mais eficaz. O rapport é definido como "uma conexão emocional positiva".[206] Trata-se de construir relacionamentos por meio de um senso de confiança mútua, estabelecendo comunicação eficaz e identificando crenças e conhecimentos comuns. O rapport pode ser descrito simplesmente como um sentimento que você experimenta quando está com alguém de quem gosta intuitivamente.

Os pesquisadores cunharam o termo viés de grupo. Eles mostraram que as pessoas em grupos — mesmo os criados artificialmente, como pelo sorteio de uma bola azul versus uma bola vermelha retirada de uma urna — que receberam a oportunidade de compartilhar dinheiro dariam mais para aqueles que tinham sorteado a mesma cor de bola que elas.[207]

Vários tipos de pesquisa mostraram que uma maneira poderosa de construir rapport e iniciar uma comunicação eficaz é "espelhar" ou combinar o comportamento do outro. Isso engloba posturas e gestos corporais, código de vestimenta, nível de energia, hábitos de fala, incluindo vocabulário e tom de voz, e até mesmo respirar de forma síncrona. Quando dois indivíduos têm um bom rapport, eles vão natural e inconscientemente adotar as mesmas atitudes![208-210]

Essencialmente, a conclusão é a seguinte: quanto mais semelhante você soar, parecer e sentir para seus clientes, mais rápido e mais forte será o rapport e, como resultado, mais carismático você aparecerá para eles. Isso encurtará o ciclo de vendas, pois rapport e credibilidade são a base da confiança. Tendemos a confiar em membros da nossa própria tribo que respeitamos.

O que lembrar sobre semelhança:

- O conceito de semelhança se aplica a tudo: se os clientes se vestem de forma conservadora, você também deve se vestir. Lembra a época em que os empregados da IBM usavam um terno de três peças com gravata? Por outro lado, se hoje você está tentando vender para uma jovem startup ao sul da Market Street — o centro digital de São Francisco —, roupas casuais certamente levarão a uma melhor conexão com o público do que um terno de três peças.

- Você deve falar o mesmo idioma que os clientes. Lembre-se de que cada setor usa o próprio vocabulário, portanto é seu trabalho aprender a língua de seus clientes: eles não devem ter que se adaptar ao seu estilo de expressão. Se os clientes usam pausas longas, você também deve usar.

- Espelhe: em seu livro intitulado *Mirroring People: The New Science of How We Connect*, Marco Iacoboni,[211] professor da UCLA, apresentou um grande argumento para a ciência da empatia.

Ele recomenda espelhar (não imitar) a pessoa com quem você está tentando criar um rapport. O neurocientista Antonio Damasio e colegas mostraram que, quando agimos como nosso ouvinte, isso nos ajuda a viver uma experiência do ponto de vista da outra parte e esse comportamento de espelhamento desencadeia o mecanismo neural da empatia autêntica.[212]

- Se seus clientes notarem que você está espelhando o comportamento deles, isso pode produzir o efeito oposto, pois a persuasão funciona melhor quando a pessoa persuadida não está ciente de que está sendo persuadida. Portanto, certifique-se de que o público não perceba que você está fazendo uma tentativa deliberada de se vestir como ele, falar como ele ou se mover como ele! Quanto mais genuíno você for em sua prática de semelhança, mais forte será o rapport.

Para o cérebro primitivo, ver ou ouvir outro indivíduo com grande semelhança provê um ambiente seguro a partir do qual a confiança pode ser construída.

Expressão

"Aquele que quer persuadir deve confiar não no argumento certo, mas na palavra certa. O poder do som sempre foi maior do que o poder do sentido."
— Joseph Conrad, romancista

A lógica dita que, se fôssemos máquinas racionais de tomada de decisão, consideraríamos apenas o significado das palavras de pessoas que tentam nos influenciar. Não seríamos influenciados por outros fatores, como o tom de voz, o estilo das roupas ou as expressões faciais. Infelizmente, porque nosso cérebro primitivo desempenha um papel dominante em nossas decisões, a sonoridade, o tom e o ritmo que ouvimos na voz dos apresentadores, o que vemos (ou seja, o que eles vestem e sua linguagem corporal), tudo isso importa mais do que as palavras que eles usam.

Como não há registro de línguas faladas, os especialistas em evolução usam uma grande quantidade de estimativas para descrever quando o *Homo sapiens* começou a usar palavras, como a linguagem evoluiu e qual impacto isso teve no cérebro. Estudando as mudanças no osso hioide — o único osso não conectado a outros ossos, que só é encontrado em neandertais e humanos e é a base da capacidade de fala —, os pesquisadores levantaram a hipótese de que as palavras apareceram há cerca de 300 mil anos, juntamente com o desenvolvimento de ferramentas. Note-se que as primeiras formas de palavras escritas aparecem apenas cerca de 10 mil anos atrás e, para a maioria dos humanos, a leitura tornou-se uma necessidade apenas algumas centenas de anos atrás. Apesar de o cérebro demonstrar uma capacidade de reorganizar suas vias — um fenômeno chamado plasticidade cerebral —, essa religação não opera no mesmo nível de desempenho que os circuitos dedicados resultantes dos efeitos evolutivos de longo prazo. Palavras escritas e até mesmo palavras faladas não tiveram tempo suficiente na escala evolutiva para causar impacto no cérebro. Portanto, para ler, o cérebro teve que recrutar regiões geneticamente programadas para outras tarefas. A leitura requer três etapas distintas:[213]

- O processamento *visual* do texto, que aciona o lobo occipital e, especificamente, a via visual ventral na parte de trás do cérebro. Por exemplo, ao ler a palavra GATO, você decodificaria as formas visuais das quatro letras G-A-T-O. Após o treinamento, esse processo de reconhecimento de letras se torna altamente automático e o cérebro pode decodificar uma letra em menos de 150 milissegundos.

- O processamento *auditivo* do som para extrair fonemas (menor unidade de som que, quando unida, constitui sílabas). Por exemplo, os fonemas das letras G-A-T-O formam o som "GATO". Essa tarefa está associada ao sulco temporal superior do lado esquerdo do cérebro.

- A *decodificação semântica* de palavras para recuperar no léxico mental o conceito a elas associadas. O som "GATO" agora precisa ser associado a um animal peludo. Esse sistema acessa várias áreas do cérebro, mas acredita-se que está principalmente no lobo temporal, também no lado esquerdo do cérebro.

Em resumo, a leitura e outras atividades relacionadas à linguagem, como ouvir/falar/escrever, recrutam circuitos cerebrais complexos geralmente não associados ao cérebro primitivo. Portanto, persuadir com palavras é menos eficaz do que com pistas não verbais. É o que demonstrou o pesquisador de comunicação Albert Mehrabian[186] ao realizar uma série de experimentos, dos quais concluiu:

- Em uma situação presencial, há três elementos de comunicação:
    1. Palavras.
    2. Tom de voz.
    3. Expressões faciais (linguagem corporal).

    Ele quantificou a importância desses fatores e propôs a agora famosa e *muitas vezes mal interpretada* regra de 7-38-55. De acordo com Mehrabian, o efeito da comunicação é:

- 7% de suas palavras.
- 38% de seu tom de voz.
- 55% de sua linguagem corporal.

- Quando os três elementos da comunicação não são congruentes, as pessoas tendem a acreditar mais na tonalidade e na linguagem corporal do que nas palavras.

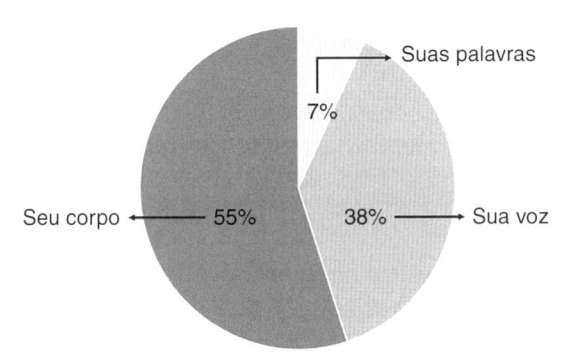

Figura 8.30   Pesquisa de Mehrabian.

Além disso, pesquisadores da Universidade Emory, em Atlanta, Geórgia, confirmaram que o tom de voz — altura, volume, tempo, ritmo — muitas vezes transmite mais informações do que as palavras que você pronuncia.[214]

Como o cérebro primitivo é principalmente visual, não é surpresa que aquilo que o público vê tenha mais impacto do que aquilo que ouve. Na verdade, estudos sugerem que, quando você está ao telefone e não há comunicação visual entre os interlocutores, as palavras respondem por 14% do impacto, enquanto 86% vêm do tom de voz.[215]

Agora, vamos rever a importância dos elementos-chave que influenciam a qualidade da sua expressão: suas palavras, sua voz e sua linguagem corporal.

Usando as Palavras Certas

"A diferença entre a palavra quase certa e a palavra certa é realmente uma grande questão — é a diferença entre o vaga-lume e o relâmpago."
— Mark Twain, escritor norte-americano

Na seção sobre CLAIMS do Capítulo 6, já vimos que usar reivindicações com palavras cuidadosamente escolhidas melhorará muito o quanto seus clientes lembrarão e o quanto serão convencidos pelo seu discurso de vendas. Vamos investigar melhor o impacto das palavras.

Existem cerca de 170 mil palavras comuns em inglês no dicionário Oxford (cerca de 100 mil em francês, 370 mil em chinês e 382 mil em português, de acordo com o Vocabulário Ortográfico da Língua Portuguesa), e é necessário apenas cerca de 7 mil palavras para ser considerado fluente em qualquer idioma. Agora a questão é: certas palavras ou expressões produzem um efeito persuasivo maior?

A resposta é um sim categórico.

O que Fazer ao Usar as Palavras

- Use palavras simples, curtas e concretas. Como o cérebro primitivo não realiza o processamento da linguagem, que reside no córtex, use palavras que uma criança de quatro a cinco anos entenda. Evite palavras complexas que exijam funções cognitivas evoluídas para compreender.[216] Palavras mais curtas (monossilábicas) são tipicamente mais fáceis de entender e lembrar do que palavras mais longas.[217] Procure simplicidade e familiaridade para minimizar a demanda no cérebro do seu público.[218]

- Use frases curtas! Dando continuidade ao trabalho de George Miller,[97] pesquisadores levantaram a hipótese de que nossa memória de trabalho normalmente pode conter sete dígitos, seis letras ou três a cinco palavras.

- Limite o uso de negações. Os psicólogos Nieuwland e Kuperberg demonstraram que a maioria das declarações que usam uma negação gera maior atividade cerebral e é processada mais lentamente.[219] Observe que, se você for instruído a *"não pensar* em um elefante rosa", você não conseguirá *"não pensar"* no animal! Observe a carga cognitiva necessária para processar duplas negativas como "você não conseguirá não pensar!".

- Fale em termos positivos, mas não exagere. O uso de palavras positivas, por associação, estabelece um clima positivo para sua comunicação. No entanto, o uso excessivo de palavras muito positivas, como fantástico, excelente, fabuloso ou fenomenal, pode ser interpretado como uma tática enganosa[220] e diminuir a persuasão.

- Fale na linguagem especializada do seu público: para um público de médicos, use termos médicos; para um público de engenheiros, use expressões técnicas.

Em *Words Can Change Your Brain*, os autores Newberg e Waldman[221] sugerem doze estratégias de fala que estimulam profunda empatia e confiança no cérebro dos ouvintes:

- Relaxe.
- Fique presente.
- Cultive o silêncio interior.
- Aumente a positividade.
- Reflita sobre seus valores mais profundos.
- Acesse uma memória agradável.

- Observe pistas não verbais.
- Expresse seu agradecimento.
- Fale calorosamente.
- Fale devagar.
- Fale brevemente.
- Escute com atenção.

Além disso, e aplicando a regra da semelhança, se você conhece ou pode inferir o estado emocional de seu público, o uso de palavras mais propensas a apelar para esse estado emocional certamente gerará maior interesse. Por exemplo, se o público se sentir:

- Curioso, você pode usar: *confidencial, secreto, confissão, oculto, inacreditável, privilegiado* e assim por diante.
- Confuso, você pode usar: *hesitante, perplexo, manipulador, desonesto, desorientado, sobrecarregado, ansioso* e assim por diante.
- Pressionado pelo tempo, você pode usar: *instantaneamente, pressionado, comprovado, seguro, extraordinário, prazo, urgente* e assim por diante.
- A única exceção à regra de espelhar a emoção seria a raiva. Se você espelhar a raiva, isso pode desencadear uma reação de luta ou fuga de seus ouvintes, o que não é uma maneira eficaz de construir rapport.

O que Não Fazer ao Usar as Palavras

- Não use palavras que o público pode não entender. Evite siglas ou jargões complicados que podem confundir seu público.
- Não use palavras de preenchimento como: "É", "Eu acho", "Eu acredito", "Espero", "Você sabe". Elas enfraquecem sua mensagem, distraem seu público e diminuem seu carisma.
- Se você estiver usando PowerPoint, Keynote ou qualquer outro software de apresentação, não leia ou repita o que está escrito em seus

slides. As pessoas leem duas a três vezes mais rápido do que você é capaz de falar (a taxa média de fala é de 120 palavras por minuto, enquanto a taxa média de leitura é de cerca de 250 palavras por minuto); então, se você costuma ler ou repetir o texto dos slides, seu público estará lendo a última frase quando você ainda estiver pronunciando as palavras da primeira frase. Isso dessincroniza o que o público lê e o que ouve, aumentando a carga cognitiva em seus cérebros.

Usando a Voz Certa
"Sem dúvida, eu seguirei quem fala comigo com a voz certa."
— *Walt Whitman, poeta norte-americano*

Todos nós já passamos por isso: um parente ou amigo próximo liga para você e, assim que ele pronuncia a palavra "Olá", você sabe instantaneamente se algo está errado. O tom da voz transmite tanto significado que você imediatamente suspeita de algo incomum.

A voz humana é uma combinação complexa de ondas sonoras geradas pelas cordas vocais, que vibram em diferentes frequências. A voz ainda é modulada pelos músculos laríngeos (os músculos dentro e ao redor da laringe) e pela forma e tamanho da língua, palato, bochechas, lábios, garganta e cavidades nasais. A pesquisadora Christy Ludlow demonstrou a complexidade dos processos cerebrais envolvidos na geração de sons. Ludlow revelou o papel crítico das estruturas subcorticais na produção e no controle de sons humanos — um grupo de células localizadas no cérebro primitivo, como o núcleo accumbens.[222] Claire Tang, da UCSF, também revelou a existência de neurônios, localizados no giro temporal superior, que respondem especificamente às mudanças de tom.[223] Os linguistas chamam essas mudanças de prosódia. Tais mudanças de tom podem alterar o significado de uma frase. Por exemplo, com um tom descendente, "John adora frutas" indica que John, em vez de outra pessoa, adora frutas. Com um tom baixo, "John adora frutas" indicaria que John adora frutas em vez de outros tipos de alimentos. Além disso, um tom crescente no final da frase indicaria uma pergunta: "John adora frutas?"

Apesar de ter sido presumido há muito tempo que o cérebro usou um mecanismo complexo para adicionar uma camada de significado baseada na prosódia, Tang confirmou que neurônios específicos respondem a mudanças de tom. A maioria das pessoas não está ciente da existência de neurônios dedicados à prosódia nem está ciente de seu impacto no significado de sua comunicação. De fato, Annett Schirmer, da Universidade de Singapura, mostrou que o contexto emocional criado pelo uso de vários tons vocais realmente muda a maneira como as palavras são codificadas na memória.[224]

Muitas dessas pistas são comunicadas inconscientemente, e é por isso que muitas vezes é preciso ser um ator profissional para soar "verdadeiro". A veracidade de sua comunicação ocorre quando todos os principais constituintes de sua expressão — palavras, tom de voz, movimentos faciais, contato visual — comunicam uma mensagem positiva que confirma que você é uma fonte confiável.

A voz humana é caracterizada por vários parâmetros que você pode otimizar para aumentar seu poder persuasivo, incluindo:

- Tom: alta ou baixa frequência.
- Intensidade: volume.
- Velocidade: lenta ou rápida.
- Ritmo: tempo.
- Pausas: curtas ou longas.

Tom de Voz

Pesquisadores demonstraram que homens com tom de voz mais grave são percebidos como mais atraentes e mais propensos a serem respeitados e seguidos.[225] Para as mulheres, vozes mais agudas tendem a ser consideradas mais atraentes, enquanto aquelas com vozes mais graves são percebidas como mais dominantes. Isso pode ter algumas raízes evolutivas, pois as alterações hormonais das mulheres fazem com que o tom de sua voz fique mais agudo durante o período de ovulação, quando são mais férteis.[226] Para os homens, vozes mais graves são associadas a níveis mais altos de testosterona, indicadores de boa saúde, boa genética e capacidade de se defender de ameaças, todas características do cérebro primitivo e desejáveis para a sobrevivência!

Em um experimento envolvendo 121 alunos que estavam tentando influenciar uns aos outros, Joey Cheng, um psicólogo social da Universidade de Illinois, demonstrou que um tom mais grave aumenta sua influência, seja você um homem ou uma mulher.[227]

Como resultado, recomendamos que você use um tom mais grave, na medida em que seja possível e não faça você se sentir constrangido.

Intensidade de Voz

Pesquisadores mostraram que pessoas de poder tendem a falar mais alto e usar mais variação na intensidade de suas vozes.[228]

Recomendamos que você fale um pouco mais alto do que o público e varie o volume da voz.

Velocidade de Fala

Pesquisadores da Universidade do Sul da Califórnia estabeleceram uma correlação entre velocidade de fala e influência.[229] Eles revelaram que maior velocidade de fala funciona como uma pista geral que aumenta a credibilidade e a persuasão. Isso deve ser interpretado com a pesquisa de Gibson, Eberhard e Bryant,[230] que apontou que, em certas condições, uma velocidade de fala mais lenta pode aumentar a compreensão do ouvinte.

Recomendamos que você fale cerca de 20% mais rápido do que o normal, mas não muito rápido para evitar parecer insistente.

Pausas

"A palavra certa pode ser eficaz, mas nenhuma palavra jamais foi tão eficaz quanto uma pausa corretamente calculada."
— Mark Twain, escritor norte-americano

Especialistas realizaram uma quantidade significativa de pesquisas apenas sobre o efeito das pausas na fala. Tyler Kendall, por exemplo, escreveu um livro completo sobre o tema: velocidade de fala, pausa e sociofonética.[231]

As pausas são normalmente usadas em diferentes contextos:

- Depois de longas afirmações.
- Para respirar.
- Para pensar.
- Para oferecer uma chance de deixar uma outra pessoa falar.

Pesquisadores da Universidade de Leeds confirmaram que a inserção de pausas entre cada frase aumentou a compreensão dos ouvintes.[232] Outros pesquisadores[233] mostraram que o uso de pausas se correlaciona mais com falas verdadeiras do que com falas enganosas.

Portanto, bons persuasores usam pausas de várias e apropriadas durações em diferentes pontos de seu discurso.

Variabilidade

A pesquisa de Peterson e Cannito[234] confirmou a importância do tom, da velocidade de fala e do volume. Também mostrou que *variar* essas características aumenta ainda mais a eficácia da comunicação, resultando em aumento das vendas. Para persuadir, você precisa variar o volume de sua voz, ritmo de fala, a duração das pausas e até mesmo seu tom.

Interferências

Pesquisadores do Laboratório de Pesquisa da Força Aérea dos Estados Unidos descobriram que, se duas pessoas falam ao mesmo tempo, a degradação da compreensão é em grande parte causada pela perda da capacidade do ouvinte de usar características prosódicas e vocais para unir as palavras expressas na frase-alvo.[235] Portanto, qualquer conversa de fundo ou ruído externo, como barulho de trânsito em segundo plano, afetará a capacidade do ouvinte de aprender e compreender.[236, 237] Assim, certifique-se de que sua mensagem seja ouvida corretamente com pouca ou nenhuma conversa paralela e, especialmente, sem ruído externo.

Espelhamento de Voz

Espelhar a voz do ouvinte sempre trará benefícios, incluindo a criação de uma percepção de que você é mais crível, relacionável e sintonizado.[238]

Quando há discrepância entre as palavras que você comunica e a sua emoção vocal, isso confunde o ouvinte.[239] Imagine o que você pensaria se um de seus parentes dissesse "Eu te amo" em voz alta e ríspida. Portanto, para comunicar tristeza, certifique-se de que sua voz se torne monocórdica e, para comunicar alegria, torne sua voz menos monótona.

Finalmente, observe que em algumas culturas como o Japão ou as Filipinas as pessoas prestam ainda mais atenção ao tom versus as palavras do que nos Estados Unidos, por exemplo.[240] No entanto, as pessoas que não são absolutamente fluentes na língua não serão capazes de detectar essas diferenças tonais.

Usando a linguagem corporal certa

"Eu falo duas línguas: corporal e inglês."

— Mae West, atriz norte-americana

De acordo com o Dr. David Givens, diretor do Centro de Estudos Não Verbais: "Quando falamos (ou ouvimos), nossa atenção foca as palavras em vez de a linguagem corporal. Mas nossos julgamentos incluem ambos. Enquanto estamos ocupados com o conteúdo consciente de nossas comunicações, o inconsciente pode estar trabalhando a nosso favor ou contra nós."

Considere um sinal comum de vitória: elevar os braços acima da cabeça. Margaret King, diretora do Centro de Estudos e Análises Culturais da Filadélfia, afirmou: *"O braço erguido evoca o triunfo e é muito antigo. Aposto que vem de uma boa caçada, de ter caçado e matado presas com sucesso. Ainda usamos a linguagem corporal porque era assim que nossos cérebros funcionavam anos atrás, quando nos tornamos humanos."* Na verdade, os gestos são controlados pelo cérebro primitivo, o que explica por que são uma forma comum de comunicação no reino animal.

Expressões Faciais

"A língua de sinais americana requer muitas expressões faciais."
— Nyle Dimarco, ator norte-americano

Paul Ekman, já brevemente citado neste livro, é especialista mundial em emoções humanas e expressões faciais; ele identificou mais de 8 mil expressões faciais humanas.[241] Ekman também desenvolveu um sistema para medir as emoções que as pessoas experimentam com base em mudanças de vários pontos de controle em um rosto humano. Por exemplo, as mudanças codificadas na Figura 8.31 indicam a emoção da felicidade.

Figura 8.31   Codificação facial.

Algumas de nossas emoções, chamadas microemoções, são exibidas por apenas 1/25 de segundo. Essas expressões são importantes porque ninguém pode escondê-las e elas revelam o estado emocional do ouvinte, incluindo potenciais táticas de dissimulação. Ekman mostrou que os sorrisos alteram a atividade eletromagnética do cérebro.[242] Na verdade, o efeito das expressões faciais é tão forte que seu cérebro responde de forma semelhante aos movimentos mecânicos de sobrancelhas, pálpebras e mandíbulas de um robô, como você faria com uma pessoa real.[243]

Para demonstrar como o cérebro primitivo está configurado para o reconhecimento facial, os pesquisadores Tsao e Le Chang identificaram aglomerados específicos de neurônios que disparam apenas diante de características faciais específicas. Eles descobriram que 205 neurônios localizados em duas áreas separadas do cérebro são usados para reconhecimento facial. Em um teste revelador, ao decodificar os padrões de disparo entre esses neurônios, eles reconstruíram imagens das faces que macacos estavam vendo: essas imagens eram quase idênticas às faces originais visualizadas pelos primatas.[244]

Isso explica por que primatas e humanos são tão bons em distinguir entre milhões de rostos, e fazem isso sem exigir uma quantidade semelhante de neurônios dedicados para executar a tarefa.

O que Fazer com as Expressões Faciais

- Espelhe todas as expressões para ajudar a criar um relacionamento positivo com o público... exceto raiva.

- Sorria! Use um sorriso natural: o que os especialistas chamam de sorriso de Duchenne. De acordo com Ekman, a principal diferença entre um sorriso real e um falso está no alargamento do músculo orbicular do olho.

- Relaxe seus músculos faciais (todos os 43). Primeiro para que você se canse menos, pois é preciso menos contrações musculares para sorrir do que franzir a testa. Segundo, por causa dos neurônios espelhados no cérebro do seu público, se você sorrir o suficiente, ele começará a sorrir. Strack, Martin e Stepper (1988), da Universidade de Mannheim, na Alemanha, demonstraram que a atividade facial de uma pessoa influencia sua resposta afetiva. Em seus experimentos, eles pediram que sujeitos assistissem a desenhos animados e avaliassem o quão divertidos eram. Ao pedir aos participantes que segurassem canetas na boca para incitar alguns de seus músculos a simular um sorriso, eles mostraram que os participantes que foram forçados a sorrir classificaram o desenho animado como mais divertido.

O que Não Fazer com as Expressões Faciais

- Não finja um sorriso, pois o cérebro primitivo do seu ouvinte detectará — muitas vezes inconscientemente — que não é um sorriso real e que, portanto, você não é confiável. Isso gerará uma reação adversa pior do que se não estivesse sorrindo.

Para ser um bom persuasor e exibir um sorriso de Duchenne, acione os músculos ao redor dos olhos enquanto limita a contração do músculo zigomático, que, quando contraído em excesso, sinaliza um sorriso falso. Isso pode exigir prática!

Apertos de Mão

Os neurobiólogos do Instituto Weizmann de Israel descobriram que os apertos de mão humanos servem como um meio de transferir sinais químicos sociais entre os envolvidos. Após esse ato, as pessoas tendem a aproximar a mão do nariz e cheirá-la. Isso pode servir a uma necessidade evolutiva de saber mais sobre a pessoa cumprimentada, substituindo uma rotina de cheirar mais socialmente estranha.[245]

Em 2010, para o lançamento de uma nova campanha de vendas no Reino Unido, a Chevrolet pediu a Geoffrey Beattie, professor de psicologia, que decodificasse o melhor aperto de mão: o aperto de mão perfeito (PH) para "oferecer paz de espírito e tranquilidade aos seus clientes". Aqui está a fórmula criada por Beattie:

$$PH = \sqrt{(e^2 + ve^2)(d^2)} + (cg + dr)^2 + \pi\{(4 <s> 2)(4 <p> 2)\}^2 + (vi + t + te)^2 + \{(4 <c> 2)(4 <du> 2)\}^2$$

sendo que:

(e) contato visual (1 = nenhum; 5 = direto).

(ve) saudação verbal (1 = totalmente inapropriada; 5 = totalmente apropriada).

(d) sorriso de Duchenne — sorriso nos olhos e na boca, além de simetria em ambos os lados do rosto e surgimento mais lento (1 = sorriso totalmente não Duchenne [sorriso falso]; 5 = totalmente Duchenne).

(cg) completude do aperto (1 = muito incompleto; 5 = completo).

(dr) secura da mão (1 = úmida; 5 = seca).

(s) força (1 = fraca; 5 = forte).

(p) posição da mão (1 = voltada para o próprio corpo; 5 = zona corporal da outra pessoa).

(vi) vigor (1 = muito baixo/muito alto; 5 = médio).

(t) temperatura das mãos (1 = muito fria/muito quente; 5 = média).

(te) textura das mãos (5 = média; 1 = muito áspera/muito suave).

(c) controle (1 = baixo; 5 = alto).

(du) duração (1 = breve; 5 = longo).

Embora as regras dos apertos de mão variem de país para país, incluindo lugares como o Japão, onde a reverência é a norma, o significado evolutivo do aperto de mão é provar que nenhum dos envolvidos está carregando uma arma. Por constituir o primeiro contato com o potencial cliente, o persuasor experiente deve se inspirar para aprender a maneira adequada de apertar as mãos.

O que Fazer nos Apertos de Mão

- Mantenha contato visual direto.
- Comece com uma saudação verbal calorosa.
- Exiba um sorriso Duchenne.
- Envolva a mão até o polegar da outra pessoa para proporcionar um aperto completo.
- A textura da sua mão deve ser média: nem muito áspera nem muito suave.
- Estenda a mão em direção ao corpo da outra pessoa.
- Avalie a força do aperto de mão da outra pessoa e deixe o seu compatível.

- Faça alguns movimentos para cima e para baixo, nem muito vigorosos nem muito fracos.
- Respeite o tempo apropriado para a situação: se você se encontrar com um chefe de Estado e a imprensa estiver presente, prepare-se para um longo aperto de mão!
- Mantenha seu peso distribuído igualmente entre as duas pernas.
- Deixe os ombros paralelos aos da outra pessoa.

O que Não Fazer nos Apertos de Mão

- Esmagar ou tentar virar a mão da outra pessoa: é um sinal de dominância.
- Dar um aperto de mão duplo: mostra que você está ansioso demais para construir um rapport.
- Oferecer uma palma da mão suada: é um sinal de nervosismo. Seque a mão primeiro!
- Oferecer uma mão muito fria: aqueça sua mão primeiro se você não quiser ser percebido como uma pessoa "fria". Lembre-se de que o cérebro primitivo entende tudo literalmente: mão fria = pessoa fria!

Comunicação Visual

"Assim que você faz contato visual com alguém, a pessoa se torna valorizada e digna."

— Mary Lambert, musicista norte-americana

Muito foi escrito sobre contato visual, e ele tem tanto significado que alguns especialistas o chamam de comunicação visual. Estudos de imagem funcional revelaram que o contato visual pode modular a atividade da rede cerebral social.[246] O contato visual é usado por todas as crianças para atrair a atenção dos cuidadores adultos e aumentar sua chance de sobrevivência ao ser alimentadas e cuidadas.[247] No mundo ocidental, muito pouco contato visual é interpretado como distância, frieza e falta de inteligência emocional. A manutenção do contato visual desencadeia uma ação de aproximação no cérebro, um convite direto para a interação.[248] Por outro lado, evitar o contato visual com uma pessoa desencadeia uma resposta de retraimento.[249] Essa evitação pode ser interpretada pelo seu ouvinte como um sinal de que você está escondendo algo ou mentindo,[250] ou pode ser um sinal de ansiedade social,[251] nenhum dos quais é propício para estabelecer mais conexão social.

No entanto, contato visual demais, quando se transforma em um olhar fixo, pode se tornar um ato de dominância, um sentimento de superioridade ou agressividade. Isso é ação do cérebro primitivo, pois o medo é principalmente comunicado através dos músculos ao redor dos olhos.[252] Isso explica que, se você encontrar um gorila ou um urso, o conselho é evitar o contato visual direto.

Pesquisadores da Universidade de Newcastle conduziram um experimento revelador para destacar o efeito social de ter olhos nos encarando. Em um dos escritórios da universidade, eles montaram uma estação de café e chá. O preço de cada item foi exibido com destaque e uma "caixa de contribuição" foi deixada sem supervisão na mesa. O elemento-chave do experimento foi a adição de uma imagem colocada logo acima da estação de café e chá, diferente a cada semana. As imagens variavam de neutras (como flores) a vários *olhos* masculinos e femininos olhando diretamente para a pessoa se servindo na estação de café. O layout da sala de café era tal que qualquer um que não doasse não seria detectado. Em média, as pessoas pagaram 2,76 vezes mais nas semanas com fotos de olhos do que com fotos de flores.[253]

Outras pesquisas mostraram que o contato visual aumenta a confiabilidade e incentiva o comportamento pró-social.[254]

Grande parte da comunicação visual está abaixo do limiar da consciência. Não subestime o quanto é comunicado para o cérebro primitivo por seus olhos. Pense no seguinte: duas fotos idênticas de uma mulher são mostradas para as pessoas, a única diferença é que em uma delas as pupilas foram dilatadas por software. Nesse caso, 70% das pessoas classificaram as mulheres com pupilas dilatadas como mais atraentes, enquanto muito poucas foram capazes de apontar para a pupila dilatada como a fonte de diferença. O estudo do tamanho da pupila — conhecido como pupilometria e desenvolvido pelo pioneiro Eckhard Hess, um biopsicólogo da Universidade de Chicago — é agora usado como um indicador de emoção. A maioria dos dispositivos de rastreamento ocular também reporta o tamanho das pupilas e sua contração, mesmo em uma escala de tempo muito pequena. Isso permite a medição de microemoções, que normalmente escapam das observações tradicionais. Deve-se notar que a dilatação da pupila não é conscientemente controlável, então há uma verdade científica no ditado popular: "Os olhos são as janelas da alma."

Além disso, os pesquisadores demonstraram que as mulheres são mais atraídas por homens com pupilas dilatadas, mostrando uma conexão entre o tamanho da pupila e o interesse sexual.[255]

Um estudo realizado por Goldman e Fordyce[256] na Universidade de Missouri mostrou o efeito do contato visual, do toque e da expressão de voz na disposição dos sujeitos testados em ajudar um estranho. Maior comportamento de ajuda foi ligado à expressão da voz, ao contato visual e ao toque, mas com uma exceção única: quando o contato visual e o toque foram combinados, o comportamento de ajuda diminuiu. Isso sugere que combinar essas duas condições (contato visual e toque) sinaliza uma vontade muito forte de influenciar e, como sabemos, a persuasão funciona melhor quando o persuadido não está ciente de que está sendo persuadido!

Aqui está uma observação sobre a capacidade humana de reconhecer rostos.

A crença popular tem sustentado há muito tempo que a característica mais importante que nos permite reconhecer as pessoas são seus olhos. No entanto, pesquisas de Sadr e Jarudi,[257] do Departamento de Cérebro e Ciências Cognitivas do MIT, demonstraram que não são tanto os olhos, mas as *sobrancelhas* que desempenham um papel crítico no reconhecimento de rostos humanos. Na Figura 8.32, observe como é difícil identificar o presidente Nixon ou Winona Ryder na primeira imagem, em que suas sobrancelhas foram apagadas, em comparação com a segunda imagem, em que seus olhos foram removidos.

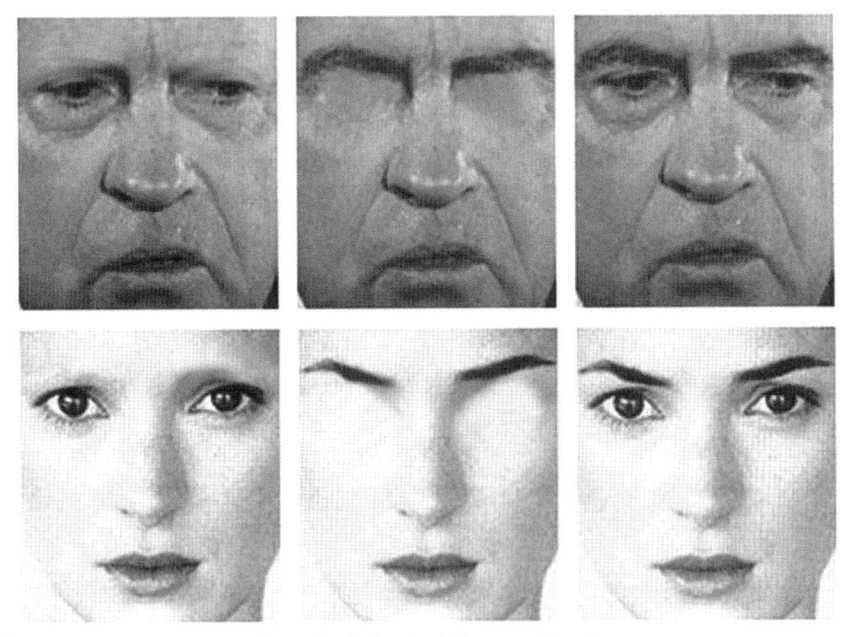

Figura 8.32   Expressões faciais de Nixon e Ryder.

O que Fazer na Comunicação Visual

- Mantenha contato visual direto com seu comunicador por *pelo menos* quatro segundos.
- Interrompa o contato visual apenas no final de uma frase ou no final da expressão de um conceito.
- Se você está procurando uma conexão romântica, abaixe a luz: ela dilatará suas pupilas, o que o fará parecer mais atraente.
- Ajuste essas recomendações com as normas sociais locais: em alguns países asiáticos, como o Japão ou a Coreia, um contato visual muito forte é considerado um sinal agressivo e grosseiro. Essa é, de fato, uma das únicas exceções à natureza universal do cérebro primitivo, pois, nesse caso, as normas sociais prevalecem sobre as normas primitivas.

O que Não Fazer na Comunicação Visual

- Se o público detectar que seu contato visual não é genuíno, você inverterá os benefícios. Não olhe fixamente, ou seja, seu contato visual precisa ser genuinamente gentil e natural.

Expressão com a Postura e os Movimentos Corporais Certos

"Cabeça erguida! A diferença entre se elevar e se encolher é totalmente uma questão de postura interior. Não tem nada a ver com altura, não custa nada e é mais divertido."

— Malcolm Forbes, editor norte-americano

Muitos livros sobre linguagem corporal sugerem que "nossa comunicação não verbal governa o que as pessoas pensam sobre nós". Acontece que as redes neurais que controlam a linguagem são as mesmas que usamos para os gestos.[258]

Estudos relacionaram a postura corporal com a confiança do apresentador, fortalecendo a impressão que ele deixou em seu público.[259] Amy Cuddy, de Harvard, até sugeriu que: "Nossa comunicação não verbal governa o que as pessoas pensam sobre si mesmas." Apesar de a pesquisa de Cuddy ter sido objeto de intensas controvérsias, sua palestra TED continua sendo um dos vídeos mais assistidos da plataforma.[260] Cuddy sugere que, ao adotar uma postura de poder — como quando seus braços são levantados em uma celebração de vitória — por alguns minutos, isso pode mudar o resultado de muitas de nossas interações. E novamente, quando duas pessoas se gostam, elas espelham naturalmente as posturas, as expressões faciais e os movimentos corporais uma da outra.[261]

O que Fazer na Postura Corporal

- Se você estiver de pé, adote o que é referido como a postura de poder, que sinaliza essa energia a partir de uma perspectiva do cérebro primitivo.

- Fique em pé com as costas eretas, mantendo a cabeça erguida.
- Distribua seu peso igualmente entre as duas pernas, com os pés apontando na direção do público, e amplie a largura dos ombros.
- Certifique-se de que o público veja as palmas de suas mãos, sinalizando a ausência de arma.
- Se você estiver sentado, mantenha-se ereto, não se incline.

O que Fazer nos Movimentos Corporais

- Use o máximo de espaço possível: pessoas poderosas ocupam grandes territórios.
- Faça gestos corporais deliberados e sincronizados com suas palavras. Por exemplo, se disser "Ela entrou em uma sala muito grande" afastando as mãos uma da outra, você destacará ainda mais o fato de que a sala era "muito grande". Certifique-se de que o movimento aconteça quando pronunciar as palavras "muito grande".
- Assim como você deve variar o tom e a intensidade da voz, use a variação em todos os aspectos da linguagem corporal. Ao criar contraste, ela ajuda o público a permanecer engajado e focado em você.

Você e Suas Roupas

Com base na sua aparência e na forma como você se veste, o público formará uma opinião sobre seu estilo, inteligência, simpatia e confiabilidade dentro de alguns segundos e com pouco engajamento consciente.

No "viés de beleza", Deborah Rhode, professora de direito da Stanford, descobriu que estudantes atraentes são considerados mais inteligentes. Professores bonitos recebem melhores avaliações, funcionários atraentes ganham mais dinheiro e políticos bonitos recebem mais votos.[262]

Pesquisadores na Itália enviaram 11 mil currículos para 1.500 vagas de trabalho. Eles relataram que, com qualificações semelhantes, as mulheres atraentes tiveram 54% de chances de serem chamadas para uma entrevista contra 7% para as mulheres não atraentes. Os homens atraentes tiveram uma chance de 47% de serem chamados para uma entrevista contra 26% para homens pouco atraentes.[263] Nos Estados Unidos, o economista Daniel Hamermesh mostrou que, ao longo da carreira, um homem de boa aparência ganhará US$230 mil a mais do que seus homólogos menos atraentes.[264] Há até um nome para o estudo econômico da beleza: *pulcronomia*!

Isso pode parecer bastante injusto, mas, quando você considera que a boa aparência (ou seja, melhor genética) está associada a uma melhor saúde, que, por sua vez, leva a melhores chances de sobrevivência, isso explica por que nosso cérebro primitivo inconsciente considera essas pessoas com uma vantagem.

Para ser um persuasor eficaz, mantenha a postura ereta e até use sapatos com saltos (para parecer mais alto), mantenha uma ótima forma física e cuidados pessoais, evite cabelos desalinhados, use maquiagem de aparência profissional para mulheres e roupas de aparência profissional para ambos os gêneros.

Criatividade

> *"Tornar o simples complicado é comum; tornar o complicado incrivelmente simples: isso é criatividade."*
>
> – *Charles Mingus, músico norte-americano*

O efeito da criatividade sobre o poder de uma mensagem já foi estabelecido há muito tempo. Alguns pesquisadores como Robert Smith e Xia Yang, da Universidade de Indiana, se especializaram em definir melhor como a criatividade contribuiu para a eficácia de uma mensagem.

Em sua essência, o benefício da criatividade é a simplificação e a originalidade, ambas muito atraentes para o cérebro primitivo. Outros persuasores já estão se esforçando muito para capturar a atenção do público e, sem um pouco de criatividade, suas mensagens não fornecem contraste suficiente: você será ignorado antes mesmo de começar.

Chris Watkins, professor de psicologia na Universidade Abertay, na Escócia, revelou que as pessoas que demonstram criatividade são percebidas como mais atraentes, aumentando, assim, o seu carisma.

A Figura 8.33 é um exemplo de um anúncio que pode ser definido como criativo.

Figura 8.33   Outdoor da 3M. Tradução: *A 3M segura*.

A principal objeção ao uso da criatividade é que é necessário tempo, energia e esforço para chegar a ideias criativas: as pessoas geralmente passam horas em sessões de brainstorming para chegar a uma maneira simples, mas eficaz, de comunicar sua mensagem. A boa notícia é que há um atalho para a criatividade; chama-se variedade.

Variedade como um Atalho para a Criatividade
A variedade cria uma sequência de eventos contrastados que ajudam a manter o cérebro primitivo engajado.

Então, na falta de um lampejo de criatividade para inventar seu próprio estilo, como Picasso, Ray Charles ou Steve Jobs, aqui estão algumas ideias para usar variedade:

- Sempre que possível, substitua o texto por uma imagem ou um vídeo: lembre-se de que o cérebro primitivo é visual.

- Use um veículo diferente: por exemplo, no meio de uma apresentação do PowerPoint, use um flip-chart ou quadro branco para apresentar uma ideia ou discutir um conceito complexo.

- Altere fontes, tamanho da fonte ou cor. A legibilidade do texto afeta a retenção e a intenção e alguns estudos estabeleceram quais fontes são mais fáceis de processar em impressões, em um PowerPoint ou em páginas da web. Georgia, Helvetica, Verdana, Gill Sans e Arial são escolhas seguras na maioria dos casos.[265-267]

Paixão

"Nada grandioso no mundo foi realizado sem paixão."
– Georg Hegel, filósofo alemão

Pergunta: além da notoriedade, o que as seguintes pessoas têm em comum?

- Steven Hawking — físico teórico e cosmólogo.
- Tom Brady — quarterback do New England Patriot.
- Dalai Lama — professor budista e representante do povo tibetano
- Meryl Streep — atriz.

Resposta: todos têm uma intensa paixão pelo que fazem.

Com base nas teorias do contágio emocional, pesquisadores de Munique demonstraram que a percepção da paixão de um empreendedor por inventar e desenvolver tem um efeito positivo sobre os funcionários.[268]

Apesar de intangível por natureza, a paixão ainda é detectada com precisão pelo cérebro primitivo de seu público por meio de suas palavras, sua voz e sua linguagem corporal. Algo tão difícil de notar como um ínfimo aumento em seu ritmo de fala, uma elevação de tom no final de suas frases, um ligeiro avermelhamento de sua pele, uma dilatação de suas pupilas no momento apropriado, todas essas mudanças podem ser sinais de sua paixão. Isso pode não chegar ao cérebro consciente do público, mas ainda sinalizará para o cérebro primitivo que você é uma pessoa "apaixonada".

O que Fazer na Paixão

- Aprenda a avaliar sua própria paixão e evite fazer uma comunicação importante quando seu nível de paixão for baixo, como após uma viagem de negócios cansativa ou um evento perturbador.
- Cerque-se de pessoas apaixonadas. Como a paixão é contagiosa, ao escolher parceiros apaixonados, ela aumentará por si mesma.
- Se você faz o que ama e ama o que faz, o público naturalmente sentirá sua paixão. Aprenda a amar o que você tem, não o que você quer.
- Não existe paixão demais, então aprenda a comunicar sua paixão com um pouco de pompa e com seu próprio estilo: isso ajudará a marcar mais alguns pontos de carisma. Obtenha sua inspiração de alguns dos maiores comunicadores como Martin Luther King, Gandhi, Churchill e Steve Jobs!

O que Não Fazer na Paixão

- Não finja. É necessário ser um ator profissional para chorar quando deseja e mudar todos os seus músculos faciais, o tom de sua voz e a sua postura para comunicar a verdadeira tristeza. Então, mesmo que você possa chorar quando quiser, é necessário apenas uma pequena discrepância de todas as outras pistas para fazer seu público sentir que sua paixão pode não ser tão autêntica. Isso levantaria um alerta vermelho e faria você perder a confiança do público.

Destemor

"Você sempre tem duas opções: seu comprometimento e seu medo."
— *Sammy Davis Jr., artista norte-americano*

Assim como sua paixão é subconscientemente comunicada por meio de suas palavras, voz e linguagem corporal, seu medo também. A pesquisa de Lilianne Parodi demonstrou que o mero cheiro de pessoas que haviam sido expostas a uma situação de medo desencadeou um aumento da atividade na amígdala — parte do cérebro primitivo.[269] Sem mencionar todos os outros sinais conscientes e inconscientes que seu corpo inevitavelmente exibirá, o público ainda será capaz de sentir o cheiro do seu medo! Qualquer sinal de medo em seu comportamento será detectado instantaneamente pelo cérebro primitivo do público e traduzido em um sinal de perigo iminente.

De acordo com uma famosa lista que classificou os quatorze principais medos, falar em público é o medo número um dos norte-americanos (declarado por 41% dos entrevistados), à frente de altura, insetos, perda monetária e até mesmo a morte, que se classificou em sétimo, com 19%.[270]

O medo de palco, uma forma extrema de medo relacionada à apresentação ou atuação em público, ativa o sistema nervoso simpático, liberando adrenalina na corrente sanguínea. Ele desencadeia uma cascata de sintomas — coração acelerado, boca seca, aumento da pressão arterial, rubor, sudorese, falta de ar, tontura e náusea —, uma resposta corporal conhecida como síndrome de luta ou fuga. Só no rosto, o medo:

- Levanta as pálpebras superiores.
- Contrai as pálpebras inferiores.
- Abre mais os olhos.
- Dilata as narinas.
- Aumenta os lábios.

Todos esses sinais serão rapidamente detectados pelo cérebro de predadores e traduzidos em uma oportunidade de capturar a presa... em vez de uma oportunidade de ser influenciado por um apresentador carismático!

Você não quer exibir nenhum traço de medo, ainda que limitado às suas próprias inseguranças relacionadas à perda do negócio ou da confiança do seu cliente em potencial.

O que Fazer e o que Não Fazer no Medo

- Se você sentir medo de palco ou nervosismo perceptível, precisa diminuir o ciclo que criou o medo. Seu cérebro primitivo diz: "Meu coração está acelerado, então deve haver uma ameaça, e devo preparar meu corpo para lutar ou fugir aumentando ainda mais minha frequência cardíaca." Assim que você começar a sentir o coração acelerando, deve praticar a respiração profunda para aumentar a ingestão de oxigênio, mantendo uma frequência cardíaca constante. Você também deve se convencer de que é apenas uma apresentação... mesmo que seja a oportunidade da sua vida e você esteja no palco na frente de 2 milhões de espectadores: é apenas uma apresentação. Você não está enfrentando um tigre e não há risco de morte, então certifique-se de respirar profundamente; isso limita os sintomas biológicos do medo.

- Uma segunda opção para controlar o medo de palco requer prática. Vários dias ou semanas antes de um grande evento, crie uma meditação curta usando uma técnica simples: visualize-se entrando no palco, sendo apresentado, fazendo sua apresentação e recebendo uma ovação de pé no final. Ao imaginar o máximo de detalhes que souber sobre a pessoa que o apresentará, o aspecto, a forma e a cor da sala, o rosto das pessoas na plateia, todos os elementos de sua apresentação e assim por diante, você programa seu cérebro primitivo para reconhecer um ambiente familiar e não ameaçador. Repita essa rotina várias vezes antes do evento. No dia da apresentação, um pequeno nervosismo natural não se transformará em um grande medo de palco, pois seu cérebro primitivo pensará: "Reconheço este lugar: estive aqui muitas vezes e não tenho nada com que me preocupar porque sei que terminará com aplausos de pé." Se você sentir medo de palco ou nervosismo sério, experimente!

- Pratique, pratique, pratique. Primeiro, isso o ajudará a memorizar o conteúdo, permitindo que se concentre melhor em seu tom de voz e linguagem corporal. Em segundo lugar, o domínio que você adquiriu em seu material ajudará a construir confiança e a diminuir o nervosismo que desencadeará os sintomas do medo de palco. Você parecerá mais natural, mais relaxado, um traço de pessoas carismáticas.

- Aja com grande intenção, mas pouco apego. Faça o seu melhor e não se preocupe tanto com o resultado imediato: são apenas negócios, não uma situação de risco à vida!

- Muitos palestrantes profissionais — incluindo Christophe e eu — relatam que um pouco de medo os ajuda a ter um melhor desempenho: aguça suas mentes. No entanto, eles transformam esse nervosismo em maior excitação, que o público interpreta como um sinal de paixão!

Como uma manifestação de ameaça iminente, o medo nos serviu bem ao longo dos tempos evolutivos; no entanto, exibi-lo no mundo dos negócios de hoje é contraproducente. Os apresentadores carismáticos praticam muito para eliminar qualquer sinal de medo.

Integridade

"Quem é descuidado com a verdade em assuntos menores não pode ser confiado a assuntos importantes."

— Albert Einstein, físico

Você já percebeu como tendemos a julgar um vendedor logo depois que ele pergunta: "Posso ajudá-lo?" A pergunta é simples, mas a atitude por trás da pergunta é tudo: o funcionário é realmente honesto e está disposto a realmente oferecer alguma ajuda? Ou ele só está fazendo a pergunta porque é parte do trabalho dele? Nos quatrocentos milissegundos necessários para seu cérebro primitivo ouvir essas duas palavras, você já decidiu — inconscientemente — se gosta da pessoa o suficiente para dar os próximos passos. Se o funcionário for um bom comunicador, ele se assegurou de manter contato visual e usar um tom de voz amigável para fazer sua pergunta inicial, mas, mesmo com todas as variáveis de carisma descritas acima, seu cérebro está questionando: essa pessoa pode ser confiável, ela está agindo com integridade?

Pesquisadores demonstraram como nossos cérebros são eficazes para detectar mentiras. Eles também mostraram que a detecção inconsciente de dissimulação — uma tarefa para o cérebro primitivo — é mais eficaz do que sua contraparte consciente.[194, 271]

O que Fazer na Integridade

- Atenha-se à verdade e nada mais do que à verdade. Não exagere. Para muitos profissionais de venda é fácil dizer: "Sim, meu produto pode fazer isso e aquilo", mas você pode perder toda a confiança de seus potenciais clientes se eles descobrirem depois que não era verdade.

- Se quiser enfatizar uma qualidade — sua ou de seu produto —, faça uma declaração logo após admitir uma falha ou desvantagem. De acordo com Cialdini,[167] as pessoas estão mais dispostas a confiar na veracidade de uma qualidade se esta for precedida de uma desvantagem.

- O benefício de dizer a verdade: isso diminuirá sua carga cognitiva. Pesquisadores de dissimulação no Reino Unido demonstraram que as pessoas que foram convidadas a mentir de forma convincente tiveram sinais de sobrecarga cognitiva, como esquecer alguns detalhes e piscar menos do que o normal.[272] Esses sinais provavelmente serão captados pelo cérebro primitivo do público.

Para concluir sobre o carisma, a pesquisa é reveladora. O que você diz é menos importante do que como você diz. Considere participar de uma aula de atuação para aprimorar suas habilidades de voz e linguagem corporal: será a maneira mais eficaz de melhorar sua eficácia persuasiva! Você provavelmente perceberá que fazer isso sem pensar exigirá muita prática. Seu objetivo deve ser não ter que focar sua atenção em uma postura, um contato visual ou uma expressão facial adequada; em vez disso, o ideal é que 100% de seu poder cerebral esteja focado na nitidez de seus argumentos e na leitura da reação do público para que você possa se adaptar em tempo real! As pessoas mais carismáticas improvisam e oferecem uma resposta perfeita até mesmo para a questão mais difícil e não planejada. Se você ainda não atingiu esse ponto, pratique, pratique, pratique!

MOSTRE CONTRASTE

"Tudo é relativo."

– *Albert Einstein, físico*

Neste livro, já descrevemos o contraste como um dos seis estímulos primitivos. O contraste é um conceito tão importante que, similar à emoção, constitui tanto um estímulo para o cérebro primitivo quanto um catalisador de persuasão. O impacto de qualquer elemento de persuasão pode ser aprimorado se você adicionar contraste. Por exemplo, observe como alguns dos captadores podem ser melhorados com contraste: você pode usar um objeto cênico para ilustrar um benefício ou recurso oferecido por seu principal concorrente e contrastá-lo usando outro objeto cênico que ilustre a superioridade de seu produto. Da mesma forma, você pode aumentar o impacto de um minidrama fazendo um primeiro ato sobre a vida dolorosa de seu potencial cliente sem sua solução e contrastá-lo ao representar como seria a vida dessa pessoa se tivesse sua solução.

O contraste pode ser aplicado para destacar os benefícios da sua solução:

- Antes e depois.
- Em comparação aos seus concorrentes.
- Agora, e não mais tarde.

Ou para evitar/aliviar a dor/o custo de:

- Complicado versus simples.
- Rápido versus lento.
- Caro versus acessível.

A Figura 8.34 é um exemplo de um anúncio de iogurte, em que o valor da proposta é claramente comunicado com contraste.

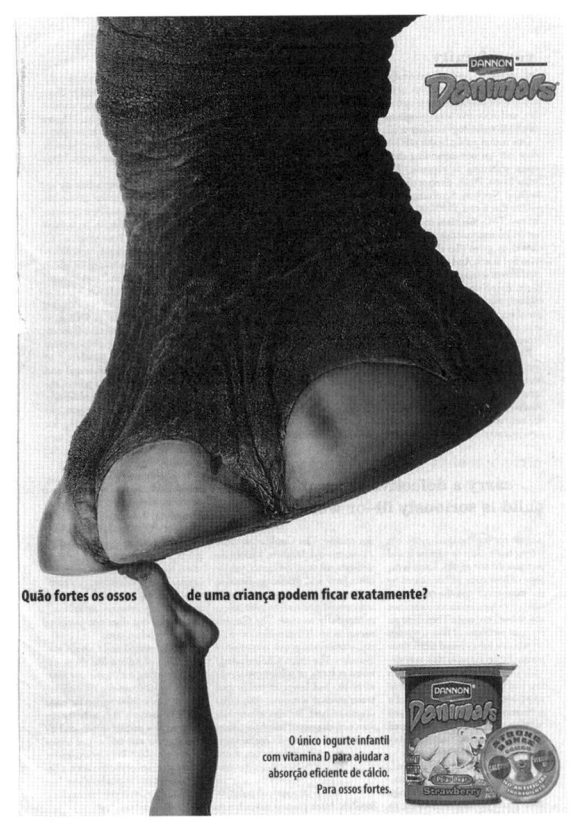

Figura 8.34   Danimals da Danone.

O contraste visual ajuda você a entender o valor de um iogurte rico em vitamina D para absorver melhor o cálcio e construir ossos fortes.

Devido à dominância visual do cérebro primitivo, o contraste é mais eficaz quando comunicado por meio de fotos ou ilustrações. Observe como as big pictures com contraste são frequentemente usadas para promover produtos que podem regenerar o cabelo ou ajudar a perder peso. Por exemplo, na Figura 8.35, do lado esquerdo, você vê um homem acima do peso e, do lado direito, o mesmo homem 45 quilos mais leve!

Figura 8.35   Obtenha contraste.

VARIE OS ESTILOS DE APRENDIZAGEM

"Conte-me e eu esqueço. Ensine-me e eu me lembro. Envolva-me e eu aprendo."

– Benjamin Franklin, inventor, cientista, escritor, político, polímata

O que mais você poderia fazer para aumentar o impacto de seus elementos de persuasão? Que tal variar os estilos de aprendizagem?

O tema dos estilos de aprendizagem vem sendo objeto de prolífica literatura e intenso debate na comunidade educacional há décadas. As apostas são altas porque:

- Os governos investem bilhões em educação.
- Os professores estão frustrados com a lacuna cada vez maior entre o conhecimento deles e o que seus alunos realmente aprendem.
- Muitas pessoas acreditam que a internet está mudando a maneira como as gerações mais jovens aprendem.

Além disso, os profissionais de marketing estão continuamente buscando maneiras mais eficazes de capturar a atenção de seu público-alvo e garantir que suas mensagens sejam compreendidas e lembradas!

A Ciência dos Estilos de Aprendizagem

Existem três estilos de aprendizagem que podem tornar sua mensagem mais amigável para o cérebro:

1. Visual: se você quiser ensinar a alguém o conceito de um gato, pode mostrar a ele uma foto de um gato.
2. Auditivo: você pode ensinar as pessoas sobre gatos falando sobre um mamífero de quatro patas, peludo, domesticado e carnívoro que adora ratos e pesa cerca de cinco quilos.
3. Cinestésico-tátil: para ensinar as pessoas cinestesicamente sobre gatos, você pode lhes dar um gato, para que elas possam tocar e brincar com ele.

Observe que, usando uma modalidade cinestésica com uma pessoa cega, você alcança um bom nível de eficácia de ensino, enquanto mostrar uma imagem de um gato teria efeito zero. Da mesma forma, a experiência auditiva de falar sobre um gato para uma pessoa surda não teria efeito.

A noção de usar estilos de aprendizagem preferenciais para se comunicar de forma mais eficaz tem sido discutida há muito tempo por especialistas em programação neurolinguística (PNL). A PNL afirma que existe uma conexão entre os processos neurológicos (neuro), a linguagem (linguística) e os padrões comportamentais aprendidos por meio da experiência (programação). Apesar de a base científica da PNL ter sido amplamente desacreditada,[273] muitos ainda estão buscando a estrutura da PNL.

Apesar da controvérsia, recomendamos usar uma mistura de todos os três estilos de aprendizagem para comunicar sua mensagem. Observe que a maioria das mensagens de vendas (e-mails, folhetos e em especial apresentações) usa apenas o canal auditivo, independentemente da natureza do conceito ou produto anunciado. Isso pode explicar por que tantas delas nunca são processadas pelo cérebro primitivo.

Considere uma apresentação média de vendas usando slides do PowerPoint. Apesar de até haver algumas imagens, 95% dos conceitos são normalmente comunicados usando palavras.

Agora, vamos voltar às três maneiras de descrever um gato e imaginar como o aprendizado será limitado se você apenas ouvir palavras descrevendo o que é um gato. Compare isso com a experiência combinada de ver um gato (visual), tocar e brincar com um gato (cinestésico) e ouvir sobre um gato (auditivo). De fato, pesquisadores estabeleceram que a apresentação visual de objetos (com ou sem a apresentação auditiva simultânea de nomes) resultou em melhor aprendizado, melhor recordação e melhor recuperação de informações do que a apresentação auditiva isolada.[274] Conhecendo o viés do cérebro primitivo para o canal visual, isso não surpreende!

Aqui estão algumas outras considerações importantes.

A Maioria dos Elementos Visuais Não São Visuais

Veja o exemplo mostrado na Figura 8.36 do mundo do Linux, um sistema operacional de código aberto que as pessoas podem usar livremente e contribuir para o seu desenvolvimento.

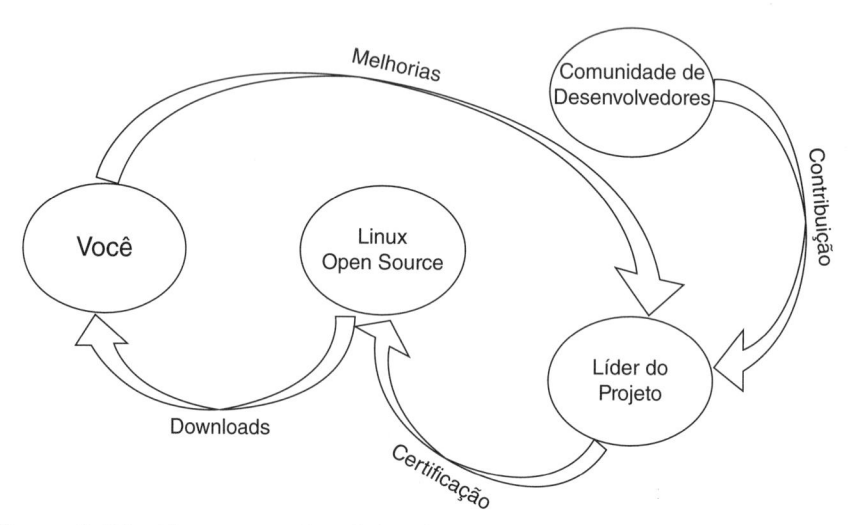

Figura 8.36 Elemento visual do Linux.

Como usamos nossos olhos para inserir as informações em nossos cérebros (incluindo o texto) e porque os círculos e as setas pertencem ao reino das formas visuais, a maioria das pessoas acredita que esse tipo de gráfico usa principalmente a modalidade visual. Na realidade, a decodificação do texto envolve principalmente o córtex auditivo e o lobo frontal. Além disso, os círculos e as setas fornecem um gráfico bem organizado, mas não transmitem uma forte metáfora visual capaz de ajudar um espectador a entender rapidamente o conceito sem gastar muita energia cognitiva. Para ser entendido, tal gráfico requer um esforço cognitivo significativo que, além do córtex visual, envolve muitas partes do cérebro. Compare-o com a Figura 8.37, também do mundo do Linux.

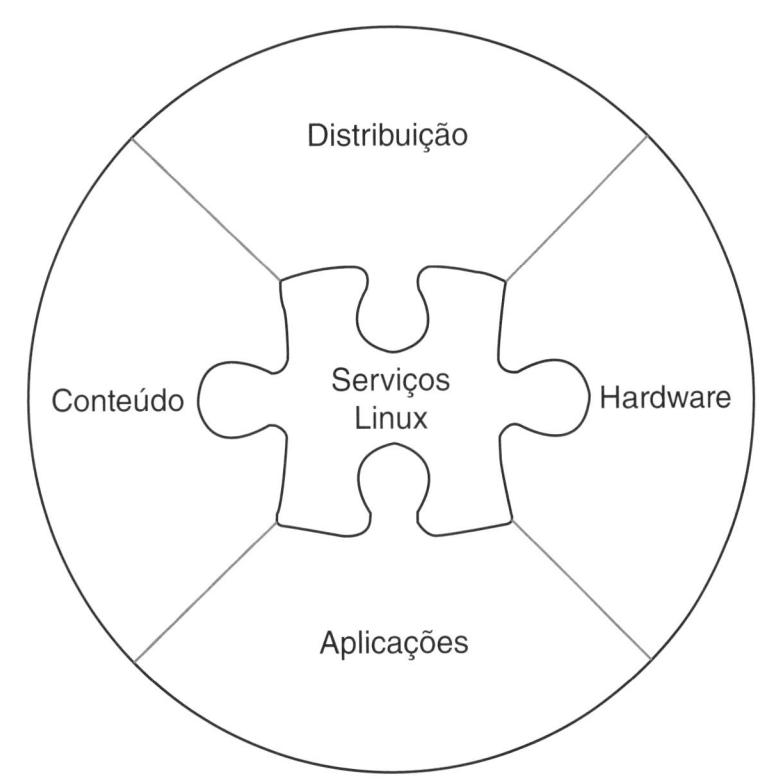

Figura 8.37   Quebra-cabeça do Linux.

Observe que, embora a imagem contenha algum texto, a quantidade de texto é significativamente menor do que no exemplo anterior (apenas cinco palavras, em vez de doze) e, mais importante, a posição central das palavras "Serviços Linux" e sua forma — um quebra-cabeça — sugerem visualmente que esses serviços são centrais para o valor do Linux, além de ajudar a conectar os quatro conceitos de distribuição, hardware, aplicativos e conteúdo. Observe que o segundo gráfico (mesmo que você seja estranho ao mundo do Linux) requer menos esforço cognitivo do que o primeiro exemplo.

Os Benefícios do NeuroMap

Se você começar a aplicar os conceitos apresentados no NeuroMap, sua mensagem será, sem dúvida, mais fácil para o público entender e lembrar. Observe que Compreender + Lembrar = Aprender. Conceitos como:

- Usar um objeto cênico como captador envolverá seu público visual e cinestesicamente.

- Big pictures são, por definição, visuais.

- Os CLAIMS (suas reivindicações) oferecem um apelo auditivo, e seus NeuroÍcones fornecem um estímulo visual. A simplicidade e a brevidade das reivindicações não geram uma sobrecarga cognitiva, o que confundiria o cérebro primitivo.

Venda Multissensorial

O uso de múltiplos sentidos no marketing — marketing multissensorial — tornou-se prática comum.[275] Por exemplo, a Nike descobriu que a introdução de perfume em sua loja aumentou a intenção de compra em 80%.[276] A Diageo, proprietária de várias marcas de bebidas alcoólicas (Tanqueray, Smirnoff, Johnny Walker, J&B, entre outras), mostrou que as mudanças no ambiente multissensorial aumentaram o prazer do uísque em até 20%.[277]

Se você está vendendo produtos com uma característica gustativa ou olfativa (alimentos, vinhos, perfumes etc.), pense em maneiras de se comunicar usando especificamente o sentido do paladar ou do olfato. Isso é o que muitas empresas de cosméticos fazem, ao incluir amostras raspáveis de perfume em revistas. Se sua proposta de valor envolve vários sentidos, encontre maneiras de melhorar suas experiências "holísticas".

Os Sentidos Podem Distorcer a Percepção

A maioria das pessoas acredita que nossos sentidos fornecem uma representação precisa do mundo ao nosso redor. No entanto, nossa percepção do mundo é impulsionada pela interpretação feita por nosso cérebro a partir das entradas fornecidas pelos cinco sentidos e dos processos cognitivos associados. Uma forma fácil de ilustrar a diferença entre a realidade e a nossa percepção são as ilusões óticas. A Figura 8.38 mostra uma das mais antigas.

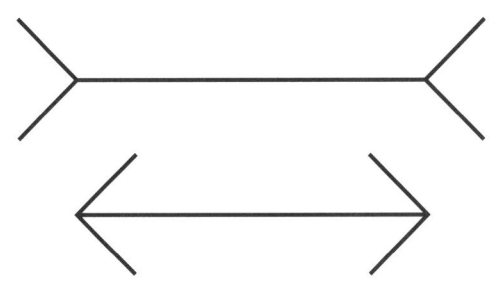

Figura 8.38   Percepção.

Independentemente de quanto você olhe para essas duas linhas horizontais do mesmo comprimento, seu cérebro continua interpretando a linha superior como mais longa. No exemplo mostrado na Figura 8.39, qual dos círculos pretos é maior? Na verdade, eles têm o mesmo diâmetro!

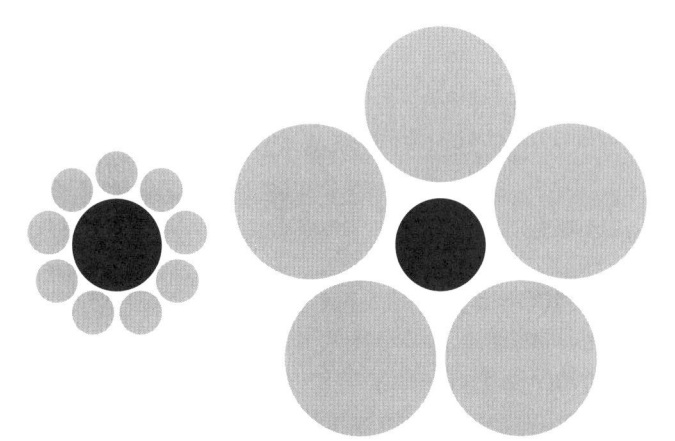

Figura 8.39   Círculos.

Uma das ilusões mais alucinantes é conhecida como a ilusão da sombra sobre o xadrez, publicada por Edward Adelson, do MIT (https://tinyurl.com/444xpss).[278] Veja também um conjunto de dez ilusões notáveis e suas explicações em https://tinyurl.com/yayqtdow.[279]

Como o cérebro não evoluiu para interpretar a realidade como ela é, nossa percepção, controlada pelo cérebro primitivo, muitas vezes é falha. Uma das consequências mais surpreendentes disso é que os outros sentidos impactam nossa percepção de um sentido. Por exemplo, o que você saboreia é influenciado pelo que vê, o que você vê é impactado pelo que ouve e assim por diante.

Considere o experimento conduzido por Frederic Brochet na Universidade de Bordeaux.[280] Brochet convidou 54 especialistas em vinho e pediu que dessem opiniões sobre duas taças de vinho, uma de branco e outra de tinto. Os especialistas descreveram cada vinho com atributos geralmente associados a vinhos tintos ou brancos. Mas, sem que soubessem, eles estavam bebendo o mesmo vinho branco; o tinto havia sido colorido usando um corante natural, inodoro e insípido. Um dos especialistas até afirmou que o vinho tinha "aromas de frutas vermelhas". Brochet fez outra experiência em que serviu vinho de duas garrafas diferentes: o primeiro rótulo era de um sofisticado grand cru e o segundo era um vinho de mesa comum. Não surpreendentemente, o grand cru foi descrito como "redondo", "equilibrado", "complexo", e o vinho comum foi observado como "curto", "plano" e "estragado". Na realidade, os especialistas estavam bebendo o mesmo vinho de garrafas com rótulos diferentes! De modo semelhante ao experimento com as tigelas de reabastecimento automático, nosso canal visual muitas vezes substitui outros sentidos! Como vimos anteriormente, o visual é um dos seis estímulos para o cérebro primitivo, pois exerce muito domínio sobre nosso processo de percepção.

Pense no seguinte:

- Quanto maior o som das batatas fritas, mais crocantes os consumidores acham que são, independentemente da crocância real. Da mesma forma, os consumidores associam um som de borbulhamento mais alto com mais carbonatação.[281] Isso indica que a sensação de audição, juntamente com a sensação de toque na boca, desempenha um papel na percepção dos alimentos.

- A música de fundo impacta a percepção. Um estudo com trinta voluntários indicou que eles perceberam as ostras como mais saborosas ao ouvir o som do oceano em comparação com outros sons.

- A música de fundo impacta a compra. Durante um período de duas semanas em uma loja do Reino Unido, eles alternaram música francesa em um dia com música alemã no dia seguinte. Isso resultou em mais vinhos franceses sendo vendidos quando a música francesa foi tocada e vice-versa. Enquanto isso, os clientes não relataram estar cientes da música que estava tocando.[282]

A *Harvard Business Review (HBR)* relatou que as pessoas investiram 43% mais dinheiro depois de segurar brevemente uma almofada quente, sugerindo que o calor se traduziu em um aumento da sensação de estar em um ambiente mais seguro e mais confiável.[283]

John Bargh escreveu: "A conexão entre o calor físico e o social está programada no cérebro humano. De fato, experimentos de imagens cerebrais mostraram que a mesma pequena região do cérebro, a ínsula, torna-se ativa para ambos os tipos de calor: ao tocar em algo como uma almofada de aquecimento e ao enviar mensagens de texto para familiares e amigos."[205]

No relatório da *HBR* mencionado anteriormente, eles também observaram que, durante uma negociação sobre o preço de um carro novo, as pessoas que se sentavam em cadeiras duras ofereciam uma média de 28% menos do que as pessoas sentadas em cadeiras mais macias: cadeiras duras tornavam as pessoas mais difíceis de negociar. Nesses estudos, as pessoas nem sequer sabiam que essas sensações táteis teriam alguma influência sobre elas.

Mais uma vez, pense em como você pode mudar a experiência do seu cliente para fornecer estímulo positivo ao cérebro primitivo.

O que Fazer na Variação de Estilos de Aprendizagem

- Em primeiro lugar, o persuasor eficaz corresponderá o estilo de aprendizagem com o conceito a ser comunicado. Não tente ensinar tênis ou golfe, duas habilidades altamente cinestésicas, apenas falando sobre golfe ou mostrando um vídeo. Seu público precisa da experiência cinestésica de jogo!

- Comunicação visual nunca é demais. Pesquisas mostraram que a apresentação de imagens é vantajosa para todos os tipos de aprendizagem, independentemente do estilo de sua preferência.[274] Lembre-se, o cérebro primitivo está sob o domínio do sentido visual, então quanto mais visual sua mensagem, melhor. No anúncio de um centro de ioga, na Figura 8.40, observe como o conceito de flexibilidade é transmitido visualmente. Além disso, observe que o anúncio também se comunica de forma cinestésica — você pode tocar e flexionar o canudo! Mesmo que você só consiga ver a imagem (em oposição a pegar o canudo), ao criar a percepção de que aquela é a sua mão, seus neurônios-espelho contribuíram para estimulá-lo cinestesicamente.

- Na falta de um visual real, escolha uma palavra que evoque uma pista visual. Por exemplo, em vez de dizer: "Ouviu o que eu disse?", diga: "Você vê o que eu quero dizer?" Observe o uso do verbo "ver". Pesquisadores demonstraram que o processamento de sentenças que evocam informações visuais ou abstratas envolve não apenas o lobo temporal esquerdo, mas também o sulco intraparietal esquerdo, uma região envolvida na memória de trabalho visuoespacial.[284]

- Da mesma forma, podemos inferir que o uso de uma sugestão cinestésica ativará as regiões cerebrais responsáveis pela condução das funções cinestésicas. Em vez de dizer: "A nova tecnologia de tela permite que o consumidor...", diga: "Com a nova tecnologia de tela, o consumidor experimentará/alcançará/sentirá/encontrará/combinará/tocará..." Observe a seleção de verbos que implicam uma conexão cinestésica. Ou, melhor ainda, certifique-se de que os consumidores tenham a chance de tocar no novo dispositivo, para apelar ao canal cinestésico.

- Em caso de dúvida sobre o melhor estilo de aprendizagem para comunicar um conceito, conte uma história! Certifique-se de que a história use pistas visuais, auditivas e cinestésicas. Outro benefício do uso de diferentes estilos de aprendizagem é criar variedade, uma forma de contraste que atrai o cérebro primitivo.

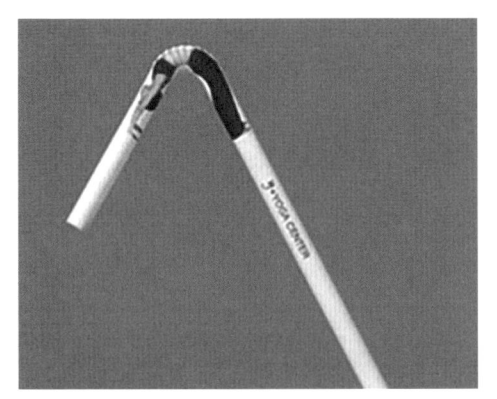

Figura 8.40   Canudo de ioga.

O que Não Fazer na Variação de Estilos de Aprendizagem

- Não use apenas palavras para persuadir!
- Não ignore o que você pode considerar uma experiência sensorial não relacionada. Fazer com que seus potenciais clientes se sentem em cadeiras duras, ouçam música francesa ou toquem uma xícara de café quente terá um impacto na experiência de compra!

Em conclusão, observe que usar o cérebro primitivo como referência pode explicar vários desses fenômenos complexos e, muitas vezes, inconscientes.

DISPARE EMOÇÕES

"A diferença essencial entre razão e emoção é que a razão leva a conclusões, enquanto a emoção leva à ação."

— *Donald Calne, neurologista*

Vimos anteriormente como o cérebro primitivo é impulsionado por emoções, um dos seis estímulos. Apropriadamente, as emoções podem aumentar o impacto de qualquer elemento de persuasão!

Usando Mais Emoções

Lembra como Bill Gates aumentou o impacto de sua mensagem sobre a erradicação da malária? Ele não falou apenas sobre o número de mortes causadas pela doença: ele soltou um frasco cheio de mosquitos no auditório! Isso teve o efeito inevitável de criar um forte coquetel emocional no cérebro do público, uma resposta que corroborou o apelo de Gates para o combate ao vírus.

Pesquisadores demonstraram que pressionar as pessoas a usar o cérebro racional para tomar uma decisão e, portanto, desconsiderar a influência do cérebro primitivo levam a decisões menos satisfatórias. Quando as pessoas avaliam cognitivamente vários atributos do produto, isso pode degradar seu julgamento.[285] Em um teste, dois grupos de alunos foram solicitados a avaliar cinco tipos de geleia, que foram classificados em dezesseis características sensoriais por especialistas em degustação. O primeiro grupo foi solicitado a apenas classificar a geleia sem muita reflexão. O segundo grupo foi orientado a utilizar uma abordagem mais racional. Eles foram solicitados a seguir um processo lógico para avaliar a cor, textura, doçura, cheiro, viscosidade e assim por diante. No final, a avaliação dos alunos que usaram uma abordagem mais racional ficou mais distante das classificações dos especialistas do que a avaliação dos alunos que usaram apenas sua reação primitiva à geleia!

Exemplos de Emoções em Ação

- Com mais de 4.500 pedestres feridos todos os anos, Paris tem a maior taxa de atropelamentos da Europa. O que o gabinete do prefeito fez para abalar os pedestres com uma forte emoção? Ele lançou uma campanha chamada "Impacto sem impacto" em uma rua movimentada onde as pessoas costumavam atravessar mesmo quando o sinal estava vermelho para pedestres. O gabinete montou um sistema elaborado que tocava um assustador som de pneu rangendo como se um carro estivesse prestes a atingi-las. Ao ouvir o som, as pessoas ficavam paralisadas, gritavam ou faziam expressões faciais transmitindo seu estado aterrorizado. Nesse exato momento, uma câmera tirava uma foto delas. E, para elevar o coquetel emocional, essa foto era exibida bem na frente delas, no outdoor localizado do outro lado da rua! O vídeo pode ser visto em https://youtu.be/vYWmeh6Q-Vk.[286]

- A equipe de limpeza dos banheiros do Aeroporto de Schiphol, em Amsterdã, não conseguia manter os mictórios masculinos limpos e se perguntou como ajudar os usuários a serem mais precisos em sua mira. A decisão foi incluir uma imagem de uma mosca dentro do mictório. A emoção da surpresa inicial de notar uma mosca, seguida pela alegria ancestral de caçar o inseto resultou em uma diminuição impressionante de 80% da sujeira do chão[287] (veja a Figura 8.41).

Figura 8.41   Mictório do Aeroporto de Schiphol.

- Em Hong Kong, os anunciantes encontraram uma maneira emocional de destacar o perigo de usar telefones celulares ao dirigir. Um cinema exibiu um comercial mostrando um carro viajando por uma estrada. Em seguida, todas as pessoas que usavam uma das principais operadoras de telefonia receberam uma mensagem de texto e rapidamente pegaram seus celulares. Elas ainda não haviam sido lembradas de desligá-los, quando de repente o carro na tela bateu em uma árvore. O desfecho inusitado foi exibido na tela: "Um lembrete para manter os olhos na estrada." O vídeo pode ser visto em https://tinyurl.com/od5m7v4.[288]

Para concluir, lembre-se de que as decisões são conduzidas por emoções. Uma vez que você decidiu o conteúdo da sua mensagem, pense sobre as maneiras de comunicá-lo para provocar uma forte resposta emocional. Esse conteúdo deve ser:

1. Focado no principal PAIN de seus clientes.
2. Centrado em três CLAIMS.
3. Demonstrado por evidências convincentes dos GAINS.

BUSQUE POR MENOS

"Uma riqueza de informações cria uma pobreza de atenção."
– Herbert Simon, psicólogo cognitivo e cientista da computação, Prêmio Turing em 1975 e Prêmio Nobel de Economia em 1978

Quando muita informação é comunicada, a memória de trabalho do público fica rapidamente sobrecarregada e o destinatário da mensagem fica confuso, não persuadido. Considere a pesquisa realizada pela Universidade do Missouri que relatou que uma única frase de dez palavras era difícil de lembrar com precisão pela maioria dos ouvintes.[148]

Além disso, os pesquisadores estabeleceram que a fala irrelevante interrompe os padrões de coerência neural, tornando mais difícil para o ouvinte entender o verdadeiro ponto do que está realmente sendo comunicado.[289]

Na verdade, um quarto de todos os vieses cognitivos é categorizado por problema de "muita informação". Como um persuasor eficaz, você deve dizer apenas o necessário para persuadir, evitando qualquer informação que acrescente muita complexidade ou enfraqueça a mensagem.

A seguir, há três perguntas que o ajudarão a decidir se você precisa manter ou descartar uma informação:

1. Essa informação está ligada ao PAIN do seu público?

2. Essa informação é exclusividade sua; você está falando sobre seus CLAIMS? Se você não está vendendo algo único, está vendendo tanto para seus concorrentes quanto para si mesmo.

3. Você pode provar o que está dizendo e atribuir um valor financeiro, estratégico ou pessoal à sua declaração? Você pode demonstrar algum GAIN?

Se você respondeu "não" a qualquer uma dessas perguntas, elimine a informação que estava avaliando.

Você deve se abster do desejo de comunicar todas as funções e recursos de sua solução. Em vez disso, e como sugerido no NeuroMap, concentre sua mensagem em apenas um a três CLAIMS, o que proporcionará uma eliminação única e perfeita do PAIN, apresentando mais valor do que custo, ou seja, o GAIN. Em um inteligente estudo intitulado "On the Pursuit and Misuse of Useless Information" [A Busca e o Uso Equivocado de Informações Inúteis], os pesquisadores Bastardi e Shafir,[290] de Stanford e Princeton, demonstraram que muitas informações reduzem a qualidade de nossas decisões.

Economistas comportamentais também examinam a questão da "sobrecarga de escolha", que na maioria das vezes reduz a qualidade da decisão.[291] Apesar de esses pesquisadores terem dificuldade em separar os conceitos de "sobrecarga de escolha" e "sobrecarga de informação", um novo campo de estudos sobre a arquitetura de escolha surgiu rapidamente.

Arquitetura de Escolha:
Um Contraexemplo para Abreviá-la

Os pesquisadores estudam como o número de opções, as maneiras pelas quais os atributos são descritos e a presença de uma opção-padrão podem influenciar as escolhas das pessoas. Por exemplo, eles notaram que a porcentagem de doadores de órgãos diferia muito de país para país, mesmo entre países com culturas e valores semelhantes, como Alemanha e Áustria. Eles rapidamente descobriram que a variável discriminante era o valor-padrão. Simplesmente por não utilizar um status-padrão de "não doador" — usado em países como Estados Unidos e Alemanha, onde a porcentagem de doadores é inferior a 15% —, países como a Áustria, com um status-padrão de "doador", têm uma porcentagem de doadores de 90%!

Em *Previsivelmente Irracional*, Dan Ariely[70] mostrou que, em alguns casos, oferecer mais opções pode mudar as escolhas das pessoas. Eis o experimento simples, mas eficaz, desenhado por Ariely depois de notar as três opções a seguir para uma assinatura anual da revista *The Economist*:

1. Apenas versão digital: $59.
2. Apenas versão impressa: $125.
3. Versões impressa e digital: $125.

A segunda opção acaba sendo irrelevante, uma vez que, pelo mesmo preço, o potencial assinante poderia obter a versão digital sem custos adicionais.

Não é de surpreender que, quando Ariely pediu a seus alunos que escolhessem entre essas três opções, nenhum deles escolheu a opção 2: 16% escolheram a opção 1 e 84% escolheram a opção 3. A opção 2 deve ser eliminada?

Não! Porque, quando Ariely pediu a outro grupo de alunos para escolher entre a opção 1 (apenas versão digital: $59) e a opção 2 (versões impressa e digital: $125), 68% escolheram a opção 1 e apenas 32% escolheram a opção 2. Ariely denominou a opção 2 no primeiro experimento de "chamariz", que atrai mais pessoas às versões impressa e digital.

A Estrutura Narrativa do Cérebro Primitivo

Para criar uma estrutura narrativa eficaz, basta organizar sua apresentação usando quatro elementos de mensagem: captador, CLAIMS, provas do GAIN e fechamento. A duração de cada etapa depende do formato e das condições de entrega da sua mensagem. Por exemplo, para uma apresentação presencial, recomendamos que cada etapa não dure mais do que dois ou três minutos. Se você estiver produzindo um comercial de trinta segundos, cada elemento de mensagem deve durar cerca de cinco segundos. De um modo geral, tendemos a ser mais pacientes quando uma mensagem é entregue de forma presencial em comparação a quando a processamos em um computador ou a assistimos na TV, presumivelmente porque a interação humana é um estímulo mais forte para o cérebro primitivo do que uma mensagem digital entregue por um dispositivo.

De fato, pesquisas comparando a eficácia das negociações realizadas pessoalmente à da comunicação mediada por computador confirmam claramente a superioridade da forma presencial. Por exemplo, a interação pessoal requer menos energia cerebral, o que, é claro, a torna preferida pelo cérebro primitivo.[292]

Para maximizar a eficácia de suas mensagens, recomendamos a estrutura narrativa mostrada na Tabela 8.1.

O captador é a chama que você precisa acender sob as cadeiras de seus clientes em potencial para chamar a atenção deles. Em seguida, você deve apresentar as três principais razões pelas quais eles devem escolher você: suas reivindicações (os CLAIMS). Depois disso, comprove seu valor com evidências confiáveis: suas provas de ganho (o GAIN). O fechamento deve permitir que você repita com força, paixão e urgência que as dores (o PAIN) de seus clientes em potencial podem ser resolvidas por seus CLAIMS exclusivos. A arquitetura de mensagens otimizadas para o cérebro tornará sua mensagem fácil de entender e fácil de lembrar. Observe que recomendamos que todas essas mensagens sejam breves. Então seja breve!

TABELA 8.1 ESTRUTURA NARRATIVA DO CÉREBRO PRIMITIVO COM OS RESPECTIVOS TEMPOS

Formato de Entrega/Duração Total		Captador	CLAIMS (até três)	Provas do GAIN (até três)	Fechamento
		Reforce a urgência de resolver uma dor pessoal	Declare reivindicação(ões) única(s) para resolver a dor	Use evidências que sejam confiáveis e facilmente críveis	Repita a dor e as reivindicações
Apresentação presencial	10-12 minutos	2-3 minutos	1-2 minutos para cada reivindicação	1 minuto para cada prova de ganho	30 segundos
Por telefone	5-6 minutos	1 minuto	1 minuto para cada reivindicação	15 segundos para cada prova de ganho	15 segundos
Vídeo corporativo	2 minutos	30 segundos	30-60 segundos	15 segundos	15 segundos
Comercial	30 segundos	15-20 segundos	5 segundos	5 segundos	5 segundos
Página web/ anúncio impresso	5-7 segundos	2-3 segundos	2 segundos	1 segundo	1 segundo

O que Lembrar sobre o Catalisador Busque por Menos

- Se você precisa oferecer opções variadas aos seus clientes em potencial, como no caso da assinatura da *Economist*, talvez deva aprender mais sobre a "arquitetura de escolha". Esse campo tem recebido muita atenção e pode se revelar valioso para a sua empresa.[287, 293]
- Se você não está lidando com a questão da arquitetura de escolha, recomendamos que não exponha seus clientes potenciais com "sobrecarga de informações". Você deve reduzir suas mensagens e usar os conceitos de PAIN-CLAIMS-GAINS como um filtro para reter apenas informações com impacto persuasivo.

O QUE LEMBRAR

Para ser mais eficaz, sua mensagem deve ser construída com seis elementos de persuasão:

1. Um captador: uma maneira curta, mas eficaz, de comunicar sua proposta de valor que vai além do simples uso de palavras. Isso tornará mais fácil para o seu público começar a concentrar a energia mental em sua solução, pois desencadeará uma resposta emocional imediata.

2. Seus CLAIMS: as três principais razões pelas quais eles devem comprar de você ou adotar sua ideia. Por natureza, esses não são apenas benefícios únicos de seu conteúdo, mas também definem a estrutura de sua mensagem — os três capítulos sob os quais seus argumentos de venda são organizados.

3. Sua big picture: uma representação gráfica simples de como seu produto, serviço ou ideia afetará o mundo de seu potencial cliente ou público-alvo. Os estímulos visuais são tão cruciais para o cérebro primitivo que você precisa apresentar uma visão panorâmica do resultado do que você promove.

4. Suas provas de ganho (os GAINS): o cérebro primitivo é pouco evoluído e bastante cético, então você deve fornecer provas simples, mas fortes e eficazes de seu valor. Quantifique os valores financeiro, estratégico e pessoal de cada uma de suas reivindicações (os CLAIMS) e compare-os com o seu custo. Faça com que caiba em uma página, independentemente da complexidade da solução.

5. Reenquadre as objeções: o uso da lógica não é capaz de eliminar a emoção negativa associada ao medo do arrependimento expressado por seu público. Use uma reformulação para criar uma emoção positiva.

6. Um fechamento: repita seus CLAIMS e pergunte: "O que você acha?" Aguarde o feedback do potencial cliente. Então, pergunte: "Qual o nosso próximo passo?" e espere a resposta. Ativar a lei da consistência é a forma mais eficaz de fazer com que seu potencial cliente se mova ao longo do continuum mental ou de venda para aceitar sua solução ou ideia.

E, para aumentar ainda mais o impacto de qualquer um desses elementos de persuasão, use um ou mais dos sete catalisadores de persuasão:

1. Conte histórias: isso transportará seu público para um mundo diferente, no qual você controla a emoção comunicada pelo desfecho inusitado.

2. Use seu carisma: utilize as palavras, o tom de voz e a linguagem corporal mais propícios à persuasão.

3. Use *você*: coloque o público no centro da ação usando a palavra mais influente do vocabulário!

4. Mostre contraste: aumente o impacto de seus elementos de persuasão usando mais contraste: antes/depois, seus concorrentes/você, a dor/os ganhos de seus clientes.

5. Varie os estilos de aprendizagem: escolha o estilo de aprendizagem mais eficaz para comunicar o conceito que você está apresentando.

A maioria das pessoas só usa o canal auditivo. Torne *sua* mensagem mais visual e mais cinestésica.

6. Dispare emoções: as pessoas tomam decisões emocionais e as racionalizam depois. Use mais emoções para desencadear decisões mais rápidas.

7. Busque por menos: mais informações levam à confusão, e não à persuasão. Menos é mais, então concentre-se no PAIN, nos CLAIMS e nos GAINS e remova o resto!

Conclusão

Parabéns! Você completou sua jornada de aprendizado com o código da persuasão. A persuasão é um processo complexo e nosso objetivo era oferecer um método passo a passo simples, mas científico, para ajudá-lo a aprimorar suas habilidades de convencimento. No final, acreditamos que a persuasão é uma função de quão bem você entende e se comunica com o cérebro primitivo. O NeuroMap fornece um caminho claro para obter valor mensurável de todas as suas mensagens: e-mails, site, folhetos, PowerPoints e até comerciais.

Vamos rever os pontos mais importantes da sua jornada:

No Capítulo 1, você aprendeu o valor e o poder de um modelo de persuasão baseado no cérebro. Com o NeuroMap, você agora pode evitar o desperdício de enviar mensagens ineficazes para seus clientes, potenciais clientes, amigos, familiares e muito mais. Você pode evitar as armadilhas dos testes A/B e o constrangimento de campanhas desastrosas ou apresentações de vendas maçantes. Por fim, você aprendeu que os métodos tradicionais de pesquisa de marketing não conseguem capturar os mecanismos subconscientes que impulsionam a persuasão. Felizmente, as ferramentas de neuromarketing fornecem novas maneiras de coletar dados cerebrais capazes de explicar objetivamente os processos neurológicos críticos que os sujeitos não conseguem expressar. O valor estratégico do uso do neuromarketing vem da possibilidade de responder perguntas de pesquisa cruciais. Como resultado, o retorno sobre investimento do neuromarketing é mensurável de várias maneiras. Isso reduzirá drasticamente o dinheiro gasto na criação e implantação de mensagens que não funcionam. Mais importante ainda, permitirá que você e sua organização cresçam mais rápido.

No Capítulo 2, você descobriu que não precisa ser um neurocientista para entender a importância de medir mais do que as pessoas são capazes de expressar sobre suas mensagens. O neuromarketing serve para ajudá-lo a descobrir de uma vez por todas o que é uma mensagem amigável para o cérebro. Você aprendeu que o cérebro é um órgão complexo que evoluiu ao longo de milhões de anos. As funções cognitivas são relativamente jovens em termos de evolução, enquanto o circuito neurológico de nossas respostas mais básicas centradas na sobrevivência é antigo. Nas últimas três décadas, inúmeros estudos esclareceram como a atenção e as emoções nos afetam e influenciam nossas decisões. O neuromarketing pode ajudar as empresas a medir as respostas neurofisiológicas experimentadas pelas pessoas diante de qualquer estímulo de marketing. Essas respostas surgem de processos cerebrais autônomos e principalmente instintivos, mas também de processos cognitivos e emocionais mediados pelo sistema nervoso central. Atualmente, há uma grande variedade de ferramentas disponível para produzir dados cerebrais críticos para a nossa compreensão das respostas dos consumidores às mensagens de marketing. Individualmente, cada método pode fornecer insights importantes. No entanto, sem medir a atividade cortical e subcortical, a interpretação dos dados cerebrais é incompleta e ineficaz.

No Capítulo 3, você aprendeu que a persuasão foi estudada por décadas, mas os modelos antigos há muito ignoram o papel desempenhado pelas estruturas cerebrais subconscientes. Você também foi apresentado à importante via que a persuasão percorre do cérebro primitivo ao cérebro racional, um fenômeno que chamamos de efeito ascendente, ou de baixo para cima. O NeuroMap mostra que as mensagens persuasivas não funcionam a menos que influenciem primeiro a parte inferior do cérebro, o cérebro primitivo, que reage a estímulos específicos. Uma vez que uma mensagem "capturou" o cérebro primitivo, a persuasão irradia para a parte superior do cérebro, na qual tendemos a processar as informações de forma mais sequencial. Por fim, você descobriu que 188 vieses cognitivos conhecidos podem ser explicados pelo NeuroMap.

No Capítulo 4, você descobriu que pode usar seis estímulos para persuadir o cérebro primitivo. O estímulo pessoal o ajuda a rapidamente tornar uma frustração ou dor relevante para o seu público. O estímulo contrastável acelera as decisões comparando duas situações que tornam óbvia a melhor escolha. O estímulo tangível alcança fluência cognitiva e limita a quantidade de energia ou distração envolvida no processamento de sua mensagem. O estímulo memorável cria retenção automática para que os principais elementos da sua mensagem sejam codificados na memória de curto prazo do público. O estímulo visual apela para o canal sensorial padrão pelo qual o cérebro primitivo decide. O estímulo emocional cria um coquetel de hormônios e neurotransmissores sem o qual sua mensagem não desencadeará uma decisão.

Juntos, os seis estímulos impulsionam sua mensagem para o sucesso, alcançando a via ideal da persuasão. Enquanto isso, aplicar o NeuroScore em sua mensagem para avaliar os seis estímulos o ajudará a corrigir e melhorar o curso da sua mensagem na via da persuasão. Consulte o Apêndice para saber como avaliar suas próprias mensagens antes de implementá-las! Finalmente, os NeuroQuadrantes fornecem uma ferramenta simples para otimizar o efeito de suas mensagens.

No Capítulo 5, você aprendeu que diagnosticar dores ajuda a revelar os fatores de decisão mais relevantes que influenciam o comportamento de seus clientes. Nossa natureza é orientar nossa atenção para mensagens que despertem nossos medos, e é por isso que um produto ou solução que possa articular claramente quais dores é capaz de eliminar primeiro receberá mais consideração e criará maior urgência. Depois de diagnosticar com sucesso as principais dores, conduzindo diálogos de dor, você pode quantificar a importância delas, bem como considerar a criação de segmentos ou clusters de seus principais clientes que compartilham dores comuns. Além disso, recomendamos que realize algumas pesquisas de neuromarketing para confirmar o que seus diálogos de dor revelaram.

No Capítulo 6, você descobriu que o cérebro primitivo favorecerá informações que usam palavras curtas, simples e fáceis de pronunciar, bem como informações que são claramente organizadas em um máximo de três capítulos ou argumentos: seus CLAIMS. Além disso, é preferível escolher mensagens fáceis de ler, usando fontes com fluência máxima de processamento. Usar cores que ofereçam um contraste agradável com seu fundo será mais amigável ao cérebro. Escreva suas reivindicações para torná-las mais memoráveis. Uma repetição da mesma palavra (um METACLAIM) é uma boa técnica, como proteja XX, proteja YY, proteja ZZ. Uma aliteração (a repetição da mesma letra ou som no início das palavras adjacentes) também é uma técnica eficaz, como diagnosticar, diferenciar, demonstrar. Uma rima fornece mais apelo auditivo — "proteja seu tempo, proteja seu dinheiro, proteja seu sossego" e PAIN, CLAIM, GAIN são bons exemplos.

No Capítulo 7, você aprendeu que o valor daquilo que você fala não é tão importante quanto o valor em que seus potenciais clientes acreditam. Como resultado, é preciso não apenas maximizar a quantidade de valor que eles receberão, mas também utilizar as melhores provas de ganho possíveis. Além disso, sua demonstração de valor precisa ser rapidamente compreendida pelo cérebro primitivo. Isso significa que você precisa tornar essa demonstração simples o suficiente para que até mesmo um não especialista a entenda. Para apoiar sua demonstração de valor, use depoimentos de clientes, uma demo, dados ou uma visão. Por fim, concentre sua demonstração no que é único em sua solução, ou seja, o que pode ser categorizado em cada um de seus CLAIMS.

No Capítulos 8, você aprendeu que as mensagens mais eficazes devem incluir seis elementos de persuasão:

1. Captador de mensagem: uma maneira curta, mas eficaz, de comunicar sua proposta de valor que vai além do simples uso de palavras e normalmente remete à dor que seus clientes desejam eliminar.

2. CLAIMS (reivindicações): as três principais razões pelas quais seus clientes devem comprar de você.

3. Big picture: uma representação gráfica simples de como seu produto, serviço ou ideia afetará o mundo de seu potencial cliente ou público-alvo.

4. Provas incontestáveis de ganho (GAIN): o cérebro primitivo é pouco evoluído e bastante cético, então você deve fornecer provas simples, mas fortes e eficazes de seu valor.

5. Reenquadre as objeções para criar emoções positivas quando seus clientes expressarem resistência.

6. Fechamento: repita seus CLAIMS e pergunte: "O que você acha?" Aguarde o feedback de seu potencial cliente. Então, pergunte: "Qual o nosso próximo passo?" e espere a resposta.

Você pode aumentar ainda mais o impacto de qualquer um desses elementos de persuasão usando sete catalisadores de persuasão:

1. Conte histórias que transportem seu público para um mundo diferente, no qual você controla a emoção comunicada pelo desfecho inusitado.
2. Use seu carisma.
3. Use *você*.
4. Mostre contraste para aumentar o impacto de qualquer um dos seus elementos de persuasão.
5. Varie os estilos de aprendizagem: escolha o estilo mais eficaz para comunicar o conceito que está apresentando.
6. Dispare emoções para desencadear decisões mais rápidas.
7. Busque por menos: mais informações levam à confusão, e não à persuasão!

Agora o trabalho desafiador começa. Você tem muitas opções quando inicia a implementação do NeuroMap.

Recomendamos que identifique o passo mais fraco na sua narrativa de vendas ou publicidade atual. Estas perguntas ajudarão:

1. Você está lidando com os PAINS mais relevantes e urgentes?
2. Sua mensagem é realmente diferenciada? Basicamente, você está vendendo algo único e usando CLAIMS?
3. Você está comunicando provas de GAIN convincentes e incontestáveis?
4. Sua mensagem é fácil de entender e impossível de esquecer? Ela dialoga com o PRIMAL BRAIN?

Embora focar primeiro o elo mais fraco da cadeia possa parecer lógico, recomendamos que você siga a sequência dos quatro passos de persuasão. Isso significa que você deve primeiro diagnosticar o PAIN e depois seguir em frente. Em nossa experiência, pular etapas comprometerá o poder do NeuroMap, mesmo que você já tenha feito alguma pesquisa sobre os PAINS, identificado seus CLAIMS ou concluído algum trabalho na demonstração de sua proposta de valor (GAIN). Repensar todos esses conceitos em torno do cérebro primitivo simplificará muito até mesmo a estratégia de mensagens mais complexa.

Em segundo lugar, decida se você pode se dar ao luxo de pesquisar dores ou avaliar o efeito neurológico de seus estímulos publicitários atuais com base nos custos/benefícios de sua proposta de valor. Quanto maior o valor, melhor você poderá justificar o investimento em pesquisas. A maioria das empresas normalmente investe até 10% da margem bruta de um produto ou solução em pesquisas.

Terceiro, confirme quem são as partes interessadas do processo. Você deve fazer isso por conta própria ou deve envolver sua equipe executiva? Usar o NeuroMap para obter clareza, consenso e compromisso com sua equipe executiva sobre os conceitos de PAIN, CLAIMS, GAINS e como dialogar com o PRIMAL BRAIN estabelecerá a base de uma sólida estratégia de marketing e mensagens para os próximos anos.

Em quarto lugar, identifique quem mais em sua organização se beneficiaria com o aprendizado do NeuroMap, especialmente ao aprender a aplicar maneiras eficazes de apresentar sua proposta de valor. A natureza estratégica do NeuroMap requer que os executivos de alto nível sejam envolvidos no processo, antes que ele seja compartilhado com o resto da equipe, incluindo vendas e marketing e até mesmo executivos de P&D.

Por fim, avalie objetivamente seus recursos internos e sua capacidade de executar ativos neurocriativos bem-sucedidos. Embora o modelo seja fácil de aprender, ele requer muito "desaprendizado", o que algumas pessoas não conseguem ou não se dispõem a fazer.

Depois de todas as perguntas anteriores terem sido respondidas, você pode facilmente determinar até que ponto precisa de ajuda ou suporte externo.

Aproveite a jornada! Agora você pode persuadir qualquer um, a qualquer hora, em qualquer lugar!

Apêndice: Neuromap, Ferramenta Simplificada de NeuroScore

Se você não tiver tempo ou orçamento para realizar uma avaliação completa de neuromarketing, recomendamos que, pelo menos, pontue suas mensagens usando 24 perguntas. Cada pergunta já foi testada para avaliar e melhorar centenas de anúncios. O objetivo desta ferramenta simplificada é identificar as mensagens que têm pouca chance de desencadear o efeito ascendente. Para fins práticos, vamos fingir que você está avaliando a qualidade da página inicial do seu site. Aqui estão as perguntas que pode utilizar para avaliar o quão bem você está usando os seis estímulos para comunicar sua proposta de valor de maneiras que tornem sua mensagem otimizada para o cérebro primitivo.

ESTÍMULOS DO NEUROSCORE

Pessoal (P)

1. Sua mensagem está ativando claramente as frustrações ou ameaças do cliente resolvidas pelo produto ou serviço que você oferece?
2. Seu texto foca o cliente ("você") em vez de focar a sua empresa ou o seu produto?
3. As consequências de não superar a dor/frustração são claramente identificadas (perda de dinheiro, maior risco, estresse psicológico etc.)?
4. A mensagem está enfatizando a urgência de resolver as dores?

Contrastável (C)

1. A mensagem está usando CLAIMS?
2. Está claro que cada CLAIM vai eliminar ou tratar uma dor específica?
3. Os CLAIMS estão ajudando você a criar um contraste nítido, como "antes e depois"?
4. Os benefícios/CLAIMS são verdadeiramente únicos ou originais?

Tangível (T)

1. O valor de cada CLAIM/benefício principal é demonstrado ou comprovado com histórias de clientes, demos, visão ou dados confiáveis?
2. Existem analogias ou metáforas projetadas para reduzir o esforço cognitivo de acreditar no benefício de cada CLAIM?
3. É possível entender o valor da solução ou do produto em menos de cinco segundos?
4. No geral, a mensagem é projetada para ser compreendida com carga cognitiva limitada (mais visual e menos texto)?

Memorável (M)

1. Os CLAIMS são fáceis de lembrar?
2. A mensagem usa até três CLAIMS?
3. Os CLAIMS são repetidos mais de uma vez?
4. Há um esforço para simplificar e acelerar a decisão de escolher o produto ou a solução proposta?

Visual (V)

1. A página é visualmente saliente (usa elementos com definição visual nítida, número limitado de cores e contornos bem definidos)?
2. Existe pelo menos um elemento visual forte apresentando o valor da solução a partir da perspectiva de um cliente?
3. A página inicial é mais de 70% visual?
4. O valor geral da solução normalmente pode ser entendido sem ler nenhum texto ou pensar muito?

Emocional (E)

1. A mensagem procura primeiro atrair a atenção do cérebro primitivo em vez de explicar (efeito ascendente)?
2. Existe uma clara chamada à ação para avançar até o fechamento de uma transação?
3. Existe uma grande elevação emocional desde a reconstituição da ameaça/frustração (PAIN) até a liberação de tal dor?
4. O final da mensagem cria antecipação?

Obtenha seu NeuroScore usando a seguinte tabela:

P	Sua mensagem está ativando claramente as frustrações ou ameaças do cliente resolvidas pelo produto ou serviço que você oferece?	Sim = 10 Não = 0	Anote seus pontos abaixo ----------	Circule sua nota 40 = A 30 = B 20 = C 10 = D 0 = F
P	Seu texto foca o cliente ("você") em vez de focar a sua empresa ou o seu produto?	Sim = 10 Não = 0		

P	As consequências de não superar a dor/frustração (os PAINS) são claramente identificadas (perda de dinheiro, maior risco, estresse psicológico etc.)?	Sim = 10 Não = 0		
P	A mensagem está enfatizando a urgência de resolver as dores?	Sim = 10 Não = 0		
C	A mensagem está usando CLAIMS?	Sim = 10 Não = 0	Anote seus pontos abaixo ----------	Circule sua nota 40 = A 30 = B 20 = C 10 = D 0 = F
C	Está claro que cada CLAIM vai eliminar ou tratar uma dor específica?	Sim = 10 Não = 0		
C	Os CLAIMS estão ajudando você a criar um contraste nítido, como "antes e depois"?	Sim = 10 Não = 0		
C	Os benefícios/CLAIMS são verdadeiramente únicos ou originais?	Sim = 10 Não = 0		
T	O valor de cada CLAIM/benefício principal é demonstrado ou comprovado com histórias de clientes, demos, visão ou dados confiáveis?	Sim = 10 Não = 0	Anote seus pontos abaixo ----------	Circule sua nota 40 = A 30 = B 20 = C 10 = D 0 = F
T	Existem analogias ou metáforas projetadas para reduzir o esforço cognitivo de acreditar no benefício de cada CLAIM?	Sim = 10 Não = 0		
T	É possível entender o valor da solução ou do produto em menos de cinco segundos?	Sim = 10 Não = 0		
T	No geral, a mensagem é projetada para ser compreendida com carga cognitiva limitada (mais visual e menos texto)?	Sim = 10 Não = 0		

APÊNDICE: NEUROMAP, FERRAMENTA SIMPLIFICADA DE NEUROSCORE

M	Os CLAIMS são fáceis de lembrar?	Sim = 10 Não = 0	Anote seus pontos abaixo ----------	Circule sua nota 40 = A 30 = B 20 = C 10 = D 0 = F
M	A mensagem usa até três CLAIMS?	Sim = 10 Não = 0		
M	Os CLAIMS são repetidos mais de uma vez?	Sim = 10 Não = 0		
M	Há um esforço para simplificar e acelerar a decisão de escolher o produto ou a solução proposta?	Sim = 10 Não = 0		
V	A página é visualmente saliente (usa elementos com definição visual nítida, número limitado de cores e contornos bem definidos)?	Sim = 10 Não = 0	Anote seus pontos abaixo ----------	Circule sua nota 40 = A 30 = B 20 = C 10 = D 0 = F
V	Existe pelo menos um elemento visual forte apresentando o valor da solução a partir da perspectiva de um cliente?	Sim = 10 Não = 0		
V	A página inicial é mais de 70% visual?	Sim = 10 Não = 0		
V	O valor geral da solução normalmente pode ser entendido sem ler nenhum texto ou pensar muito?	Sim = 10 Não = 0		
E	A mensagem procura primeiro atrair a atenção do cérebro primitivo em vez de explicar (efeito ascendente)?	Sim = 10 Não = 0	Anote seus pontos abaixo ----------	Circule sua nota 40 = A 30 = B 20 = C 10 = D 0 = F
E	Existe uma clara chamada à ação para avançar até o fechamento de uma transação?	Sim = 10 Não = 0		
E	Existe uma grande elevação emocional desde a reconstituição da ameaça/frustração (PAIN) até a liberação de tal dor?	Sim = 10 Não = 0		
E	O final da mensagem cria antecipação?	Sim = 10 Não = 0		

Por fim, calcule seu score no NeuroMap usando a tabela a seguir:

	Pontos de Estímulo	Impacto Persuasivo
A	200–240	Sua mensagem é muito persuasiva.
B	160–199	Sua mensagem é moderadamente persuasiva.
C	120–159	Sua mensagem é neutra.
D	< 120	Sua mensagem não convence.

Depois de pontuar cada estímulo, você pode usar a tabela a seguir para resumir seus scores.

USANDO OS NEUROQUADRANTES

Finalmente, você pode usar o mapa NeuroQuadrantes para descobrir como melhorar o efeito ascendente global ou sua mensagem. Para determinar em qual NeuroQuadrante sua mensagem se encaixa, use a tabela a seguir.

Se Seu Score Médio para	Então Sua Mensagem Está no Neuro-Quadrante	Score Médio	Score	Score	Score
P e C C	P e C são menores que B	3 (Neutra)	A/B	C ou menos	A/B	A/B
T M	T e M são menores que B	4, 1 ou 2	A/B	Qualquer	C ou menos	A/B
V E	V e E são menores que B	4, 1 ou 2	A/B	Qualquer	Qualquer	C ou menos
Neuro-Quadrante			1	3	4	2

Notas

1. ESOMAR (2014). *Global Market Research.* ESOMAR. Disponível em: https://www.esomar.org/uploads/industry/reports/global-market-research-2014/ESOMAR-GMR2014-Preview.pdf.
2. Sloane, G. (2016). "Why P&G decided Facebook ad targeting often isn't worth the money." *AdAge* (10 de agosto). Disponível em: http://adage.com/article/digital/p-g-decided-facebook-ad-targeting-worth-money/305390/.
3. Vranica, S. e Marshall, J. (2016). "Facebook overestimated key video metric for two years." *Wall Street Journal*, 22 de setembro. Disponível em: https://www.wsj.com/articles/facebook-overestimated-keyvideo-metric-for-two-years-1474586951.
4. Ariely, D. e Berns, G.S. (2010) "Neuromarketing: The hope and hype of neuroimaging in business." *Nature Reviews Neuroscience* 11 (4): 284–292.
5. Fugate, D.L. (2007). "Neuromarketing: A layman's look at neuroscience and its potential application to marketing practice." *Journal of Consumer Marketing* 24 (7): 385–394.
6. Hubert, M. (2010). "Does neuroeconomics give new impetus to economic and consumer research." *Journal of Economic Psychology* 31 (5): 812–817.
7. Lee, N., Broderick, L. e Chamberlain, L. (2016). "What is 'neuromarketing'? A discussion and agenda for future research." *International Journal of Psychophysiology* 63 (2): 199–204.
8. Zurawicki, L. (2010). *Neuromarketing: Exploring the Brain of the Consumer*, 273. Nova York: Springer.
9. ARF. (2011). *Neurostandard collaboration initiative.* Disponível em: www.thearf.org/assets/neurostandards-collaboration.
10. Falk, E.B., Berkman, E.T. e Lieberman, M.D. (2012). "From neural responses to population behavior: Neural focus group predicts population-level media effects." *Psychological Science* 23 (5): 439–445.
11. Lee, N., Senior, C., Butler, M. et al. (2009). "The feasibility of neuroimaging methods in market research." *Nature Precedings*.
12. Kenning, P., Plassmann, H. e Ahlert, D. (2007). "Applications of functional magnetic resonance imaging for market research." *Qualitative Market Research: An International Journal*, 10 (2) 135–152.

13. Wilhelm, P., Schoebi, D. e Perrez, M. (2004). "Frequency estimates of emotions in everyday life from a diary method's perspective: A comment on Scherer et al.'s survey-study 'Emotions in everyday life'." *Social Science Information* 43 (4): 647–665.

14. Morin, C. (2014). "The neurophysiological effect of emotional ads on the brains of late adolescents and young adults." *Media Psychology*. 104. Santa Barbara: Fielding Graduate University.

15. Ehrlich, B. (2015). "Guys: Here's why it's dumb not to give your girl a gift on Valentine's Day." *MTV News*, 9 de fevereiro. Disponível em: http://www.mtv.com/news/2074362/valentines-day-presents-chocolates-study/.

16. Dehaene, S. (2014). *Consciousness and the Brain: Deciphering How the Brain Codes Our Thoughts*, 352. Nova York: Penguin Books.

17. Mendes, W.B. (2009). "Assessing autonomic nervous system activity." *In: Methods in Social Neuroscience* (ed. E. Harmon-Jones and J.S. Beer), 118–147. Nova York: Guilford Press.

18. Bechara, A., Damasio, H., Tranel, D. et al. (1997). "Deciding advantageously before knowing the advantageous strategy." *Science*, 275 (5304): 1293–1295.

19. Ravaja, N. (2004). "Contributions of psychophysiology to media research: Review and recommendations." *Media Psychology* 6 (2): 193–235.

20. Hebb, D.O. (1949). *The Organization of Behavior*, 423. Nova York: Wiley.

21. Gazzaniga, M.S., Ivry, R.B. e Mangun, G.R. (2009). *Cognitive Neuroscience: The Biology of the Mind*, 3rd ed., 752. Nova York: W.W. Norton.

22. DeYoung, C.G. e Gray, J.R. (2009). "Personality neuroscience: Explaining individual differences in affect, behavior, and cognition." *In: Cambridge Handbook of Personality* (ed. P.J.C.G. Matthews), 323–346. Nova York: Cambridge University Press.

23. Lesica, N. e Stanley, B. (2004). "Encoding of natural scene movies by tonic and burst spikes in the lateral geniculate nucleus." *Journal of Neuroscience* 24 (47): 10731–10740.

24. Kolb, B. e Whishaw, I.Q. (2009). *Fundamentals of Human Neuropsychology*, 6e, 920. Nova York: Worth Publishers.

25. Berridge, K.C. (2004). "Motivation concepts in behavioral neuroscience." *Physiology & Behavior*, 81 (2): 179–209.

26. Darwin, C. (1872). *The Expression of the Emotions in Man and Animals*. Londres, Reino Unido: John Murray.

27. Ekman, P. e Friesen, W.V. (1971). "Constants across cultures in the face and emotion." *Journal of Personality and Social Psychology* 17 (2): 124–129.

28. PBS (2002). *The Secret Life of the Brain*. Série documental da PBS.

29. McGaugh, J. (2000). "Memory: A century of consolidation." *Science* 287 (5451): 248–251.

30. Ornstein, R. (1991). *The Evolution of Consciousness: Of Darwin, Freud, and Cranial Fire: The Origins of the Way We Think*, 326. Nova York: Simon & Schuster.

31. Panksepp, J. (2004). "Affective consciousness: Core emotional feelings in animals and humans." *Consciousness and Cognition* 14 (1): 30-80.

32. Carlson, N.R. (2007). *Physiology of Behavior*, 9e, 768. Boston, MA: Pearson Education.

33. Wallbott, H. G. e Scherer, K. R. (1986). "How universal and specific is emotional experience? Evidence from 27 countries on five continents." *Social Science Information* 25 (4): 763-795.

34. DeYoung, C.G., Hirsh, J.B., Shane, M.S. et al. (2010). "Testing predictions from personality neuroscience: Brain structure and the Big Five." *Psychological Science* 21(6): 820-828.

35. Glimcher, P.W. (2009). *Neuroeconomics: Decision-Making and the Brain*, 556. Londres, Reino Unido: Elsevier.

36. Langleben, D.D., Loughead, J.W., Ruparel, K. et al. (2009). "Reduced prefrontal and temporal processing and recall of high 'sensation value' ads." *Neuroimage* 46 (1): 219-225.

37. Tamietto, M., Cauda, F., Corazzini, L.L. et al. (2010). "Collicular vision guides nonconscious behavior." *Journal of Cognitive Neuroscience* 22 (5): 888-902.

38. Plutchik, R. (1991). *The Emotions*, 236., Lanham, MD: University Press of America.

39. Panksepp, J. (1998). *The Foundations of Human and Animal Emotions*, 481. Nova York: Oxford University Press.

40. Hess, U. (2009). Facial EMG. In: *Methods in Social Neuroscience* (ed. E. Harmon-Jones and J.S. Beer), 70-91. Nova York: Guilford Press.

41. Knutson, B., Rick, S., Wimmer, G.E. et al. (2007). "Neural predictors of purchases." *Neuron* 53 (1): 147-156.

42. Hare, T.A., O'Doherty, J., Camerer, C.F. et al. (2008). "Dissociating the role of the orbitofrontal cortex and the striatum in the computation of goal values and prediction error." *Journal of Neuroscience* 28 (22): 5623-5630.

43. Rossiter, J.R. e Silberstein, R.B. (2001). "Brain-imaging detection of visual scene encoding in long-term memory for TV commercials." *Journal of Advertising Research* 41 (2): 13-21.

44. Tusche, A., Bode, S. e Haynes, J.D. (2010). "Neural responses to unattended products predict later consumer choices." *Journal of Neuroscience* 30 (23): 8024-8031.

45. Draganski, B., Gaser, C., Kempermann, G. et al. (2006). "Temporal and spatial dynamics of brain structure changes during extensive learning." *Journal of Neuroscience* 26 (23): 6314-6317.

46. Maguire, E.A., Woollett, K. e Spiers, H.J. (2006). "London taxi drivers and bus drivers: A structural MRI and neuropsychological analysis." *Hippocampus* 16 (12): 1091-1101.

47. Mercer, A., Deane, C. e McGeeney K. (2016). *Why 2016 election polls missed their mark*. Washington, D.C.: Pew Research Center.

48. Schneider, J. e Hall, J. (2011). "Why most product launches fail." *Harvard Business Review* (abril).

49. Morin, C. (2015). "Why emotional PSA affect the brains of adolescents differently than the brains of young adults." *In: Digital Citizenship in the 21st Century Monograph* (ed. J. Ohler). Santa Barbara: Fielding Graduate University.

50. Randolph, W. e Viswanath, K. (2004). "Lessons learned from public health mass media campaigns: Marketing health in a crowded media world." *Annual Review of Public Health* 25: 419-437.

51. Petty, R.E., Cacioppo, J.T. e Heesacker, M. (1981). "Effects of rhetorical questions on persuasion: A cognitive response analysis." *Journal of Personality and Social Psychology* 40 (3): 432-440.

52. Brehm, S. e Brehm, J. (1981). *Psychological Reactance: A Theory of Freedom and Control*, 447. Nova York: Academic Press.

53. Grandpre, J., Alvaro, E.M., Burgoon, M. et al. (2003). "Adolescent reactance and anti-smoking campaigns: A theoretical approach." *Health Communication* 15 (3): 349-366.

54. Farrelly, M.C., Healton, C.G., Davis, K.C. et al. (2002). "Getting to the truth: Evaluating national tobacco countermarketing campaigns." *American Journal of Public Health* 92 (6): 901-907.

55. Rothman, A.J., Martino, S.C., Bedell, B.T. et al. (1999). "The systematic influence of gai- nand loss-framed messages on interest in and use of different types of health behavior." *Personality and Social Psychology Bulletin* 25 (11): 1355-1369.

56. Detweiler, J.B., Bedell, B.T., Salovey, P. et al. (1999). "Message framing and sunscreen use: Gain-framed messages motivate beach-goers." *Health Psychology* 18 (2): 189-196.

57. Schneider, T.R., Salovey, P., Pallonen, U. et al. (2001). "Visual and auditory message framing effects on tobacco smoking." *Journal of Applied Social Psychology* 31 (4): 667-682.

58. Schneider, T.R., Salovey, P., Apanovitch, A.M. et al. (2001). "The effects of message framing and ethnic targeting on mammography use among low-income women." *Health Psychology* 20 (4): 256-266.

59. Lang, A. (2000). "The limited capacity model of mediated message processing." *Journal of Communication* 50 (1): 46-70.

60. Lang, A., Zhou, S., Schwartz, N. et al. (2000). "The effects of edits on arousal, attention, and memory for television messages: When an edit is an edit can an edit be too much?" *Journal of Broadcasting & Electronic Media* 44(1): 94-109.

61. Stanovich, K.E. e West, R.F. (2000). "Individual differences in reasoning: *Implications* for the rationality debate?" *Behavioral and Brain Sciences* 23 (5): 645-665; discussão 665-726.

62. Kahneman, D. (2011). *Thinking, Fast and Slow*, 511. Nova York, NY: Farrar, Straus and Giroux.

63. Benson, B. (2016). "Cognitive bias cheat sheet, simplified." *Medium*. Disponível em: https://medium.com/thinking-is-hard/4-conundrumsof-intelligence-2ab78d90740f.

64. Crocker, J. e Park, L.E. (2004). "The costly pursuit of self-esteem." *Psychological Bulletin* 130 (3): 392-414.

65. Greenberg, J., Pyszczynski, T., Solomon, S. et al. (1993). "Effects of self-esteem on vulnerability-denying defensive distortions: Further evidence of an anxiety-buffering function of self-esteem." *Journal of Experimental Social Psychology* 29 (3): 229-251.

66. Kunda, Z. (1990). "The case for motivated reasoning." *Psychological Bulletin* 108 (3): 480-498.

67. Haselton, M.G. e Nettle, D. (2006). "The paranoid optimist: An integrative evolutionary model of cognitive biases." *Personality and Social Psychology Review* 10 (1): 47-66.

68. Weinstein, N.D. (1980). "Unrealistic optimism about future life events." *Journal of Personality and Social Psychology* 39 (5): 806-820.

69. Gladwell, M. (2005). *Blink: The Power of Thinking Without Thinking*, 296. Nova York, NY: Little, Brown and Company.

70. Ariely, D. (2008). *Predictably Irrational: The Hidden Forces that Shape Our Decisions*, 310. Nova York, NY: HarperCollins.

71. Mundell, E.J., (2014). "Scientists erase, then restore memories in rats." *HealthDay* (2 de junho).

72. Cory, G.A., (2002). "MacLean's evolutionary neuroscience, the CSN model and Hamilton's rule: Some developmental clinical, and social policy implications." *Brain and Mind* 3 (1): 151-181.

73. McLean, P.D. (1989). *The Triune Brain in Evolution: Role in Paleocerebral Functions*, 718. Nova York, NY: Plenum Press.

74. Narvaez, D. (2007). "Tirune ethics: The neurobiological roots of our multiple moralities." *New Ideas in Psychology* 26: 95-119.

75. Cory, G.A. (2002). "McLeans's evolutionary neuroscience, the CSN model and Hamilton's rule: Some developmental, clinical and social policy implications." *Brain and Mind* 3 (1): 151-181.

76. Freud, S. (1915). "The Unconscious. *In: General Psychological Theory* (ed.P. Rieff), 116-150. Nova York: Collier Books.

77. Freud, S. (1930). *Das Unbehagen in der Kultur*. Viena, Áustria: Internationaler Psychoanalytischer Verlag.

78. Freud, S. (1922). *Beyond the Pleasure Principle*. Londres, Viena: Intl. Psycho-Analytical.

79. Ayan, S. (2008). "Speaking of memory." *Scientific American Mind* (outubro/novembro): 16-17.

80. Solms, M. (2006). "Freud returns." *Scientific American Mind* 17 (2): 82-88.

81. Dawkins, R. (1976). *The Selfish Gene*, 368. Nova York, NY: Oxford University Press. Publicado no Brasil com o título: *O Gene Egoísta* - Ed. Companhia das Letras.

82. Kahneman, D. e Riis, J. (2005). "Living and thinking about it: Two perspectives on life." *In: The Science of Well-Being* (ed. F.A.H.N. Baylis and B. Keverne), 285-301. Oxford University Press.

83. Schwartz, B. (2004). *The Paradox of Choice: Why More is Less*, 308. Nova York: HarperCollins. Publicado no Brasil com o título: *O Paradoxo da Escolha* – Ed. A Girafa.
84. Iyengar, S.S. e Lepper, M.R. (2000). "When choice is demotivating: Can one desire too much of a good thing?" *Journal of Personality and Social Psychology* 79 (6): 995–1006.
85. Katz, J. (1984). *The Silent World of Doctor and Patient*, 318. Baltimore, MD: John Hopkins University Press.
86. Beard, F.K. (2013). "A history of comparative advertising in the United States." *Journalism and Communication Monographs* 15 (3): 114–216.
87. Singh, M., Balasubramanian, S.K. e Chakraborty, G. (2000). "A comparative analysis of three communication formats: Advertising, infomercial, and direct experience." *Journal of Advertising* 29 (4): 59–75.
88. Lindgaard, G., Fernandes, G., Dudek, C. et al. (2006). "Attention web designers: You have 50 milliseconds to make a good first impression!" *Behaviour & Information Technology* 25 (2): 115–126.
89. Geissler, G., Zinkhan, G. e Watson, R.T. (2001). "Web home page complexity and communication effectiveness." *Journal of the Association for Information Systems* 2 (1).
90. Tuch, A.N., Bargas-Avila, J.A., Opwis, K. et al. (2009). "Visual complexity of websites: Effects on users' experience, physiology, performance, and memory." *International Journal of Human-Computer Studies*, 67 (9): 703–715.
91. Laham, S.M., Koval, P. e Alter, A.L. (2012). "The name-pronunciation effect: Why people like Mr. Smith more than Mr. Colquhoun." *Journal of Experimental Social Psychology* 48 (3): 752–756.
92. Miele, D.B., Finn, B. e Molden, D.C. (2011). "Does easily learned mean easily remembered?: It depends on your beliefs about intelligence." *Psychological Science* 22 (3): 320–324.
93. Grabner, R.H., Neubauer, A.C. e Stern, E. (2006). "Superior performance and neural efficiency: The impact of intelligence and expertise." *Brain Research Bulletin*, 69 (4): 422–439.
94. Kiesel, A., Kunde, W., Pohl, C. et al. (2009). "Playing chess unconsciously." *Journal of Experimental Psychology: Learning, Memory, and Cognition*, 35 (1): 292–298.
95. Shteingart, H., Neiman, T. e Loewenstein, Y. (2013). "The role of first impression in operant learning." *Journal of Experimental Psychology* 142 (2): 476–488.
96. Atkinson, R.C. e Shiffrin, R.M. (1968). "Human memory: A proposal system and its control processes." In: *The Psychology of Learning and Motivation: II* (ed. K.W. Spence and J.T. Spence), 89–195. Londres: Academic Press.
97. Miller, G. (1956). "The magical number seven, plus-or-minus two: Some limits on our capacity for processing information." *Psychological Revie*, 101 (2): 343–352.
98. Colavita, F.B. (1974). *Human sensory dominance. Perception and Psychophysics* 16 (2): 409–412.
99. Li, Y., Liu, M., Zhang, W. et al. (2017). Neurophysiological correlates of visual dominance: A lateralized readiness potential investigation. *Frontiers in Psychology* 28: 303.

100. Silverstein, D.N. e Ingvar, M. (2015). "A multi-pathway hypothesis for human visual fear signaling." *Frontiers in System Neuroscience* 9: 101.

101. Potter, M., Wyble, B., Hagmann, C.E. et al. (2014). "Detecting meaning in RSVP at 13 ms per picture." *Attention, Perception, & Psychophysics* 76 (2): 270-279.

102. Ledoux, J.E. e E.A. Phelps. (2004). "Emotional networks in the brain." *In Handbook of Emotions*, 2e (ed. M. Lewis and J.M. Haviland-Jones), 157-172. Nova York: Guilford Press.

103. Todorov, A., & Ballew, C. (2007). "Predicting political elections from rapid and unreflective face judgments." *Proceedings of the National Academy of Sciences, USA* 104 (46): 17948-17953.

104. Lorenzo, G.L., Biesanz, J.C. e Human, L.J. (2010). "What is beautiful is good and more accurately understood: Physical attractiveness and accuracy in first impressions of personality." *Psychological Science* 21 (12): 1777-1782.

105. Abrams, R.A. e Christ, S.E. (2003). "Motion onset captures attention."*Psychological Science* 14 (5): 427-432.

106. Langton, S.R. et al. (2008). "Attention capture by faces." *Cognition* 107 (1): 330-342.

107. Caharel, S., Ramon, M. e Rossion, B. (2014). "Face familiarity decisions take 200 msec in the human brain: Electrophysiological evidence from a go/no-go speeded task." *Journal of Cognitive Neuroscience* 26 (1): 81-95.

108. Wolfe, J.M. e Bennett, S.C. (1997). "Preattentive object files: Shapeless bundles of basic features." *Vision Research* 37 (1): 25-43.

109. Broyles, S.J. (2006). "Subliminal advertising and the perpetual popularity of playing to people's paranoia." *Journal of Consumer Affairs* 40 (2): 392-406.

110. Collin, S.P., Knight, M.A., Davies, W.L. et al. (2003). "Ancient colour vision: Multiple opsin genes in the ancestral vertebrates." *Current Biology*, 13 (22): 864-865.

111. Tamietto, M., Cauda, F., Corazzini, L.L., et al. (2010). "Collicular vision guides nonconscious behavior." *Journal of Cognitive Neuroscience* 22 (5): 888-902.

112. Guntekin, B. e Basar. E. (2014). "A review of brain oscillations in perception of faces and emotional pictures." *Neuropsychologia* 58: 33-51.

113. Changizi, M.A., Zhang, Q. e Shimojo, S. (2006). "Bare skin, blood and the evolution of primate colour vision." *Biology Letters*, 2 (2): 217-221.

114. Buechner, V.L., Maier, M.A., Lichtenfeld, S. et al. (2014). "Red – Take a closer look." *PLoS One* 9 (9): e108111.

115. Madden, T., Hewett, K. e Roth, M. (2000). "Managing images in different cultures: A cross-national study of color meanings and preferences." *Journal of International Marketing* 8 (4): 90-107.

116. Hevner, K. (1935). "Experimental studies of the affective value of colors and lines." *Journal of Applied Psychology* 19 (4): 385-398.

117. Grossman, R.P. e Wisenblit, J.Z. (1999). "What we know about consumer's color choices." *Journal of Marketing Practices: Applied Marketing Science* 5 (3): 78-88.

118. Kuhbandner, C. e Pekrun, R. (2013). "Joint effects of emotion and color on memory." *Emotion* 13 (3): 375-379.

119. Elliot, A.J. e Maier, M.A. (2007). "Color and psychological functioning." *Current Directions in Psychological Science* 16 (5): 250-254.

120. Lichtenfeld, S., Maier, M.A., Elliot, A.J. et al. (2009). "The semantic red effect: Processing the word red undermines intellectual performance." *Journal of Experimental Social Psychology* 45 (6): 1273-1276.

121. Loeber, S., Vollstädt-Klein, S., Wilden, S. et al. (2011). "The effect of pictorial warnings on cigarette packages on attentional bias of smokers." *Pharmacology, Biochemistry, and Behavior* 98 (2): 292-298.

122. Descartes, R. (1637). *Discours de la Méthode*. Publicado no Brasil com o título: *Discurso do Método*.

123. Bossaerts, P. e Murawski, C. (2015). "From behavioural economics to neuroeconomics to decision neuroscience: the ascent of biology in research on human decision making." *Current Opinion in Behavioral Sciences* 5 (Supplement C): 37-42.

124. Bechara, A. (2003). "The role of emotion in decision-making: Evidence from neurological patients with orbitofrontal damage." *Brain and Cognition* 55 (1): 30-40.

125. Damasio, A.R. (1994). *Descartes' Error*, 336. Nova York: Harper Collins. Publicado no Brasil com o título: *O Erro de Descartes* - Ed. Companhia das Letras.

126. Thaler, R. (2015). *Misbehaving: The Making of Behavioral Economics*, 452. Nova York: W. W. Norton.

127. Damasio, A.R. (1996). "The somatic marker hypothesis and the possible functions of the prefrontal cortex." *Philosophical Transactions: Biological Sciences* 351 (1346): 1413-1420.

128. Eagleman, D. (2015). *The Brain: The Story of You*, 224. Nova York: Pantheon Books. Publicado no Brasil com o título: *Cérebro: Uma Biografia* - Ed. Rocco.

129. Plutchik, R. e H. Kellerman. (1980). *Emotion: Theory, Research and Experience. Vol. 1*, 424. Londres, Reino Unido: Academic Press.

130. Coricelli, G., Dolan, R.J. e Sirigu, A. (2007). "Brain, emotion and decision making: The paradigmatic example of regret." *Trends in Cognitive Sciences* 11 (6): 258-265.

131. Vogel, S. e Schwabe, L. (2016). "Learning and memory under stress: Implications for the classroom." *npj Science of Learning* 1: 16011.

132. Alter, A.L. (2017). *Irresistible: The Rise of Addictive Technology and the Business of Keeping Us Hooked*, 370. Nova York: Penguin Press.

133. McGaugh, J.L. (2013). "Making lasting memories: Remembering the significant." *Proceedings of the National Academy of Sciences, USA* 110 (Supplement 2): 10402-10407.

134. Kensinger, E.A. (2009) "Remembering the details: Effects of emotion." *Emotion Review* 1 (2): 99-113.

135. di Pellegrino, G., Fadiga, L., Fogassi, L. et al. (1992). "Understanding motor events: A neurophysiological study." *Experimental Brain Research* 91 (1): 176–180.

136. Dehaene, S., Changeux, J.P., Naccache, L. et al. (2006). "Conscious, preconscious, and subliminal processing: A testable taxonomy." *Trends in Cognitive Sciences* 10 (5): 204–211.

137. Ledoux, J.E. (2016). *Anxious: Using the Brain to Understand and Treat Fear and Anxiety*, 428. Nova York: Penguin Books.

138. Burke, C. (2015). "100 customer service statistics you need to know."*InsightSquared* (22 de abril).

139. Maslow, A.H. (1943). "A theory of human motivation." *Psychological Review* 50 (4): 370–396.

140. Maslow, A.H. (1968). *Toward a Psychology of Being*, 2e, 212. Nova York: Van Nostrand Reinhold.

141. Witt, U. (2001). "Learning to consume – A theory of wants and the growth of demand." *Journal of Evolutionary Economics* 11 (1): 23–36.

142. Berns, G.S. e Moore, S.E. (2012). "A neural predictor of cultural popularity." *Journal of Consumer Psychology* 22 (1): 154–160.

143. Du, P. e MacDonald, E.F. (2015). "Products' shared visual features do not cancel in consumer decisions." *Journal of Mechanical Design* 137 (7): 071409-071409-411.

144. Cowan, N. (2010). "The magical mystery four: How is working memory capacity limited, and why?" *Current Directions in Psychological Science* 19 (1): 51–57.

145. Bromage, B.K. e Mayer, R. (1986). "Quantitative and qualitative effects of repetition on learning from technical text." *Journal of Educational Psychology* 78 (4): 271–278.

146. Dimofte, C.V., Johansson, J.K. e Ronkainen, I.A. (2008). "Cognitive and affective reactions of U.S. consumers to global brands." *Journal of International Marketing* 16 (4): 113–135.

147. Cowan, N. (2005). *Working Memory Capacity. Essays in Cognitive Psychology*, 246. Nova York: Psychology Press.

148. Gilchrist, A.L., Cowan, N. e Naveh-Benjamin, M. (2008). "Working memory capacity for spoken sentences decreases with adult aging: Recall of fewer, but not smaller chunks in older adults." *Memory* (Hove, Inglaterra) 16 (7): 773–787.

149. Smith, E.E. e Jonides, J. (1998). "Neuroimaging analyses of human working memory." *Proceedings of the National Academy of Sciences, USA* 95 (20): 12061–12068.

150. Calder, B.J., Insko, C.A. e Yandell, B. (1974). "The relation of cognitive and memorial processes to persuasion in a simulated jury trial." *Journal of Applied Social Psychology* 4 (1): 62–93.

151. Poppenk, J., Walia, G., McIntosh, A.R. et al. (2008). "Why is the meaning of a sentence better remembered than its form? An fMRI study on the role of novelty-encoding processes." *Hippocampus* 18 (9): 909–918.

152. Alter, A.L. e Oppenheimer, D.M. (2006). "Predicting short-term stock fluctuations by using processing fluency." *Proceedings of the National Academy of Sciences, USA* 103 (24): 9369-9372.

153. Filkuková, P. e Klempe, S.H. (20113). "Rhyme as reason in commercial and social advertising." *Scandinavian Journal of Psychology* 54 (5): 423-431.

154. Novemsky, N., Dhar, R., Schwarz, N. et al. (2007). "Preference fluency in choice." *Journal of Marketing Research* 44 (3): 347-356.

155. Reber, R. e Schwarz, N. (1999). "Effects of perceptual fluency on judgments of truth." *Consciousness and Cognition* 8 (3): 338-342.

156. Shah, A.K. e Oppenheimer, D.M. (2007). "Easy does it: The role of fluency in cue weighting." *Judgment and Decision Making* 2 (6): 371-379.

157. Reber, R., Schwarz, N. e Winkielman, P. (2004). "Processing fluency and aesthetic pleasure: Is beauty in the perceiver's processing experience?" *Personality and Social Psychology Review*, 8(4): 364-382.

158. Bernard, M. et al. (2002). "A comparison of popular online fonts: Which size and type is best?" *Usability News* (10 de janeiro).

159. Cialdini, R.B. (2016). *Pre-suasion: A Revolutionary Way to Influence and Persuade*, 413. Nova York: Simon & Schuster. Publicado no Brasil com o título *Pré-Suasão: A influência começa antes mesmo da primeira palavra* - Editora Sextante.

160. Deighton, J., Romer, D. e McQueen, J. (19890 "Using drama to persuade.") *Journal of Consumer Research* 16 (3): 335-343.

161. Monroe, K.B. e Lee, A.Y. (1999). "Remembering versus knowing: *Issues* in buyers' processing of price information." *Journal of the Academy of Marketing Science* 27 (2): 207.

162. Algom, D., Dekel, A. e Pansky, A. (1996). "The perception of number from the separability of the stimulus: The Stroop effect revisited." *Memory & Cognition* 24 (5): 557-572.

163. Karmarkar, U.R., Shiv, B. e Knutson, B. (2014). "Cost conscious? The neural and behavioral impact of price primacy on decision making." *Journal of Marketing Research* 52 (4): 467-481.

164. Levy, M. (2010). "Loss aversion and the price of risk." *Quantitative Finance* 10 (9): 1009-1022.

165. Abdellaoui, M., Bleichrodt, H. e l'Haridon, O. (2008). "A tractable method to measure utility and loss aversion under prospect theory." *Journal of Risk and Uncertainty* 36 (245): 245-266.

166. Kadous, K., Koonce, L. e Towry, K.L. (2005). "Quantification and persuasion in managerial judgement." *Contemporary Accounting Research* 22 (3): 643-686.

167. Cialdini, R.B. (1993). *Influence: The Psychology of Persuasion*, rev. ed., 320. Nova York: Morrow.

168. Fuller, R.G.C. e Sheehy-Skeffington, A. (1974). "Effects of group laughter on responses to humourous material, a replication and extension." *Psychological Reports* 35 (1): 531-534.

169. Festinger, L. (1954). "A theory of social comparison processes." *Human Relations* 7 (2): 117-140.

170. Smith, C.T., De Houwer, J. e Nosek, B.A. (2013). "Consider the source: Persuasion of implicit evaluations is moderated by source credibility." *Personality and Social Psychology Bulletin* 39 (2): 193–205.

171. Yalch, R.F. e Elmore-Yalch, R. (1984). "The effect of numbers on the route to persuasion." *Journal of Consumer Research* 11 (1): 522–527.

172. Dijksterhuis, A., Aarts, H. e Smith, P. (2006). "The power of the subliminal: On subliminal persuasion and other potential applications." *In: The New Unconscious* (ed. R.R. Hassin, J.S. Uleman, and J.A. Bargh). Oxford, Reino Unido: Oxford University Press.

173. Simons, D.J. e Chabris, C.F. (1999). "Gorillas in our midst: Sustained inattentional blindness for dynamic events." *Perception* 28 (9): 1059–1074.

174. Ricard, M. (2017). *Beyond the Self: Conversations Between Buddhism and Neuroscience*, 294. Cambridge, MA: MIT Press.

175. Singer, W. (1999). "Neuronal synchrony: A versatile code for the definition of relations?" *Neuron* 24 (1): 111–125.

176. Oishi, Y., Xu, Q., Wang, L. et al. (2017). "Slow-wave sleep is controlled by a subset of nucleus accumbens core neurons in mice." *Nature Communications* 8 (1): 734.

177. Anderson, R.C., Pichert, J.W. e Shirey, L.L. (1983). "Effects of the reader's schema at different points in time." *Journal of Educational Psychology* 75 (2): 271–279.

178. Pichert, J.W. e Anderson, R.C. (1977). "Taking different perspectives on a story." *Journal of Educational Psychology* 69 (4): 309–315.

179. Gates, B. (2009). *Mosquitos, Malaria and Education*. TED Talk (4 de fevereiro).

180. Rogers, T. e Milkman, K.L. (2016). "Reminders through association." *Psychological Science* 27 (7): 973–986.

181. Stadler, M. e Ward, G.C. (2010). "The effects of props on story retells in the classroom." *Reading Horizons* 50 (3): 169–192.

182. Handy, T.C., Grafton, S.T., Shroff, N.M. et al. (2003). "Graspable objects grab attention when the potential for action is recognized." *Nature Neuroscience* 6 (4): 421–427.

183. Damasio, A. R. (2010). *Self Comes to Mind: Constructing the Conscious Brain*, 367. Nova York: Pantheon Books.

184. Gottschall, J. (2012). *The Storytelling Animal: How Stories Make Us Human*, 248. Boston, MA: Houghton Mifflin Harcourt.

185. van Laer, T., de Ruyter, K., Visconti, L.M. et al. (2014). "The extended transportation-imagery model: A meta-analysis of the antecedents and consequences of consumers' narrative transportation." *Journal of Consumer Research* 40 (5): 797–817.

186. Mehrabian, A. (1972). *Nonverbal Communication*, 226. Chicago: Aldine-Atherton.

187. Huth, A.G., de Heer, W.A., Griffiths, T.L. et al. (2016). "Natural speech reveals the semantic maps that tile human cerebral cortex." *Nature* 532 (7600): 453–458.

188. Johnson, D.A. (2016). *Newton in the Pulpit*, 184. New Sinai Press.
189. Auble, P.M., Franks, J.J. e Soraci, S.A. (1979). "Effort toward comprehension: Elaboration or 'aha'?" *Memory & Cognition* 7 (6): 426-434.
190. Kember, D. (1996). "The intention to both memorise and understand: Another approach to learning?" *Higher Education* 31 (3): 341-354.
191. Carlson, K.A. e Shu, S.B. (2007). "The rule of three: How the third event signals the emergence of a streak." *Organizational Behavior and Human Decision Processes* 104 (1): 113-121.
192. Wansink, B., Painter, J.E. e North, J. (2005). "Bottomless bowls: Why visual cues of portion size may influence intake." *Obesity* 13 (1): 93-100.
193. Zeelenberg, M. (1999). "Anticipated regret, expected feedback and behavioral decision making." *Journal of Behavioral Decision Making* 12 (2): 93-106.
194. Ten Brinke, L., Stimson, D. e Carney, D.R. (2014). "Some evidence for unconscious lie detection." *Psychological Science* 25 (5): 1098-1105.
195. Mehrabian, A. e Wiener, M. (1967). "Decoding of inconsistent communications." *Journal of Personality and Social Psychology* 6 (1): 109-114.
196. Moriarty, T. (1975). "Crime, commitment, and the responsive bystander: Two field experiments." *Journal of Personality and Social Psychology* 31 (2): 370-376.
197. Cialdini, R.B. (1984). *Influence: How and Why People Agree to Things*, 302. Nova York: Morrow.
198. Howard, D.J. (1990). The influence of verbal responses to common greetings on compliance behavior: The foot-in-the-mouth effect. *Journal of Applied Social Psychology*, 20 (14): 1185-1196.
199. Freedman, J.L. e Fraser, S.C. (1966). "Compliance without pressure: The foot-in-the-door technique." *Journal of Personality and Social Psychology*, 4 (2): 195-202.
200. Deutsch, M. e Gerard, H.B. (1955). "A study of normative and informational social influences upon individual judgement." *Journal of Abnormal Psychology* 51 (3): 629-636.
201. Dunbar, R.I., Marriott, A. e Duncan, N.D. (1997). "Human conversational behavior." *Human Nature* 8 (3): 231-246.
202. Tamir, D.I. e Mitchell, J.P. (2012). "Disclosing information about the self is intrinsically rewarding." *Proceedings of the National Academy of Sciences, USA* 109 (21): 8038-8043.
203. Burnkrant, R. e Unnava, H. (1995). "Effects of self-referencing on persuasion." *Journal of Consumer Research* 22 (1): 17-26.
204. Escalas, J.E. (2007). "Self-referencing and persuasion: Narrative transportation versus analytical elaboration." *Journal of Consumer Research* 33 (4): 421-429.
205. Bargh, J.A. (2017). *Before You Know It: The Unconscious Reasons We Do What We Do*, 352. Nova York: Touchstone.
206. Buskist, W. e Saville, B.K. (2001). "Creating positive emotional contexts for enhancing teaching and learning." *APS Observer* 14 (3): 12-13.

207. Tajfel, H., Billig, M.G., Bundy, R.P. et al. (1971). "Social categorization and intergroup behaviour." *European Journal of Social Psychology* 1 (2): 149-178.

208. Tickle-Degnen, L. e Rosenthal, R. (1990). "The nature of rapport and its nonverbal correlates." *Psychological Inquiry* 1(4): 285-293.

209. Wayne, A.H. e Brian, H.K. (1997). "Establishing rapport: The secret business tool to success." *Managing Service Quality: An International Journal* 7 (4): 194-197.

210. Wood, J.A. (2006). "NLP revisited: Nonverbal communications and signals of trustworthiness." *Journal of Personal Selling & Sales Management* 26 (2): 197-204.

211. Iacoboni, M. (2008). *Mirroring People: The New Science of How We Connect with Others*, 308. Nova York: Farrar, Straus and Giroux.

212. Preston, S.D., Bechara, A., Damasio, H. et al. (2007). "The neural substrates of cognitive empathy." *Social Neuroscience*, 2 (3-4): 254-275.

213. Coch, D., Dawson, G. e Fisher, K.W. (2010). *Human Behavior Learning, and the Developing Brain*. Londres: Guilford Press.

214. Nygaard, L.C. e Queen, J.S. (2008). "Communicating emotion: Linking affective prosody and word meaning." *Journal of Experimental Psychology, Human Perception and Performance*, 34 (4): 1017-1030.

215. Betts, K., (2009). "Lost in translation: Importance of effective communication in online education." *Online Journal of Distance Learning Administration* 12 (2).

216. Rodriguez-Ferreiro, J., Gennari, S.P., Davies, R. et al. (2011). *Neural correlates of abstract verb processing*. Journal of Cognitive Neuroscience 23 (1): 106-118.

217. Jefferies, E., Frankish, C. e Noble, K. (2011). "Strong and long: Effects of word length on phonological binding in verbal short-term memory." *The Quarterly Journal of Experimental Psychology* 64 (2): 241-260.

218. Sabsevitz, D.S., Medler, D.A., Seidenberg, M. et al. (2005). "Modulation of the semantic system by word imageability." *Neuroimage* 27 (1): 188-200.

219. Nieuwland, M.S. e Kuperberg, G.R. (2008). "When the truth is not too hard to handle: An event-related potential study on the pragmatics of negation." *Psychological Science* 19 (12): 1213-1218.

220. Larcker, D.F. e Zakolyukina, A.A. (2012). "Detecting deceptive discussions in conference calls." *Journal of Accounting Research* 50 (2): 495-540.

221. Newberg, A.B. e Waldman, M.R. (2012). *Words Can Change Your Brain: 12 Conversation Strategies to Build Trust, Resolve Conflict, and Increase Intimacy*, 274. Nova York: Hudson Street Press.

222. Ludlow, C. (2005). "Central nervous system control of the laryngeal muscles in humans." *Respiratory, Physiology, & Neurobiology* 147 (2-3): 205-222.

223. Tang, C., Hamilton, L.S. e Chang, E.F. (2017). "Intonational speech prosody encoding in the human auditory cortex." *Science* 357 (6353): 797-801.

224. Schirmer, A. (2010). "Mark my words: Tone of voice changes affective word representations in memory." *PLoS One* 5 (2): e9080.

225. Leaderbrand, K., Morey, A. e Tuma, L. (2008). "The effects of voice pitch on perceptions of attractiveness: Do you sound hot or not?" *Winona State University Psychology Student Journal* (January).

226. Bryant, G.A. e Haselton, M.G. (2009). "Vocal cues of ovulation in human females." *Biology Letters* 5 (1): 12-15.

227. Cheng, J.T., Tracy, J.L., Ho, S. et al. (2016). "Listen, follow me: Dynamic vocal signals of dominance predict emergent social rank in humans." *Journal of Experimental Psychology. General* 145 (5):536-547.

228. Ko, S.J., Sadler, M.S. e Galinsky, A.D. (2015). "The sound of power: Conveying and detecting hierarchical rank through voice." *Psychological Science* 26 (1): 3-14.

229. Miller, N., Maruyama, G., Beaber, R.J. et al. (1976). "Speed of speech and persuasion." *Journal of Personality and Social Psychology* 34 (4): 615-624.

230. Gibson, B.S., Eberhard, K.M. e Bryant, T.A. (2005). "Linguistically mediated visual search: The critical role of speech rate." *Psychonomic Bulletin & Review* 12 (2): 276-281.

231. Kendall, T. (2013). *Speech Rate, Pause, and Sociolinguistic Variation: Studies in Corpus Sociophonetics*, 247. Nova York: Palgrave Macmillan.

232. MacGregor, L., Corley, M. e Donaldson, D.I., (2010). "Listening to the sound of silence: Disfluent silent pauses in speech have consequences for listeners." *Neuropsychologia* 48 (14): 3982-3992.

233. Enos, F., Shriberg, E., Graciarena, M. et al. (2007). *Detecting Deception Using Critical Segments*. Nova York: Columbia University Academic Commons.

234. Peterson, R.A., Cannito, M.P. e Brown, S.P. (1995). "An exploratory investigation of voice characteristics and selling effectiveness." *Journal of Personal Selling & Sales Management* 15 (1): 1-15.

235. Iyer, N., Brungart, D. e Simpson, B. (2010). "Effects of target-masker contextual similarity on the multimasker penalty in a three-talker diotic listening task." *Journal of the Acoustical Society of America* 128 (5): 2998-3110.

236. Ljung, R., Sörqvist, P. e Hygge, S. (2009). "Effects of traffic noise and irrelevant speech on children's reading and mathematical performance." *Noise Health* 11 (45): 194-198.

237. Marsh, J.E. e Jones, D.M. (2010). "Cross-modal distraction by background speech: What role for meaning?" *Noise Health*, 12 (49): 210-216.

238. Aune, R.K. e Kikuchi, T. (1993). "Effects of language intensity similarity on perceptions of credibility relational attributions, and persuasion." *Journal of Language and Social Psychology* 12 (3): 224-238.

239. Dupuis, K. e Pichora-Fuller, M.K. (2010). "Use of affective prosody by young and older adults." *Psychology and Aging* 25 (1): 16-29.

240. Ishii, K., Reyes, J. e Kitayama, S. (2003). "Spontaneous attention to word content versus emotional tone: Differences among three cultures." *Psychological Science* 14 (1): 39–46.

241. Ekman, P. (2007). *Emotions Revealed: Recognizing Faces and Feelings to Improve Communication and Emotional Life*, 2e, 290. Nova York: Owl Books.

242. Ekman, P., Davidson, R.J. e Friesen, W.V. (1990). "The Duchenne smile: Emotional expression and brain physiology II." *Journal of Personality and Social Psychology* 58 (2): 342–353.

243. Chaminade, T., Zecca, M., Blakemore, S.-J. et al. (2010). "Brain response to a humanoid robot in areas implicated in the perception of human emotional gestures." *PLoS One* 5 (7): e11577.

244. Chang, L. e Tsao, D.Y. (2017). "The code for facial identity in the primate brain." *Cell*, 169 (6): 1013–1028.e14.

245. Frumin, I., Perl, O., Endevelt-Shpaira, Y. et al. (2015). "A social chemosignaling function for human handshaking." *Elife*, 4.

246. Senju, A. e Johnson, M.H. (2009). "The eye contact effect: Mechanisms and development." *Trends in Cognitive Sciences* 13 (3): 127–134.

247. Itier, R.J. e Batty, M. (2009). "Neural bases of eye and gaze processing: The core of social cognition." *Neuroscience and Biobehavioral Reviews* 33 (6): 843–863.

248. George, N. e Conty, L. (2008). "Facing the gaze of others." *Neurophysiologie Clinique* 38 (3): 197–207.

249. Hietanen, J.K., Leppänen, J.M., Peltola, M.J. et al. (2008). "Seeing direct and averted gaze activates the approach-avoidance motivational brain systems." *Neuropsychologia* 46 (9): 2423–2430.

250. Einav, S. e Hood, B.M. (2008). "Tell-tale eyes: Children's attribution of gaze aversion as a lying cue." *Developmental Psychology* 44 (6): 1655–1667.

251. Schneier, F.R., Rodebaugh, T.L., Blanco, C. et al. (2011). Fear and avoidance of eye contact in social anxiety disorder. *Comprehensive Psychiatry* 52 (1): 81–87.

252. Gamer, M. e Buchel, C. (2009). "Amygdala activation predicts gaze toward fearful eyes." *Journal of Neuroscience* 29 (28): 9123–9126.

253. Bateson, M., Nettle, D. e Roberts, G. (2006). "Cues of being watched enhance cooperation in a real-world setting." *Biology Letters* 2 (3): 412–414.

254. Fehr, E. e Schneider, F. (2010). "Eyes are on us, but nobody cares: Are eye cues relevant for strong reciprocity?" *Proceedings: Biological Sciences* 277 (1686): 1315–1323.

255. Tombs, S. e Silverman, I. (2004). "Pupillometry." *Evolution and Human Behavior* 25 (4): 221–228.

256. Goldman, M. e Fordyce, J. (1983). "Prosocial behavior as affected by eye contact, touch, and voice expression." *Journal of Social Psychology* 121 (1): 125–129.

257. Sadr, J., Jarudi, I. e Sinha, P. (2003). "The role of eyebrows in face recognition." *Perception* 32 (3): 285–293.

258. Enrici, I., Adenzato, M., Cappa, S. et al. (2010). "Intention processing in communication: A common brain network for language and gestures." *Journal of Cognitive Neuroscience* 23 (9): 2415-2431.

259. Huang, L., Galinsky, A.D., Gruenfeld, D.H. et al. (2011). "Powerful postures versus powerful roles: Which is the proximate correlate of thought and behavior?" *Psychological Science* 22 (1): 95-102.

260. Cuddy, A. (2012). *Your body language may shape who you are.* TEDGlobal.

261. van Baaren, R., Janssen, L., Chartrand, T.L. et al. (2009). "Where is the love? The social aspects of mimicry." *Philosophical Transactions of the Royal Society of London B: Biological Sciences* 364 (1528): 2381-2389.

262. Rhode, D.L. (2010). *The Beauty Bias: The Injustice of Appearance in Life and Law*, 252. Nova York: Oxford University Press.

263. Busetta, G. e Fiorillo, F. (2013). "Will Ugly Betty ever find a job in Italy?", 391. *Quaderno Di Ricerca*.

264. Hamermesh, D.S. (2011). *Beauty Pays: Why Attractive People Are More Successful*, 216. Princeton, NJ; Oxford, Reino Unido: Princeton University Press.

265. Hill, A. e Scharff, L.V. (1997). "Readability of screen displays with various foreground/background color combinations, font styles, and font types. "*Proceedings of the Eleventh National Conference on Undergraduate Research*, II: 742-746.

266. Mackiewicz, J. (2007). "Audience perception of fonts in projected PowerPoint slides." *Technical Communication* 54 (3): 295-307.

267. Ali, A.Z.M., Wahid, R., Samsudin, K. et al. (2013). "Reading on the computer screen: Does font type have effects on web text readability?" *International Education Studies* 6 (3): 26-35.

268. Breugst, N. e Patzelt, H. (2010). "Entrepreneurs display of passion and employee's commitment to new ventures." *Academy of Management Annual Meeting Proceedings* 8 (1).

269. Mujica-Parodi, L.R., Strey, H.H., Frederick, B. et al. (2009). "Chemosensory cues to conspecific emotional stress activate amygdala in humans." *PLoS One* 4 (7): e6415.

270. Wallechinsky, D., Wallace, I. e Wallace, A. (1977). *The People's Almanac Presents the Book of Lists*, 521. Nova York: Morrow.

271. Woo, J.W., Tam, J.K.C., Chan, D.S.G. et al. (2015). "Uncovering what lies beneath a *Salmonella enterica* empyema." *BMJ Case Reports*, 2015.

272. Vrij, A. (2008). *Detecting Lies and Deceit: Pitfalls and Opportunities*, 2ª ed., 503. West Sussex, Reino Unido: Wiley.

273. Witkowski, T (2010). "Thirty-five years of research on neuro-linguistic programming. NLP Research Data Base. State of the art or pseudoscientific decoration?" *Polish Psychological Bulletin* 41 (2): 58-66.

274. Constantinidou, F. e Baker S. (2002). "Stimulus modality and verbal learning performance in normal aging." *Brain Language* 82 (3): 296-311.

275. Brenda, S. (2009). "Driving sales through shoppers' sense of sound, sight, smell and touch." *International Journal of Retail & Distribution Management* 37 (3): 286–298.

276. Olahut, M.R. e Ioan, P. (2013). "The effects of ambient scent on consumer behavior: A review of the literature." *Annals of the University of Oradea, Economic Science Series* 22 (1): 1797–1806.

277. Velasco, C., Jones, R., King, S. et al. (2013). "Assessing the influence of the multisensory environment on the whisky drinking experience." *Flavour* 2 (23).

278. brusspup. (2011). *Incredible Shade Illusion!* YouTube (11 de agosto), https:// www.youtube.com/watch?v=z9Sen1HTu5o.

279. TheRichest. (2015). *10 Mind Blowing Optical Illusions.* YouTube (5 de março), https://www.youtube.com/watch?v=-IWk5NkxQF8.

280. Morrot, G., Brochet, F. e Dubourdieu, D. (2001). "The color of odors." *Brain and Language*, 79 (2): 309–320.

281. Spence, C. (2012). "Auditory contributions to flavour perception and feeding behaviour." *Physiology & Behavior* 107 (4): 505–515.

282. North, A.C., Hargreaves, D.J. e McKendrick, J. (1999). "The influence of in-store music on wine selections." *Journal of Applied Psychology* 84 (2): 271–276.

283. Williams, L. e Ackerman J. (2011). "Please touch the merchandise." *Harvard Business Review* (15 de dezembro).

284. Just, M.A., Newman, S.D., Keller, T.A. et al. (2004). Imagery in sentence comprehension: An fMRI study. *Neuroimage* 21 (1): 112–124.

285. Wilson, T.D. e Schooler, J.W. (1991). "Thinking too much: Introspection can reduce the quality of preferences and decisions." *Journal of Personality and Social Psychology* 60 (2): 181–192.

286. WisdomLand (2017). "Billboard scares the crap out of people crossing red light at intersection and takes their picture." YouTube (3 de junho), https:// www.youtube.com/watch?v=vYWmeh6Q-Vk.

287. Thaler, R. e Sunstein, C. (2009). *NUDGE: Improving Decisions About Health, Wealth, and Happiness*, 312. Nova York: Penguin Books.

288. NeoFilmShop.com. (2014). "MCL cinema Hong Kong Mobile phone car crash advertising effective." YouTube, 29 de junho, https://www.youtube.com/watch?v=5Gtio4V1L3o.

289. Kopp, F., Schroger, E. e Lipka, S. (2006). "Synchronized brain activity during rehearsal and short-term memory disruption by irrelevant speech is affected by recall mode." *International Journal of Psychophysiology* 61 (2): 188–203.

290. Bastardi, A. e Shafir, E. (1998). "On the pursuit and misuse of useless information." *Journal of Personality and Social Psychology* 75 (1): 19–32.

291. Johnson, E.J., Shu, S.B., Dellaert, B.G.C. et al. (2012). "Beyond nudges: Tools of a choice architecture." *Marketing Letters* 23 (2): 487–504.

292. Rouhshad, A., Wigglesworth, G. e Storch, N. (2015). "The nature of negotiations in face-to-face versus computer-mediated communication in pair interactions." *Language Teaching Research* 20 (4): 514-534.

293. Thaler, R., Sunstein, C. e Balz, J.P. (2013). "Choice architecture." *In: The Behavioral Foundations of Public Policy* (ed. E. Shafir), 428-439. Princeton, NJ: Princeton University Press.

DVS EDITORA

www.dvseditora.com.br

GRÁFICA PAYM
Tel. [11] 4392-3344
paym@graficapaym.com.br